Uitzicht op zee

De mooiste eilandverhalen

PANDORA

Pandora pockets maakt deel uit van Amstel Uitgevers BV

Omslagontwerp Annemarie van Pruyssen
Omslagillustratie Hollandse Hoogte

ISBN 978 90 467 0334 2
NUR 311

www.pandorapockets.nl

Inhoud

Adam Nicolson

Soms gebeurt het

Soms gebeurt het, vroeg in de lente, rond het midden van april, voordat de echte tekenen van de zomer zich aandienen, als het gras op de eilanden nog dof en gelig is van de ontberingen van de winter, wanneer de schapen zwak en mager zijn en er een sfeer van uitputting over de plaats hangt, dat er een ommekeer in het weer plaatsvindt die als een geschenk uit de hemel komt. Een paar dagen ligt er een deken van stilte om de Shiants, terwijl de zon hun koude, gekneusde leden streelt. Eens, tien of twaalf jaar geleden, was ik er in mijn eentje toen een van die openingen zich voordeed. Ik zag de hemel veranderen, beginnend in het zuiden. De wolken vouwden zich dichterbij komend als een scherm op, een hemel achter zich latend zo bleek als een achttiende-eeuwse zoldering, waarin de kleur van blauw in lichtblauw overging met nog slechts een vermoeden van blauw aan de horizon.

Ik kon de eilanden voelen zuchten in het licht, terwijl hun poriën zich wijd openden en het plantenleven zich buiten zijn winterschuilplaats waagde. Het leek me toen – en het is de enige keer dat ik het ooit meegemaakt heb – dat naarmate de dagen verstreken, elke morgen een nieuwe lichtheid begroetend, ik kon zien hoe de Shiants hun zomertoestand begonnen te naderen, als de pels van een dier wanneer het zijn gezondheid herwint: de enorme flanken van Garbh Eilean die zich groen kleurden tussen de ribben van steen, het strakke, door de winter gehavende oppervlak van Eilean Mhuire dat verzachtte onder de miljoenen graspuntjes en zuringspruiten die zich in het licht verdrongen, de romp van Eilean an Tighe die zich naar de intense weelderigheid van zijn zomerleven wendde.

Ik had toen alleen een klein roeibootje bij me en de kalmte betekende dat ik ermee naar de noordkant van Garbh Eilean kon varen. Soms kun je als het slecht weer is die noordelijke wand wekenlang niet bezoeken, omdat hij bij elk type zee angstaanjagend is, geranseld door de Minch en genadeloos in de wijze waarop hij met ongeacht welke boot zou afrekenen. Maar wanneer de kalmte neerdaalt, is dat de plek, meer dan elke andere, waartoe ik me aangetrokken voel. Het is daar dat je de macht van de Shiants kunt ervaren, een plaats van onstuimigheid die enkel op momenten van vredigheid een ontmoeting toelaat.

Ik roeide langs het eiland, glipte moeiteloos door de natuurlijke boog op de hoek van Garbh Eilean waar, telkens als je er passeert, een zwarte zeekoet uit de scheuren in het plafond op de zee komt vallen, om dan in panische opwinding naar het noorden weg te fladderen. De boot glijdt over het vloeibare glas van de Minch. De slapende zeehonden op de riffen worden wakker, staren, schuifelen richting zee en duiken ontsteld van schrik in het water. De boot slaat de hoek bij die rotsen om en dan onthullen de Shiants hun heroïsche hart. Een gordijn van zuilen achthonderd meter lang, honderdvijftig meter hoog en elke zuil wel twee en een half tot drie meter breed, valt neer in de Minch. Het zwarte mos dat groeit tot waar het water opspat, bedekt ze tot een hoogte van dertig meter of meer. Ze buigen zich langzaam terwijl ze uit zee oprijzen, een wonderlijke, subtiele vering in hun massa. Op kalme dagen kun je een roeibootje tot pal aan de voet van het klif brengen, waar het snuffelend en strelend de gigantische vormen betast. Drijvend op de inktgroene zee, is het alsof je in het olifantenverblijf van de dierentuin bent, in innig contact met iets kolossaals, dicht aangeschurkt tegen een kudde van stille, wezensvreemde, onomhelsbare lichamen.

Dat is hoe William Daniell, de vroeg-negentiende-eeuwse topograaf van de Britse kust, de Shiants uitbeeldde in een tweetal aquatinten uit 1819: een uitgestrektheid van vorm, een compacte, imposante aanwezigheid, met een vredige zee aan hun voeten.

Ik had een van die prenten aan de muur van mijn schoolkamer hangen en het blijft een troostende voorstelling voor mij. Daniell verliest zich niet in enige heroïek, of wilde dynamiek in de schets. Hij schildert de eilanden als een plaats van rust, met een gloed in het licht en de reusachtige, peinzende bestendigheid van de kliffen op de achtergrond.

Het houdt nooit stand. De Atlantische Oceaan stuurt zijn volgende weersysteem op de eilanden af en die stuurse, lichtende schoonheid wordt opgetild en verwrongen tot een nieuwe, vertrouwde razernij. De Shiants hebben het humeur van een kind: ongenode, onverklaarbare woede; plotselinge kalmte; een nieuwe uitbarsting even absoluut als de vorige. Soms lig ik 's nachts, als ik niet slapen kan, in het huis naar het weer te luisteren. Ik zie de Shiants als het ware van boven, uitgestrekt onder de storm. De schaduwen van de wolken jagen over hen heen. De golven wringen zich, de een na de ander, door de natuurlijke boog, hem volledig vullend – twaalf meter hoog en negen breed, een honderd meter lange koker van ziedend water – daar naar binnen geperst totdat ze aan het andere eind weer naar buiten spatten, in hun bevrijding uiteenvallend tot enorme, op bloemhoofdjes gelijkende schuimmassa's. De kliffen en de eilanden zijn niet onder de indruk. Belegerd door Minch, blijven ze onbewogen staan, zwart, gevoelloos en onaantastbaar.

Het is verleidelijk om de Shiants zo te zien. Elke eilandeigenaar zou zijn bezit misschien wel willen beschouwen als een dam tegen erosie, maar niets is minder waar. Ik heb eens enkele dagen op de Shiants doorgebracht met een paar geologen en onder hun gedegen rationele analyse werd ieder idee van het eilandfort al gauw tot nul gereduceerd. Het was een hoogst aangename ervaring. Fergus Gibb, lector in Magmatische Petrologie aan de Universiteit van Sheffield, en zijn vriend Mike Henderson, momenteel hoogleraar voor Petrologisch Onderzoek aan de Universiteit van Manchester, weten beiden meer van de rotsen op de Shiants dan wie dan ook. Zij bestuderen de eilanden al sinds de jaren zestig en in een klein bootje hebben zij me rond de kliffen en de kust geleid, me wijzend waar het verhaal van de Shiants te vinden was.

Het was een innemend, hartelijk en met wederzijds ongeduld opgevoerd nummer voor twee. Fergus – Mike noemt hem Fergie – is de stoerdere en meer machoachtige van de twee. Hij speelt tennis voor de Yorkshire Veteranen, praat vol vuur over 'joekels van voorhamers', houdt ervan om 'm 'van katoen te geven', draagt een donkere bril en geruite shirts met korte mouwen en past op Mike, die niet zo vast ter been is op de rotsen. Fergus heeft zijn grote matrozensokken altijd tot aan zijn knieën over zijn broek opgetrokken. Hij neemt de leiding en iedereen volgt gedwee. Mike – gebreide wollen das, bril, groene V-hals, honkbalpet laag op zijn voorhoofd – speelt de aanvullende rol. Hij en zijn vrouw Joan zijn gek op natuurvoeding, een bepaald soort geestige laat-negentiende-eeuwse romans en de meer verfijnde van de dramatische kunsten. Mike moet de enige geoloog ter wereld zijn aan wie een ballet opgedragen is en het eerste wat hij me vroeg toen ik hem in het huis op de Shiants op een maal van gebraden lamsvlees trakteerde, was wat ik van Giselle vond.

Geen van beiden hebben ze het ooit over onbeweegbaarheid of onaantastbaarheid. Zij zijn bezig met iets rijkers en diepers: de immense, trage dynamiek van deze uitzonderlijke plek. In het brein van de geoloog is alles een symptoom van iets wat gebeurt. Wij leken-landschapskenners zijn geneigd het ding zelf te zien, de onbeweegbare rotsen, de reusachtige zuilen, de rij wuivende bamboestokken, de Spaanse kraag, de gebundelde orgelpijpen; zij zien het proces, de mineralisering, de conductieve afkoeling, de toekomstige breuken. 'Denk niet aan wat het is,' zei Fergus tegen mij. 'Denk aan hoe het tot stand kwam.'

De Shiants, of tenminste het grootste deel, zijn ongeveer achtenvijftig en een half miljoen jaar oud. Ze zijn ontstaan uit een reeks van hete, intrusieve magma's, gigantische plukken gesmolten rots die zich, van diep in de aardmantel opstijgend, tussen de veel oudere, fossielhoudende rotsen boven hen persten. Het proces had niet dramatischer en onplaatselijker kunnen zijn dan het is. De 'plaatsing' van het magma maakte deel uit van een gebeurtenis op planetaire schaal. Ongeveer zestig miljoen jaar geleden kwam een hele zone van de aardkorst onder immense druk te staan. Of de zwakte van de korst het opwellen van de diep eronder gelegen hete rotsmassa veroorzaakte, of dat het opwellen van het magma, een reuzenbel van hitte en energie in de mantel, de zwakte van de korst veroorzaakte, is niet zeker. Wat wel zeker is, is dat dit een instabiele, spannende tijd was. Hevige convectiestromen in de mantel, in een pluim oprijzend onder deze plek, zetten de hele Hebriden onder druk. Een kooksel ter grootte van een half continent stond op het punt tot uitbarsting te komen. De ganse diepte van de aardkorst werd hier op de proef gesteld, doordat de ene helft naar het zuidwesten, de andere naar het noordoosten getrokken werd. Het gevolg was een van de meest cataclysmische episodes in de geschiedenis van Brittannië. Waar zich dit alles precies afgespeeld heeft, is nog niet helemaal duidelijk, maar het is zeker dat de enorme vulkanische uitstortingen zichtbaar geweest moeten zijn vanaf een andere planeet. Tekenen van het breuksysteem lopen van Disco en Nunavik aan de westkust van Groenland tot Kangertittivaq aan de oostkust, dan tot aan het ver binnen de noordpoolcirkel gelegen en door drijfijs belegerde Jan-Mayeneiland, vervolgens over tienduizenden vierkante kilometers van wat nu de Noord-Atlantische Oceaan is, via IJsland, de Faerøer, Rockall en St. Kilda, zuidwaarts via de Shiants, en helemaal verder via Skye en de Binnen-Hebriden tot aan Staffa en de Giant's Causeway in Antrim, en zo door naar Slieve Gullion en de bergen van Mourne, alvorens te eindigen in het graniet van Lundy in het Kanaal van Bristol.

De breuk is wellicht de eerste poging geweest tot het openen van een Atlantische Oceaan. Als dat gelukt zou zijn, zouden de Hebriden uiteengetrokken zijn. Drijvend tussen de eilanden in de Freya, bevind ik mij pal boven een van de grote historische eventualiteiten van de wereld. Vanuit het midden van de Shiants zouden Amerika en Europa langzaam vaneen geweken zijn, zachtjes afstand nemend op gigantische transportbanden van hete steen in de mantel. De Galta's en Garbh Eilean zouden nu voor de kust van een New England liggen waarvan de oevers voornamelijk zouden bestaan uit de oude, verwrongen rotsen van Lewisiaans gneis die de Buiten-Hebriden vormen. Eilean Mhuire zou het meest westelijke eiland van Europa zijn, niet op de anderhalve kilometer verderop liggende puinhellingen en groene papegaaiduikerheuvels van Garbh Eilean uitkijkend, zoals nu het geval is, maar op vijfduizend kilometer grijze Atlantische Oceaan.

Het is nooit gebeurd. De breuk is nooit meer dan een spleet geworden. De Atlantische Oceaan opende zich ten westen van Rockall, en de Hebriden bleven intact. Al wat er nu nog over is van deze cataclysmische episode zijn de wortels en de restanten. Bijna zestig miljoen jaar van erosie heeft zijn werk gedaan en er is bijna niets terug te vinden van het oppervlaktelandschap dat dit vulkanisme heeft voortgebracht. De grote bergleestekens van de vulkanische provincie, Slieve Gullion en de Mournes, de heuvels van Mull en Ardnamurchan, de Cuillins van Rum en Skye, vertegenwoordigen slechts de verharde fundamenten van de reusachtige vulkanen waardoor de darmsappen van de aarde over het oppervlak werden uitgebraakt.

Het Schotland waarin de lavastromen zich een weg zochten, was tropisch en paradijselijk. Amerika, Groot-Brittannië en het Europa waarvan het deel uitmaakte, zouden toen onherkenbaar geweest zijn. Lotuslelies, magnolia's en verscheidene soorten van de protea, de tere plant die het nu zo goed doet in Zuid-Afrika, gedijden allemaal op de Hebriden. Na elke uitbarsting was er een pauze. Aarde en leven verzamelden zich op het ongelijkmatige, gebarsten oppervlak van de lava voordat de volgende eruptie alles bedekte en vernietigde. In Morvern kan men zien hoe het bovenste gedeelte van iedere vloed roodgekleurd is waar het weer de rotsen heeft aangetast en het aanwezige ijzer roestig heeft gemaakt. Elk van die rode lagen is begraven onder de fundering van de vloed die erna kwam. Op Mull, bij Rudha na h-Uamha, ontdekte John Macculloch, de verschrikkelijk eigenzinnige geoloog die in 1819 als een van de eersten iets te vertellen had over de rotsen op de Shiants, het fossiel van een boom die nog steeds in een zes meter diepe rivier van lava verankerd stond waardoor hij bedolven was. Je kunt die boom daar nog altijd zien.

De Shiants zelf echter kunnen van dit alles totaal geen weet gehad hebben. Zij hebben nooit een Hawaïaanse periode gekend en langs deze kusten hebben nooit parkieten gefladderd. Deze eilanden – of wat nu deze eilanden zijn – ontstonden zo'n drie kilometer onder de grond, wellicht onder een andere vulkaan die volkomen verdwenen is.

Zoveel was er in de negentiende eeuw al bekend. Sinds de Tweede Wereldoorlog is de kennis over de Shiantrotsen enorm toegenomen, grotendeels door de inspanningen van Fergus Gibb en Mike Henderson, die er in vijf bezoeken en door uitgebreid laboratoriumonderzoek tot mijn opperste verwondering in geslaagd zijn een aaneenschakeling van gebeurtenissen vast te stellen die hier ongeveer zestig miljoen jaar geleden over een tijdvak van enkele tientallen jaren plaatsvonden.

Het is een weids gedicht, geschreven in hitte en vloeibaarheid. Vergeet de zee even. Die heeft er niets mee te maken. Je bevindt je in het duister van de aardkorst, kilometers diep. Ongeveer honderdtwintig miljoen jaar daarvoor, in de vroege Juratijd, hadden zich onmetelijke ophopingen van modder, slib en zand in laag na laag op de bodem van een eerdere zee gevormd. Deze kleistenen en kleischaliën zijn rotsen geworden. Daaronder begint een gigantische bel van hete, gesmolten rots op te rijzen. De druk die zo ontstaat, veroorzaakt spleten en breuken in de bovenliggende lagen en het is tussen die plaatvormige formaties dat het magma zich een weg tracht te banen.

Dit is het moment waarop de schepping van de Shiants plaatsvond. De vloeibare rotsen namen, ver onder de grond, waarschijnlijk de vorm aan van wat geologen 'een cederboomlaccoliet' noemen, een verzameling van bladachtige kamers geordend rond een centrale stam, als de takken van een ceder. Het magma, van beneden opborrelend en nog heet van de energie die bij het wordingsproces van de planeet vrijkwam, verspreidt zich over iedere kamer en in telkens nieuwe bladeren, nieuwe uitbreidingen van het geheel. Het idee van een enkele boom klopt niet: het is veeleer een woud van bomen, waarbij de verschillende vormen onderling verbonden zijn via de uiteinden van de takken of een splitsing van de stam. De groei van dit roodgloeiende woud, elke boom vijfentwintig kilometer hoog, met een baldakijn dat zich over een bijna even grote breedte uitstrekte, schoof naar het noorden op vanaf de zuidelijke Hebriden. De hele vloer van de Kleine Minch is bedekt met de bladeren van dat helse cederbos. In het veel recentere verleden hebben gletsjers er in de zachtere Jura-afzettingen openingen tussen uitgeslepen, een hele familie van onderzeese Shiants achterlatend tussen hier en Tiree. Af en toe komen ze boven het oppervlak uit, als de eilanden van Staffin Bay, de Ascribeilanden, Fladda-chuain en Eilean Trodday, allemaal bij de noordelijke punt van Skye gelegen, en als Sgeir Inoe, de eenzame en kwaadaardige rots bij Scalpay. De meeste zijn onzichtbaar, enkel herkenbaar aan het kolken van het water.

Diep binnen die oeroude lagen werden de Shiants tot leven gewekt in een orgasme van kokende vloeistof. Het was ontzettend heet: de hoogste temperatuur die in het hevigste vuur in een brandend gebouw bereikt wordt, is ongeveer 8508 °C. Dat kan bakstenen doen smelten, en ze in plassen vloeibaar glas veranderen. De kleistenen uit de Juratijd smelten bij ongeveer 9008 °C, maar de temperatuur van het magma zelf was zo'n 1150 °C.

De intrusie van de Shiants moet schoksgewijs plaatsgevonden hebben, in een gaande en komende impuls, als een in- en uitademing, terwijl ze tegen de rotsen erboven duwde en ze deed uitzetten. Die dynamiek is nu vastgelegd in de vorm van de rotsen. Je kunt precies het punt aanwijzen – het is te vinden op de kust van de baai naast het huis – waar het binnendringende, gloeiende magma in botsing kwam met de koude kleistenen in het dak van de holte. Verwijder de kelp en het zaagvormige zeegras. De kleine groene krabben zoeken vliegensvlug het donker op, de nietige doorzichtige garnalen wriemelen als rugbyspelers in een tackle, en je ziet het moment van schepping bevroren en geconserveerd voor je ogen. De verzengende hitte van het magma ontmoet de oude koude kleisteen en die ontmoeting heeft een tweeledig effect gehad.

Elders op de eilanden kun je in de kleisteen de in lagen opgebouwde afzettingen nog zien zoals ze zich op de zeebedding van de Jura genesteld hadden, en je treft er talloze fossielen van ammonieten en belemnieten aan die erin begraven liggen als het vlees in een koude pastei. Hier is dat echter allemaal in de ultieme omwenteling verloren gegaan. De kleistenen zijn hard gebakken tot de compacte, grijze steen die hornfels heet, ongelaagd en zonder fossielen. Maar wanneer je de steen openbreekt, zoals Mike Henderson me liet zien, kun je de geesten van het leven dat daar eens bewaard werd, ontdekken. Hitte en spanning hebben alles wat er ooit in zat omgevormd, en een flauwe, koperachtige, vergulde glans bedekt het binnenste oppervlak van de rotsen. Dit zijn wat Mike Henderson 'de gepyrietiseerde overblijfselen' noemde, het enige bewijs van de fossielen die de rots ooit bevatte, gereduceerd in de smeltoven tot dit ondiagnosticeerbare vermoeden, een zweem van een suggestie, als de as van een verlaten haard. Maar de kleistenen eisten ook hun tol van het magma. Waar het hete, gesmolten intrusiegesteente in contact kwam met de landrotsen koelde het plotseling af. De half gekristalliseerde pulp van de vloeistof, een soort warme sorbet, werd door de oude, koude stenen op slag in een vaste massa veranderd. Door die plotselinge verandering zijn de mineralen in het magma klein, bijna ogenblikkelijk gevormd en dus is de rots zo glad en fijnkorrelig als kaas. Die vergelijking is opvallend nauwkeurig: waar je de rots opengebroken hebt, zijn de breuklijnen precies zoals je vanbinnen bij een brok Parmezaanse kaas ziet. 'Koelsteen' of 'koelmarge', zoals dit bevroren magma genoemd wordt, kom je overal aan de kust naast de hornfels tegen, de tweelingproducten van intense hitte botsend met prehistorische kou, achtenvijftig en een half miljoen jaar geleden.

Veel dingen zijn nog niet duidelijk over het ontstaan van deze eilanden, en ook de precieze volgorde van de gebeurtenissen is niet zeker. Globaal gesproken echter schijnt het dat verscheidene bladen van magma, ook wel sills geheten, hier gedurende een periode van misschien een eeuw of twee naar binnen gestuwd zijn. Eén daarvan, tamelijk smal door de snelle afkoeling, kan op de Galta's bewonderd worden. Een andere maakt de rib van rots waardoor de natuurlijke boog in de noordoosthoek van Garbh Eilean loopt. Een derde vormt Eilean Mhuire en de vierde en verreweg de grootste, 164 meter dik, schiep de grote homp, zo'n honderdzestig hectare, van Garbh Eilean en Eilean an Tighe. Niemand heeft nog ontdekt hoe die sills met elkaar in verbinding staan, of hoe ze aansluiten op de geweldige pijpleiding waardoor het magma vanuit het zuiden arriveerde, maar het is zonneklaar dat sommige van de oude Jurarotsen, de kleistenen en -schaliën, in het proces verwikkeld raakten. Het oppervlak van Eilean Mhuire bestaat voornamelijk uit een reusachtig vlot van die oudere rotsen, drijvend als een houten balk op de vloed van magma die, vooral van beneden maar deels ook van boven, binnenstroomde. Een andere plaat van oude rotsen loopt dwars door de noordoosthoek van Garbh Eilean en is geërodeerd in de baai die zich daar aan de voet van de papegaaiduikerhellingen uitstrekt. Die zachte, kruimelige rotsen, vol van de voedzame mineralen die zich op de Jurazeebedding verzamelden, zorgen voor een veel vruchtbaarder bodem dan het harde, gestolde magma van de sills. Deze Jurarotsen, rijker dan vrijwel alles in Pairc of Harris, en op Lewis alleen vergelijkbaar met hun equivalent in de buurt van Stornoway, zijn de basis geweest voor de meeste landbouwactiviteiten op de Shiants. Zonder de overvloed van Eilean Mhuire en de prachtige weilanden bij de Bagh op Garbh Eilean valt het moeilijk voor te stellen hoe er ooit leven op de Shiants had kunnen zijn.

Voor beroepsgeologen is dit verhaal slechts het begin van het boek. Zij trachten veel dieper door te dringen in de mysteriën van de chemische details, met name in de diagnostische mineralogie van de verschillende soorten rotsen die op de eilanden te vinden zijn.

Vroeger dacht men dat de verschillende mineralen die op verschillende plaatsen worden aangetroffen, het resultaat waren van grote kristallen die bij het afkoelen van het magma naar de bodem van de sill zonken. Dat was de heersende opvatting, ontwikkeld in de jaren dertig, maar Fergus Gibb en Mike Henderson hebben die theorie in de afgelopen veertig jaar goeddeels onderuitgehaald en een heel ander proces ontdekt.

Zoals zij aangetoond hebben, is de enorme hoofdsill van Garbh Eilean en Eilean an Tighe zelf weer opgebouwd uit ten minste vier verschillende magmastoten. Dat waren geen heftige uitbarstingen maar trage processen van grote omvang en immense kracht; een langzaam uiteenpersen van een abces ter grootte van vijftig huizenblokken. Als je de Shiants op Manhattan uit zou vlijen, zouden ze van Wall Street tot aan Times Square reiken. Deze opeenvolgende stoten zijn niet, zoals je misschien zou denken, boven op elkaar gestapeld, op de manier waarop je een boterham zou beleggen: eerst boter op het brood en daarop de kaas en daar de ham weer op en ten slotte de mosterd. Niks daarvan: elke nieuwe golf nestelde zich, in een hete, likkende tong van vers magma, binnen het lichaam van zijn voorgangers. Dat hadden ze alleen kunnen doen als het voorgaande magma nog heel zacht was. Met andere woorden, hier in de hoofdlaag moeten ze elkaar in rap tempo opgevolgd hebben. Er doemt een beeld op van een steeds dikker wordende sandwich, gemaakt van een soort pitabroodje. Je begint met alleen brood, en dan worden er successievelijk boter, jam en pindakaas tussen gestopt. De volgorde waarmee je eindigt is dan: brood, boter, jam, pindakaas, jam, boter, brood.

Op de Shiants ziet de sandwich er, ofschoon 164 meter dik, bijna precies zo uit, opgebouwd uit vier doorschoten lagen. De eerste, van een rotstype dat tescheniet genoemd wordt, was 2 meter dik (de boven- en onderkant van deze laag liggen nu 162 meter van elkaar af), de tweede (picriet) was 24 meter dik, de derde (crinaniet-picrodoleriet) 134 meter en de vierde (granuleus olivijn picrodoleriet) slechts 4 meter.

Voorbij dit punt wordt het, vrees ik, voor een leek moeilijk om te volgen. Ik zou kunnen uitweiden over de mineralogie van deze eilanden, met de boeiende verschillen tussen picriet (dat langzaam afkoelde en dus grote kristallen heeft en een wormachtig uiterlijk, met een aangevreten oppervlak als de gespikkelde, met levervlekken bezaaide huid van een pad of als penne in een pestosaus) en picrodoleriet (sneller afkoelend, een fijne, korrelige pap), of over de schoonheid in pas gebroken rots van de nietige druifkristallen van het olivijn en de felle, zwarte glinstering van de pyroxenen, over de evolutie van het magma gedurende de jaren van zijn plaatsing, zodat de laatste stuipen een vreemd, wit, grofmazig, grootkristallig gesteente voortbrengen op Eilean Mhuire dat syeniet heet – maar ik zie ervan af. Dit is niet de juiste plaats.

Nadat het magma uit de geweldige kamers beneden zichzelf eindelijk uitgeput had, begonnen de Shiants, nog steeds diep onder de grond, af te koelen. Van boven en beneden strekte de koelsteen zijn tentakels uit naar het hart van de halfvloeibare pulp, als het dollekervelgif in de ledematen van Socrates. Het heeft wellicht zo'n eeuw geduurd voor het gesteente hard geworden was. Tijdens het afkoelen kromp het in en dat is de oorsprong van de zuilen waaruit de Shiants bestaan. Ieder groot lichaam van krimpend materiaal dat over zijn volle breedte samentrekt, is geneigd naar buiten toe uit te puilen. Er ontwikkelen zich krimpscheuren in de rotsmassa die identiek zijn aan het netwerk van polygonen dat zich op de bodem van een opdrogend meer ontwikkelt. De zuilen zijn niets meer dan een netwerk van scheuren, uitgebreid tot een derde dimensie.

Als dit afkoelingsproces had plaatsgevonden onder laboratoriumomstandigheden, waar de magmaplaten overal even dik waren en zowel de bovenste als de onderste oppervlakken van de intrusies egaal, dan zou er een structuur van volmaakte regelmatigheid uit gekomen zijn. Alle zuilen zouden recht geweest zijn, van gelijke afmetingen, en parallel. Maar dit is geen laboratorium. Sommige intrusies waren duidelijk dun (in het bijzonder die waaruit de Galta's ontstonden) en koelden sneller af. Dat heeft tot gevolg gehad dat de zuilen zelf daar ook veel dunner zijn. Maar, wat nog mooier en interessanter is, ook de opening waar het magma door naar binnen drong, was ongetwijfeld oneffen. De zuilen moeten zich gevormd hebben door loodrecht op de koelvlakken te groeien en hier heeft de oneffenheid van die oppervlakken zuilen gecreëerd die draaien en kronkelen en buigen, die gegolfd zijn als het haar van art-decobeeldjes, gevangen in de elegantie van een geologisch permanent, Jean Harlow veranderd in steen, Madonna die een glimp opgevangen heeft van de Gorgo.

In andere gevallen, zoals bij de bovenste gedeelten van de noordelijke kliffen op Garbh Eilean, koelde de massa zo snel af dat hele hopen sintelachtige rotsen vaste vorm aannamen voordat er zich zuilen konden ontwikkelen. Daaronder echter, diep begraven in de enorme klomp van sill, koelde het magma maar uiterst langzaam af en hier verwerven de rotsformaties van de Shiants de indrukwekkende grootsheid van de reuzenpilaren. Dat waren de vormen waarover John Macculloch, de vroege geoloog, zich in 1819 zo lyrisch uitliet:

> De liefhebber van pittoreske schoonheid zal hier, zoals in vele andere delen van de westelijke eilanden, bevredigd worden door een vertoon van zeegezichten waarin de regelmatigheid van Staffa is verweven met de

> weidsere trekken van de kust van Skye. Naar het noorden toe ontmoet het oog één ononderbroken verticale wand van naakte rotsen. Deze wand is volledig verzuild, en vormt een schitterend schouwspel voor het penseel; zich in een lichte boog over een afstand van duizend meter of meer uitspreidend, en in één brede schaduwmassa over de donkere zee hangend die zijn sokkel omspoelt. In eenvoud en pracht overtreft die aanblik Staffa bijna evenzeer als in pure omvang; de toerist een doel biedend zijn streven even waardig als dat veelgeprezen eiland, en niet al te moeilijk te bereiken vanaf de noordelijkste punt van Skye.

De Shiants kwijnden weg in vergetelheid, terwijl hun beroemdere en meer toegankelijke verwanten, de rotsen bij Mull, steeds drukker bezocht werden. Misschien worden de Shiants tegen de roem beschermd door de open wateren van de Minch. Misschien heeft Staffa zijn succes bij het grote publiek te danken aan de nabijheid van Iona. Maar na Staffa op een zomerse dag vanaf het dek van een boot bijna te hebben zien bezwijken onder de last van zijn geologische dagjesmensen, kan ik alleen maar zeggen: 'Godzijdank.'

Er staat de Shiants een luguber lot te wachten. Millennialang is er al sprake van een gestage geologische motregen die de immense puinhellingen onder aan de kliffen geschapen heeft. Enorme potloodstompen zo groot als een klein huis liggen her en der in het rond als de nasleep van een aardbeving. Soms zit er nog een stel aan elkaar vast alsof ze allemaal tegelijk op de vuilnishoop zijn gegooid. De vogels wonen er in vele verdiepingen tellende flats. Wanneer je eroverheen loopt, wiebelen en kraken de als vrachtwagens zo grote rotsen onder je voeten. De dynamiek van de Shiants is nog niet voorbij. De kliffen zijn zelf een symptoom van het afbrokkelingsproces, en de harde randen van de eilanden zijn tekenen van een voortschrijdende vernieling. 'De molensteen die het zwerk is,' schreef Ted Hughes eens, 'maalt het heidevlak hard en klein.' En dat geldt niet alleen voor de hei. Fergus Gibb schat dat het 'over een paar miljoen jaar wel gedaan is met de Shiants'.

Elk voorjaar zoek ik naar de nieuwe littekens, de beddingen waarvan de rotsklompen zijn afgebroken. Het zijn zenuwslopende plekken. Waar de scheuringen hebben plaatsgevonden, zijn de overgebleven randen zo scherp als een mes. Je kunt je handen eraan openhalen. Om de een of andere reden ruikt de naakte, onbemoste steen naar ijzer of zelfs bloed, want bloed ruikt ook naar ijzer. Het is een geur van diepe ouderdom, een vrijlating in de neusgaten van elementen in de rots die al sinds de totstandkoming ervan niet vluchtig meer zijn. Het is alsof je met je vingers in een wond peutert, zo intiem.

Ik ben nooit getuige geweest van iets waarop ik soms uren heb zitten wachten in een boot: het instorten van een hele pilaar van een klip. Fergus heeft het slechts één keer gezien, en dat was niet hier maar bij de gelijksoortige rotsformaties in Trotternish, de noordelijke vleugel van Skye, zo'n twintig kilometer naar het zuiden. Hij bevond zich toen ook in een boot op de rustige zee. Gewaarschuwd door een schuifelend geluid, een ver gerommel in de stilte die op kalme zomerdagen rond deze plaatsen hangt, keek Gibb van zijn aantekeningen op. Aan de overkant van de baai was een compleet dun potlood, misschien negentig meter hoog en twee à tweeënhalve meter breed, bezig om in slow motion in de zee te glijden. Het voetstuk van de zuil moet, als zo vaak, door de zee zijn weggevreten. Ongelooflijk genoeg zijn de zuilen waaruit de eilanden bestaan nauwelijks meer met elkaar verbonden dan potloden in een doos en als de basis eenmaal verdwenen is, weggeslagen door een winterstorm, is er niets om nog weerstand te bieden aan de zwaartekracht. Die morgen gleed de zuil omlaag, wankelend en dan vallend, niet als een gevelde boomstam maar met een schacht die op twee plaatsen midden in de lucht afknapte voordat de drie gigantische brokken als hagelstenen in de stilte van de Minch neerstortten. De vogels vluchtten snaterend weg van de inslag, de deining rolde tot aan Gibbs boot en ervoorbij en de stilte vloeide weer terug. Fergus zei dat het op het afkalven van een gletsjer leek.

Deze rotsen zijn ook moordenaars. In 1796 beschreef de eerwaarde Alexander Simson, de dominee van Lochs, de Shiants in zijn statistische verslag van de parochie:

> Er woont één gezin op het grootste van de eilanden. Het hoofd van dit gezin is zo ongelukkig geweest om, op verschillende tijden, zijn vrouw, een zoon en een dochter te verliezen doordat ze in diepe afgronden vielen; de moeder en zoon overkwam deze ramp bij het hoeden van de schapen, en de dochter toen ze op zoek was naar de eieren van in het wild levende vogels.

Er is geen verdere verklaring van waarom ze gevallen zijn. Het is gemakkelijk genoeg om in het van dauw doorweekte gras op de kliftop uit te glijden, of om door een plotselinge windvlaag weggewaaid te worden, of een touw kan het begeven, maar het lijkt heel aannemelijk dat het instorten van een deel van een klif verantwoordelijk zou kunnen zijn.

Meer recentelijk heeft de pure instabiliteit van de Shiants

een jongen het leven gekost. Op 28 juni 1986 was een gezelschap van tieners en hun leraren van de Cranbrook School in Kent net aangekomen voor een zomerexpeditie naar de eilanden. Het was een mooie avond en terwijl ze hun tenten aan het opzetten waren, besloot een van de jongens, Simon Woollard, een ervaren alpinist en begiftigd klimmer, om de kleine klip pal achter het huis te bestijgen. Die is niet meer dan zes meter hoog en ik heb hem vaak zelf beklommen, me omhoogwerkend langs de bosjes wilde tijm, het paarse knoopkruid en de hertstongvarens, zonder touwen, gewoon voor de lol. We hadden namen gegeven aan sommige van de routes – 'Grazige Schoorsteen', 'De Omhelzing', 'Lunch van Krab' – 'een ondeugend klimmetje met pretentieuze stukken', zoals ik in het gastenboek schreef toen ik zeventien was.

Die avond in 1986 deed Simon Woollard alles volgens het boekje. Hij werd van onderen vastgesjord en droeg een klimgordel en een helm. Zijn vrienden sloegen hem gade van tussen hun tenten op het grasveld achter het huis. Op een zomeravond als deze, wanneer de zon naar de heuvels van Harris begint te dalen en de twee Galta's als een paar zwarte mollen tegen de kleuren van de avond afsteken, en wanneer de vogels, teruggekeerd van hun avondlijke vistocht, tussen de eilanden cirkelen, zijn de Shiants de gelukkigste en kalmste plaats die je je maar kunt voorstellen. Ze zouden je geen kwaad kunnen doen. Het was op dat moment, om ongeveer tien over halfnegen in de avond, dat er nabij de top van het klif een blok doleriet dat Simon net bezig was te overmeesteren, onder zijn handen losraakte. Het was ongeveer zo groot als een leunstoel. Hij viel een ogenblik lang met de steen mee maar werd dan tegengehouden door het touw, waarna de rots zich door zijn helm en in zijn hoofd boorde. Hij stierf ter plekke, aan de voet van de klip waar hij gevallen was, en later die avond, na vele uren van wachten en onuitsprekelijk verdriet voor hen die erbij waren, kwam er een helikopter van de luchtmachtbasis in Lossiemouth om zijn lichaam en enkele van zijn vrienden mee terug te nemen naar Stornoway. De anderen vertrokken zesendertig uur later, toen Donald MacSween hen van Scalpay ophaalde. Er is een klein gedenkteken op de plek waar Simon gestorven is en niemand van ons heeft daar ooit nog geklommen.

Dat is niet helemaal waar. Een paar weken nadat Simon Woollard gestorven was, bezocht ik de eilanden. Het bewijs was nog steeds zichtbaar: stukken verbrokkelde rots op het gras onder aan de klip, nog scherp, een enorme en afschuwwekkende vlek op de zwerfkeien die de regen nog niet weggespoeld had. Op de avond van het ongeluk had Adam Tozer, de leraar die de leiding had, in het gastenboek genoteerd dat er iets noodlottigs gebeurd was. Met grote, snijdende, diagonale lijnen had hij de bladzijden doorgehaald waarop wij de verschillende routes beschreven hadden. Verboden te beklimmen, had hij dwars door de tekening van de rotsen geschreven waarop de jongen de dood had gevonden.

De eerste paar dagen deed ik wat hij vroeg en bleef uit de buurt, maar met tegenzin. Om niet te klimmen waar we altijd geklommen hadden, zou betekenen dat de klip achtervolgd zou worden door een soort ontzegging. Deze eilanden waren een plaats die, als je de nodige voorzorg in acht nam, nog nooit iets geweigerd had. Je kon, als je wist wat je deed, een storm riskeren, je kon je zonder bezwaar blootstellen aan weersomstandigheden waar je je thuis wellicht voor verscholen zou hebben. Ik besloot om de klip weer te beklimmen. Ik begaf me naar de voet van een vertrouwde route, de Grazige Schoorsteen, een addertongvaren in de spleet boven me, een kussen van tijm aan weerszijden. Ik reikte omhoog naar het eerste steunpunt, trok mijn lichaam vijftien, hooguit dertig centimeter op, en terwijl ik dat deed, terwijl ik er met mijn volle gewicht aan ging hangen, voelde ik het blok, een kubieke meter doleriet, heel eventjes uit zijn bedding oplichten. Ik trok mijn handen terug alsof het een gloeiende kool was en liet me die paar luttele centimeters terug op het gras vallen. Nooit weer.

Colin Thubron

De godin uit de zee

Waar de zeeën in het oosten in elkaar overvloeien – de Adriatische, Jonische en de Egeïsche Zee – laat het verleden zichtbare sporen in het landschap achter. De aarde van de Levant is tot de kustlijn geërodeerd in de gebieden waar bossen zijn geveld ten behoeve van antieke vloten, en de dorpen liggen nog steeds op heuveltoppen in het binnenland waar ze door piraten heen zijn gedreven. Deze half-Aziatische landschappen, ongenaakbaar door de duizelingwekkende zon, wekken ontzag en een vreemd soort opwinding. Hun schoonheid is die van contouren en licht. De olijf, de rots, een blauwe boog – het effect wordt bereikt met magische spaarzaamheid. Hier keer je om onverklaarbare redenen altijd weer terug, alsof juist die naaktheid je aanlokt.

Een namiddag in maart bracht deze robuuste affectie terug, op een helling op Cyprus waar geen enkele kleur een beeld van de lente opriep. Aan mijn voeten lag het land er rustig bij. De helft van de richels was tot glinsterend gebeente geërodeerd en de paden lichtten wit en duurzaam op in de dalen. Boven de vlakten vol graan en fruit wordt deze hardheid de kern van het land – een aarde die eerder duurzaam dan veerkrachtig is, waar de rotsen de wanhoop van de boeren zijn. Te zeer begeerd, belopen door generaties boeren en soldaten, is de bodem dicht genoeg met stenen bezaaid om iedere ploeg of man de rug te breken.

Verspreid over de heuvel waar we stonden, lagen de restanten van het neolithische stadje Chirokitia half verscholen onder het struikgewas. In het bleker wordende licht vertoonden de muren afwisselende zachte kleuren die ze in werkelijkheid niet hadden.

'Zie je wel, precies wat ik zei.' De man liet zijn grijze hoofd op zijn handen rusten. 'Niets. Alleen maar stenen.' En dat klopt: deze ruïnes zijn weinig meer dan de funderingen van muren die gebouwd zijn van stenen die achtduizend jaar geleden uit de winterbedding omhoog zijn gesjouwd. Ze markeren echter een begin. Onbewerkt op hun plaats gelegd voor de aanleg van straten en de bouw van huizen beschutten ze ooit de eerste inwoners van het eiland, en mijn eigen tocht, die zowel een reis door de tijd als door de ruimte zal zijn, begon in deze archaïsche schemering.

De oude man had zich uit nieuwsgierigheid aan me vastgeklampt. 'Je zou naar Salamis moeten,' mompelde hij. 'Daar hebben ze grotere stenen. Of probeer de kastelen in de buurt van Kyrenia. Dat is pas iets! Die groeien als horens uit de bergen.'

Ik beloofde dat ik ze zou zien, ook Salamis en al die kusten, en dat ik langs de bergen zou lopen.

'Lopen!' riep hij – onder de mensen van het platteland geldt roepen niet als onbeleefd – 'Daar kun je niet lopen!' Zijn rood geaderde ogen puilden uit van ontzetting. 'Weet je wel iets van dit land? Dat overleef je niet, nog geen minuut. De Turken denken vast dat je een spion bent. Iedere wachtpost zou je ter plekke in mootjes kunnen hakken!' Toen liet hij zijn stem dalen en zei op bijna troostende toon: 'Eigenlijk verwacht ik dat ze je alleen maar in de gevangenis zullen gooien. Maar dan weet natuurlijk niemand waar je gebleven bent. En dan zit je er jarenlang...' Hij maakte een kauwende beweging met zijn mond en liet zijn handen om elkaar draaien. 'Jaren en jaren en jaren...'

Ik grijnsde tegen zijn koppige gezicht, dat plagerig van achter zijn snor terugkeek. Hij maakte zich echt zorgen om me en had een eeltige hand om mijn knie gelegd om te voorkomen dat ik hem daar achter zou laten. In deze periode, waarin er zowel tussen de Grieks-Cypriotische facties als jegens de Turkse minderheid sprake was van vijandschap, dacht ik echter dat ik minder gevaar liep dan hij. En een jaar later, na de Turkse invasie en de burgeroorlog, bleek ik gelijk te hebben.

'Maar er zijn dingen die griezeliger zijn dan de Turken,' zei hij. 'Grivas traint guerrillastrijders in het Troödosgebergte. Wist je dat?'

Ja, dat had ik gehoord. Deze laatste maanden van zijn leven probeerde Grivas nog steeds zijn ideaal van ENOSIS, de vereniging van Cyprus met Griekenland, af te dwingen. Maar als Grivas kans zag zich zes jaar lang in de bergen schuil te houden voor honderdduizend Britse soldaten, zou hij toch zeker mij wel weten te ontlopen?

'Maar wat als jíj hém niet kunt ontlopen? Hij eet Engelsen als avondmaal. Hij maakt kebab van ze. Ze verdwijnen gewoon.' Ondanks zijn snor en brandende ogen kreeg zijn gezicht iets guitigs. Hij raakte mijn elleboog aan en voegde er, alsof de geesten van de neolithische mensen hem konden horen, fluisterend aan toe: 'Maar serieus, de Grieken zijn prima. We zijn een gastvrij, beschaafd volk. Maar die Turken – moge de duivel zijn neus met ze afvegen – vertrouw nooit een moslim.'

Ik keek hem aan met de lethargische blik van iemand

die heeft geconcludeerd dat geen enkel volk wreder is dan de rest. Om een zo gevarieerd land als Cyprus te ervaren wilde ik lopen. Je door een land bewegen dat van het ene dal naar het andere steeds weer een gedaanteverandering ondergaat, waar de ene kant van een bergketen een chaos kan zijn van kalkstenen heuvels en de andere een weidse vlakte die lieflijk met maïs is begroeid, een eiland dat zich in voortdurende verwondering over zijn eigen architectuur een weg zoekt tussen de eeuwen – hier gaan lopen is alleen doenlijk als je de tijd hebt. En ik had vier maanden: de lente en het begin van de zomer. Lopen betekende dat ik mijn lot in de handen van de bevolking legde, een gebaar van vertrouwen, en dat ik het land benaderde zoals alle vroegere generaties het hadden gekend; dat ik het tot zijn oude afmetingen zou reduceren.

'Maar in vier maanden zou je naar Amerika kunnen lopen!' bromde de man. 'Of naar een fatsoenlijk land. Je zou veel geld...' En terwijl ik hem vertelde waar ik heen wilde glimlachte hij spottend en vol medeleven. Ik wist niet, en hij evenmin, dat het land binnenkort te gevaarlijk zou zijn geworden voor dergelijke reizen en dat mijn reis de laatste zou zijn, misschien wel voor de komende tientallen jaren.

Langs de kust en over de bergen zou het een tocht van negenhonderd kilometer worden. Waar ik zou slapen wist ik niet, maar ik vertrouwde op de gastvrijheid van de boeren en de zachte lentenachten. Ik lag liever onder de sterren dan dat ik de hele dag de last van een tent op mijn rug zou moeten meesjouwen.

Mijn eerste reisdoel was de noordwestelijke kust, bezaaid met belegerde Turkse dorpen, waardoor lopen een hachelijke onderneming zou worden. Daarna wilde ik om de voet van het Troödosgebergte heen, waar men de kopermijnen van de Feniciërs en de Romeinen kan vinden aan de hand van de graven van de arbeiders en de schachten die tot vreselijke diepte in de aarde doordringen. Vandaar zou ik me in een cirkel naar het gebergte erboven begeven, dat zich tot een hoogte van meer dan achttienhonderd meter verheft en de voedingsbodem vormt voor piepkleine Byzantijnse kerkjes waarvan de fresco's tot de meest volmaakte behoren die ons nog resten. De bergpaden zijn hier, als je de juiste kiest, wild en leeg. De kapen in deze dalen worden bekroond door kloosters waar de monniken zo schaars zijn dat ze nauwelijks genoeg stemmen hebben voor de liturgie. Zelfs in de lente vriest het op die hoogte, en ik zou voor onderdak een beroep moeten doen op de boeren en herders met wie ik door mijn manier van reizen veel contact zou hebben.

Na een Pasen tussen de christenen in de bergen zou ik afdalen naar Limassol en het antieke Amathous op de zeebodem bekijken. Aan de andere kant van het eiland weerklinken aan de kust de klassieke namen – Pafos en Kourion, dat in de Middeleeuwen in handen van de Tempelridders en de Hospitaalridders overging, Salamis, waar de begrafenissen in strijdwagens wel uit een epos van Homerus afkomstig lijken te zijn, en het bijbelse Chittim en de Hala Sultan aan de zoutmeren. In noordelijke richting zou ik uitkomen bij de maronitische dorpen, en ik zou het gebergte van Kyrenia volgen via de abdij van Bellapais en de roversnesten van de kruisridder-koningen; ten slotte zou ik weer doorsteken naar het zuiden, naar het geruïneerde sieraad Famagusta en dan het schiereiland Karpas op, waar het land eindigt.

De oude man had langzamerhand zijn belangstelling voor mijn sprookje verloren en zat slaperig op een rots, dus zwierf ik in mijn eentje rond tussen de ruïnes. Vanuit de kloof van de rivierbedding steeg de straat van het stadje in de vorm van stenen blokken op, omzoomd door de funderingen van bijenkorfvormige huizen. Overal langs de straat vertoonden de cirkels en onderbroken bogen van deze *tholoi* sporen van treden en deuren, of de kromming van een steegje. In de huizen hadden archeologen pijlpunten van obsidiaan gevonden, amuletten van parelmoer en vioolvormige figuurtjes die zo oppervlakkig waren bewerkt dat het leek alsof er alleen maar krassen in de steen zaten. Obsidiaan wijst op handel met Klein-Azië, dat het eerste thuisland van deze mensen geweest kan zijn, en sikkels van vuursteen maken duidelijk dat ze zowel boeren als jagers waren. Onder hun bijenkorfdaken zaten ze op stenen stoelen of lagen ze op lemen platforms, bij geschenen door een enkele bundel zonlicht die door een diep en smal raam binnenviel. Onder de vloeren lagen de doden als foetussen met hun knieën tegen hun kin opgetrokken, soms boven op elkaar in een opeenvolging van bijzettingen, alle met hun gezicht naar het oosten – de bron van het licht –, en ook al kregen ze grafgeschenken mee, er zijn in enkele gevallen ook zware rotsblokken op hun borst aangetroffen die moesten voorkomen dat ze zouden gaan spoken.

Nu leken deze mensen door die niet te ontwarren steegjes echter oneindig ver weg. In de weinige muren van baksteen maakte alleen een verschoten lijn duidelijk waar de klei tussen de bakstenen zat, de ene even zacht als de andere – een donkerder op een lichter grijs. Wat ze hadden gedacht of geloofd terwijl ze daar in die poelen van licht hadden gezeten was nauwelijks voorstelbaar. Hadden die vrouwen, die in hun primitieve ijdelheid halskettingen van schelpen en corneliaan hadden gedragen, zich een voorstelling gemaakt van de wereld buiten hun muren? De duidelijkste antwoorden zijn wellicht de kegelvormige stenen en het vrouwelijke afgodsbeeld die samen met hen in hun graven waren aangetroffen – vruchtbaarheidssymbolen misschien die de simpele zorg voor de voortzetting van het leven verrieden, het mysterie van de steeds terugkerende lente en het vermogen van hun eigen vergankelijke lichamen om kinderen te baren.

'Heb je iets ontdekt?' riep de oude man.

'Nee,' zei ik. 'Niets.'

Toch zijn uit dit niets alle culturen voortgekomen, en de gedrongen mensen met hun brede hoofden die ineengedoken onder deze vloeren zijn gevonden, zijn het Cyprus in het stadium van boreling. Zo rijk en complex is de geschiedenis van het eiland, uit zoveel verschillende bronnen stamt het bloed dat er vermengd is, dat het proces van rijping onmogelijk precies kan worden gereconstrueerd. Het spektakel van het eiland is dat van andere rassen: van westelijke mogendheden die oostwaarts reisden – Myceners, Romeinen, kruisridders – en van oostelijke mogendheden die zich naar het westen bewogen – Egyptenaren, Feniciërs, Turken. Het is dus waar dat alleen deze neolithische stenen ons kunnen vertellen wat er werkelijk karakteristiek is voor dit volk. Geen enkele andere cultuur drukt dit in absolute zin uit, want naderhand werd deze altijd geabsorbeerd of tot zwijgen gebracht door vreemde beschavingen.

Toch zijn de Cyprioten juist door deze beschavingen gevormd, en mijn eigen reis zou gedeeltelijk een ondergrondse tocht omhoog zijn door deze vreemde lagen, als door de lagen van een welgevulde en reusachtige taart. Gegeven de beperkte tijd die ik had zou ik mijn eigen ideeën over wat belangrijk was geweld aan moeten doen. Toch zou een van deze ideeën – het steeds weer opduiken in legenden en godsdiensten van een godin, een Afrodite met vele gezichten – de band tussen het neolithische embryo en de moderne mens onafgebroken in stand houden.

Voor een dergelijke reis – negenhonderd kilometer over een van de meest fascinerende eilanden ter wereld – was een eindbestemming gedeeltelijk een excuus. Reizen is een van de meest complexe vormen van toegeven aan je verlangens, en idealiter wordt een reis omwille van zichzelf ondernomen. Als de eindbestemming is bereikt, is de reis dood. Zo leek het mij tenminste, terwijl ik door die rivier van neolithische stenen omhoog waadde. De muur van één huisje was zo intact dat de dakboog er nog aan zat, en op een van de treden kon je, gepolijst door eeltige huid, de kromming zien die er door de voeten van die vroegste mensen in was uitgesleten. Ik bereikte de top van het ruïneveld. Naar het zuiden verflauwde de helling tot golvingen waarvan de contouren door bomen werden verzacht. Achter de weg van Nikosia naar Limassol lagen de harde kustgebergten en ertussen een rustige zee, en in het noorden – in een vreemde, contrasterende gladheid – golfden vulkanische heuvels in de richting van de hemel.

De oude man was nu opgestaan en scharrelde ook tussen de ruïnes rond, hoewel ik niet vroeg wat hij hoopte te vinden. De eerste vestiging in Chirokitia kwam ongeveer 5250 v.C. tot een onverklaard einde. Hetzij als gevolg van een aardbeving of doordat het dorp werd verlaten lagen de doden nog steeds in hun lemen graven en waren de funderingen van hun huizen in overlappende ringen ongemoeid gelaten, zodat van ontzag vervulde archeologen bijna achtduizend jaar later deze eerste stenen rimpelingen op de vijver van de tijd ontdekten.

Ik weet niet waarvan ik wakker was geworden, maar ik lag te rillen alsof mijn slaapzak van papier was gemaakt en staarde naar de silhouetten van de rotsblokken: brokken kalksteen van het klif die in de golven waren gevallen. Toen zag ik de lichten van de vissersbootjes van Pafos in het donker en hoorde de zwakke kreten van de mannen in de stilte. Tegen zonsopgang kwamen ze langs, netten ophalend die door groepen aan elkaar gebonden kalebassen drijvend werden gehouden, en verdwenen toen in westelijke richting met de nog brandende lampen op de boegen.

De dag brak doodstil boven de zee aan. De rotsen verhieven zich tegen een tot zwijgen gebrachte hemel. Hier, zo vertelden de antieken, in deze groenblauwe baai, was Afrodite uit het schuim geboren. Ze was het kind van Zeus bij de nimf Dione, dochter van Lucht en Aarde, en stapte uit de door rotsen omgeven wateren, waar de gratiën haar naaktheid bedekten.

Ik zal nu zingen van de statige Afrodite,
goud gekroond en beeldschoon,
wier rijk ligt in de ommuurde steden
van het geheel door de zee omgeven Cyprus.
Daarheen voerde de vochtige adem van de westenwind
haar over de golven
van de luid kreunende zee...

De mythe is echter natuurlijk nooit zo eenvoudig als het lijkt, en al vanaf de eerste versie loopt er een lelijke scheur door deze fantasie. Onder de Grieken was het een welbekend feit dat er, voordat de Olympische goden de wereld waren gaan regeren, een ouder ras van kosmische godheden had geleefd. Van deze was de hemelgod, Ouranos, de zoon van Moeder Aarde zelf, en zijn zoon, de Titaan Kronos, maakte zich van de heerschappij meester door hem te castreren.

Rond deze geslachtsdelen, die in de zee waren gegooid, verspreidde zich een wit schuim, en uit dit schuim ontstond de godin Afrodite.

De rotsen op de kust van Pafos worden omgeven door zeewier dat zich soms mengt met de lichamen van heel kleine schaaldiertjes, die een oplichtend schuim vormen. Op stormachtige dagen hebben mensen zich zelfs ingebeeld dat de hoge golven een gedaante bevatten die erdoor naar de kust werd gedragen en dan op de kaap verdween. De zee was nu echter zo kalm dat ik niet kon zien of ze de dode schaaldiertjes bevatte, laat staan een verwijzing naar deze gefantaseerde Afrodite. De zon was nog niet op, maar iedere scheur in de rotsen werd al door zijn voorboden geaccentueerd. Het water klotste en gorgelde eronder. Ik beklom de hoogste rots en schrikte een paar duiven op, die verrast koerend rondcirkelden. In de spleten zag ik bloeiende zonneroosjes, en zeewier deinde heen en weer op een onzichtbare stroming.

Een tijdlang behield de zee haar grijsblauwe schaduwkleur. Deze was niet overal hetzelfde maar lag in vaag rimpelende hellingen en glasachtige vlakten over het water. Misschien had in precies zo'n kalme schemering een priester of dichter uit een onbekende tijd, die met de blik van een gelovige toekeek in het kristallen licht van de zonsopgang, de godin gezien en deze baai voor altijd met zijn geloof beroerd.

Toch gaat de geboorte van godheden natuurlijk niet zo simpel in zijn werk. Goden en godinnen roeren zich in een duistere uithoek van de geest, groeien als de ringen in een boomstam, generatie na generatie. Al in het neolithische Chirokitia werd tussen de offergaven aan de doden een vrouwelijk afgodsbeeldje aangetroffen, en het is misschien geen toeval dat de graven van de vrouwen, wier functies zo mysterieus en van vitaal belang waren, meer gaven bevatten dan die van de mannen. Tegen 3000 v.C. kenmerken de overdadige borsten en kinderen barende heupen van de vruchtbaarheidsgodin de beeldjes in tal van Cypriotische tombes, en later namen de Myceners uit het westen hun eigen afgoden mee – wezens met vogelgezichten en uitstaande oren, die hun borsten betasten en baby's zogen. Uiteindelijk brachten de Feniciërs hun grote aarde-moeder, wier cultus alle andere opslokte. Ze was de meest directe voorgangster van Afrodite. Haar herkomst ging echter helemaal terug tot Babylon en ze arriveerde niet elegant op het schuim van de zee: ze werd, met gezwollen tepels en huwbare heupen, grof en barbaars aan land gegooid op het getij van de Fenicische immigratie en haar riten waren wellustig.

Misschien was de geboorte van Afrodite niet zozeer een mythe als wel een verklaring. Hier, waar Azië aan Europa raakte, begon – niet alleen in de beeldhouwkunst maar ook in het denken – haar gedaanteverandering van een vormloze kosmische macht tot de schepping van een fantasievolle geest. Hier werd niet een godheid geboren maar de mens.

'Goeiemorgen, Engels! In zee geslapen?' Vissers die met stokken en zonnehoeden omlaag klauterden naar het strand, brulden hun vrolijke begroetingen, de dageraad aan stukken rijtend. Het vage licht was al tot nuchter daglicht bevroren. Ik stond op en schudde het zand uit mijn haar. In westelijke richting, de richting van Pafos, boden het grind en het zand maar weinig gelegenheid tot lopen. Achter me hadden de rotsen nu een ongenaakbaar uiterlijk en strekten zich uit naar Egypte.

Op dit moment, nu ik op weg ging, begon ik een vage

vrees te voelen. In de landen rond de oostelijke Middellandse Zee verplaatst niemand zich te voet, tenzij noodgedwongen. Lopen voor je plezier of uit nieuwsgierigheid is ondenkbaar. Iemand loopt alleen omdat hij arm is. De vissers keken niet-begrijpend naar me en een herder op een plateau in het binnenland draaide zich omringd door zijn kudde om en hield zijn hand boven zijn ogen. Er was geen sprake van vijandigheid, en evenmin van begrip. Het was een mentaal schouderophalen. In dit intens conservatieve land was ik een abnormaliteit. Waarom zou je moeizaam te voet tussen Limassol en Pafos ploeteren als je voor zeven shilling een taxi kunt nemen? En wat is er zo interessant aan het land? De grond breekt harten en lichamen. Hij is bestemd voor degenen die er niet aan kunnen ontsnappen. Schoonheid is uitsluitend voor toeristen. Ruïnes zijn niet meer dan stenen. Al het leven, al het comfort vindt men in de steden. Zo redeneert de man van het platteland en hij buigt zich zonder te zingen over zijn werk.

Na een uur lopen stemde ik grimmig met dit standpunt in. Niet gewend aan het gewicht van mijn rugzak liep ik voorovergebogen als een houtskoolsjouwer onder zijn last. Ergens voor me lag Oud Pafos, ooit het grootste heiligdom van Afrodite, nu gekrompen – als ik mijn kaart moest geloven – tot een dorpje dat Kouklia heette. Links van me liep de zee golfloos voor de wind. De met struiken bedekte hellingen daalden zonder veel drukte af naar de kust, die hier en daar was platgeslagen door de winterregens. Alleen een gemakkelijke kaap of een lage richel doemden in de verte op, zodat mijn blik afdaalde naar de grond en piepkleine bloemen ontdekte: oranje lathyrus en viooltjes en kartelige blauwe anemonen die glinsterden in het gras tussen de bomen. Die middag kwam ik langs een boerderij vol klanken van luit en viool – het begin van een bruiloft. Hoppen fladderden voor me uit over het pad naar Kouklia.

Meer dan duizend jaar had het heiligdom van Afrodite zich hier in de grandeur en het mysterie van een oeroude cultus verheven, een tempel-stad van gloeiende kalksteen, haar bloedeloze altaren badend in wierook en bloemen. Sommigen zeiden dat Pafos gesticht was door Pygmalion, de koning van het eiland, die verliefd was geworden op een beeld van de godin en haar mee naar bed had genomen. Anderen beweerden dat de held Cinyras vanuit Klein-Azië hierheen was gevaren en zelf koning van Cyprus en minnaar van Afrodite was geworden. De godin was echter jaloers geworden op zijn dochter Myrrha, die mooier was dan zij, en had haar in een mirreboom veranderd – uit haar stam was de kleine Adonis geboren, die in een nieuwe cyclus van mythen zelf Afrodite het hof was gaan maken en een ontijdige dood had gevonden.

Deze legenden – drie generaties verliefd op de Grote Godin – duiden op het bestaan van een familie van priesters-koningen, de Kinyriden, die voor hun volk goden waren en via tempelprostituees gemeenschap hadden met Afrodite. Na de dood van zijn echtgenote trad een dergelijke koning in het huwelijk met zijn eigen dochter – de vorstelijke afstamming verliep via de koningin –, en hun nakomelingen, die zelf goden en godinnen waren, zouden later de troon bestijgen en het patroon van verering en incest voortzetten.

De godin was natuurlijk ouder en duurzamer dan deze minnaars-koningen, en in vroeger tijden werden ze aan haar geofferd. Ze werd zelfs geïdentificeerd met koningin Semiramis, en over de grafheuvels die overal in West-Azië verspreid liggen vertelt men dat het de graven van haar minnaars zijn, die levend werden begraven.

De riten van Pafos behelsden tot ver in de klassieke tijd sacrale prostitutie. Herodotus meldt dat in delen van Cyprus het gebruik in ere werd gehouden dat iedere vrouw zichzelf eenmaal in dienst van Afrodite moest stellen door in de tempel te wachten tot er een vreemdeling kwam die zich met haar verenigde. 'Veel rijke vrouwen, die te trots zijn om zich met de rest af te geven, begeven zich naar de tempel met een groot gevolg van bedienden om er in gesloten rijtuigen te wachten... Grote, knappe vrouwen zien kans al gauw weer thuis te zijn, maar de lelijke dienen lang te wachten voordat ze kunnen voldoen aan de voorwaarden die de wet stelt – sommigen zelfs wel drie of vier jaar.'

De Cypriotische riten ontbeerden zowel de hardvochtigheid van Azië als de strengheid van het noordelijke Griekenland. Ook toen al waren er tekenen van zachtmoedigheid op dit eiland, dat tussen Europa en Azië voor anker lag. De Semitische hartstochten werden getemperd, de Griekse hoogmoed van zijn scherpe kantjes ontdaan. Er werd gezegd dat er nooit regen op de altaren viel, hoewel ze onder de blote hemel stonden. Bloemen en vruchten waren de tempelgaven, en een bloedoffer werd slechts eenmaal per jaar aanvaard, als er een troep duiven in de rook van de brandstapel werd gegooid, opsteeg en dan verdoofd in de vlammen viel: destijds een daad die nauwelijks als barbaars werd gezien. Iedere lente, bij het feest van Afrodite en haar minnaar Adonis, kwamen er pelgrims uit alle delen van de antieke wereld aan land en liepen over de processieweg naar Pafos door boomgaarden wier overvloed de vruchtbaarheid van de godin symboliseerde. Het nabijgelegen dorp Geroskipou houdt deze herinnering in zijn naam levend: de naam betekent 'heilige tuinen', en veel beekjes storten zich ook nu nog in deze vallei voordat ze zich door met riet begroeide en ontheiligde poelen in de richting van de zee kronkelen.

De mysteriën van de *Afrodisia* blijven echter raadselachtig. Het enige wat ons is overgeleverd is kennis van enkele van de gebruikte voorwerpen: een miniatuurfallus, een offer van zout dat het opstijgen van Afrodite uit de golven symboliseerde, en een baarddragende afbeelding van de godin in haar gedaante van godin van de maan, die als hermafrodiet werd beschouwd en door mannen in vrouwenkleren en vrouwen in mannenkleren werd aanbeden.

In de loop van de eeuwen moet het aantal wijgeschenken aan de Grote Godin in de miljoenen zijn gelopen, en de beeldjes – terracotta menigten van mannen met baarden en vrouwen met juwelen – stonden als een eeuwig gebed in de heiligdommen. In de schemering in de tempel moeten hun uitgemergelde gezichten een spervuur van smeekbeden hebben gevormd, maar hun ogen waren zielloos – ondiepe amandelen waarvan de verf was afgesleten.

Bijna alle stukken die in Pafos zijn gevonden zijn kapot; hun fragmenten zijn als de lettergrepen van een vergeten zin. Wie waren bijvoorbeeld die jongeren met hun smalle gordels, wie was dat meisje of godin wier haar in drie golven over haar schouders viel? Welke godin werd er geportretteerd in dat fragiele gezicht met dat kapsel dat als de kroon van een Siamese boeddha oprijst?

Ook de tempel werd tot op de fundering vernietigd. Zelfs in de schemering lag hij er nu zonder enige betovering bij. Uit de aarde staken gecanneleerde stompen waar ooit pilaren hadden gestaan, en geen enkele muur was hoger dan een half weggerotte johannesbroodboom die met een droog geluid zijn takken tegen elkaar sloeg. De hoven en vertrekken getuigden niet van een samenhangend plan: Semitisch of Myceens, zelfs hun stijl is onderwerp van discussie. Ze riepen slechts het beeld op van een ver raadsel, een feminien barbarisme. Ik liep heen en weer onder de ziek ogende boom, als een dove die ziet dat de muziekinstrumenten worden bespeeld maar die niets hoort.

Wat de geschiedenis van Pafos betreft: ze lag overal om me heen verspreid. De tombes die in deze vriendelijke dalen zijn uitgehouwen zijn door rovers of archeologen geplunderd. In het noorden echter, tegen de muur van de stad aan, is door de legers van Cyrus in 498 v.C. een bestormingsheuvel opgeworpen. De tunnels die de Grieken eronder hebben gegraven zijn er nog steeds, met nissen voor hun lampen, en de balken die in brand werden gestoken om de belegeringsmachines te ondermijnen, zijn ingestort tot hopen verkoold hout en kalksteen.

Pafos zelf verviel in de Romeinse tijd. Een reeks aardbevingen teisterde het land gedurende een periode van ettelijke eeuwen. Na een aardbeving tijdens het bewind van Theodosius werd de tempel niet herbouwd en verdween Pafos uit de klassieke literatuur met de verzen van Claudianus, de laatste Romeinse dichter, die een paleis van Venus beschreef dat van edelstenen was gebouwd op een met balsem bezaaide heuvel – het vulgaire bouwwerk van de laat-Romeinse fantasie.

Het Château La Covocle, dat aan de rand van Kouklia stond, was ooit een centrum van de koninklijke suikerplantages van de kruisridders geweest. De beheerder was een man met een treurig gezicht wiens conversatie werd onderbroken door perioden van zwijgen die kenmerkend zijn voor degenen die, zoals hijzelf, onder krijgsgevangenschap hadden geleden. De mens mocht dan zijn respect hebben verbeurd, maar hij sprak met toewijding over de antiquiteiten.

'Heel merkwaardig – er is bijna op de plaats waar de tempel heeft gestaan een Romeinse villa ontdekt. Wat had die villa daar te zoeken? Ik heb geen idee.' Hij kneep zijn ogen half dicht toen we de schemering van het kasteel uit liepen en in het schelle licht bij de ruïnes kwamen. Alle groeven in zijn gezicht kwamen bij die ogen bijeen. 'En wat de tempel betreft: het halve dorp – de muren, de straten, de kerken – is van die stenen gebouwd.'

We liepen tussen grote groepen margrieten door. Eronder spreidden zich, gecraqueleerd door het zonlicht, het roze en blauw van de mozaïeken van de Romeinse villa uit, en in het onkruid tekende zich het lijnenspel van een piepkleine apsis van een heel lang geleden vervallen kerk af.

'Ziet u,' zei de beheerder, wiens naam Jorgos was (als een Cyprioot niet Andreas heet, heet hij waarschijnlijk Jorgos), 'ze hebben het pleisterwerk van de kapel in een grote hoop aangetroffen, en een klein kerkhof, en daaronder Romeinse muren, gebroken glas, lampen, beeldjes van terracotta... Het altaar van de kerk was – je kunt het nog steeds zien – op de trommel van een heidense pilaar gebouwd.'

Uit zijn stem bleek geen enkele verbazing dat de aan een Aziatische vruchtbaarheidsgodin gewijde stenen een christelijk altaar hadden geschraagd. In het hele oostelijke Middellandse-Zeegebied zijn de steenblokken van verwoeste tempels ingelijfd in het lichaam van het binnentrekkende geloof. De goden nemen op zachtmoedige manier elkaars plaats in, stelen hier een attribuut, daar een gebruik. Het nieuwe is eigenlijk helemaal niet nieuw, maar een herschikking van talloze godheden die elkaars heiligheid erven en onder een nieuwe naam de oude vertroostingen bieden. Toen archeologen een heilige kegelvormige steen uit de tempelruïnes verwijderden en meenamen naar het museum van Cyprus, ontdekten ze dat de steen glansde van de olijfolie; jonge moeders van het dorp Kouklia hadden er, als hun borsten niet genoeg melk gaven, eeuwenlang de steen met olie ingewreven als smeekbede aan 'de Dame van de plek'. Zelfs nu nog ontdekte ik in een gat in een van de hoekstenen van de tempel een groepje uitgewaaide kaarsen.

'Ze worden aan de Maagd gegeven,' zei Jorgos. 'De vrouwen uit het dorp brengen ze als geschenk, zelfs de moslims...'

'Zetten ze ze in de tempel van Afrodite?'

'Ja.'

De eeuwen werden afgepeld door zijn stem. Het is onmogelijk een god te verdrijven. In de hele Levant verraden de ruïnes van de tempels van Afrodite hun plaats door bomen die zijn behangen met de kleren van zieke smekelingen en door kaarsen en beeldjes die aan 'de Dame' worden geofferd. In een onafgebroken eredienst is Afrodite de Maagd Maria geworden. De tempel zelf vervalt, de godheid blijft.

'Ze noemen haar de *Panaya Galaktariotissa*,' zei Jorgos, 'de maagd die moeders melk geeft.'

Ik knikte, nog steeds in die holte turend waarin de eeuwen doorklonken. Die paar kaarsen hielden de draad van verering tussen het heden en het verre verleden ononderbroken in stand. Ze waren de laatste menselijke schakel, een schakel waaruit een heel vage herinnering sprak, met drieduizend jaar eredienst: met de herstelde augustijnse glorie van de Romeinse periode van de tempel, en zelfs – onvoorstelbaar ver terug – met de door mythe beladen koningen van de Fenicische rite, in een tijd dat de onsterfelijken zich nog tussen de mensen ophielden.

Ik betastte de vergelende kaarsen. Hoe broos en vergankelijk zagen ze eruit! Het gebruik van een paar vrouwen. En over hooguit een generatie, zo snel veranderde het leven, zou de draad gebroken zijn. Voorzichtig zette ik de dunne stenen plaat terug die ze beschermde.

Het dorp Kouklia leek bijna te slapen toen we erdoor liepen. Het was echter een optimistische gemeenschap, waar Grieken en Turken nog naast elkaar leefden. De Turkse wijk was zoals altijd armer dan de Griekse, maar de armoede was een schone, landelijke armoede, en het hele dorp was, zoals Jorgos had gezegd, aan elkaar gebreid met de stenen van Afrodites tempel. De straten, die omzoomd werden door prettig armoedige huizen met door pannen gedekte daken, kwamen uit op een klein plein waar zich de kerk en de koffiehuizen bevonden. Aan de rand van het dorp gingen ze over in paden, en de binnenplaatsen van de huizen stonden vol met ploegen, uit benzineblikken gehamerde troggen, kalkoenen, broodovens en een onafzienbare hoeveelheid geïmproviseerde voorwerpen. Ezels wachtten geduldig in dit slordige surrealistische decor, en de vrouwen stonden, met hoofddoeken en in saaie Europese kleren, over hun wasgoed gebogen, waardoor je dikke kousen zag die onaantrekkelijk tot boven hun knieën waren opgetrokken.

Jorgos woonde in een huis waar de plafonds van balken en rietmatten waren gemaakt. 'Ik houd van oude dingen,' zei hij terwijl hij zijn ogen half dichtkneep. 'Oude dingen zijn comfortabeler. Maar mijn vrouw zou graag iets nieuws hebben.'

Ze was een van die levendige, competente vrouwen die de natuurlijke partners van stille mannen zijn. Ze zette een maal van gevulde artisjokken en yoghurt voor ons op tafel, en ik werd omringd door een familie die de echo was van talloze andere die ik had gekend – in Griekenland, in Zuid-Italië, in Arabische landen. Niet dat de volkeren rond de Middellandse Zee minder van elkaar verschillen dan die verder naar het noorden – hun zinnelijke karakter treedt alleen duidelijker aan de oppervlakte.

Wat een schoonheden, die dochters, die zich bewegen met het gemak van het door de zon zo zachtaardig gestemde land! Hun bloei heeft de schittering van vuurwerk. Het schoolmeisje wordt van de ene dag op de andere een vrouw. '*E*,' roept haar moeder uit, 'ze is zo mooi als een nereïde!' (Ze roept dit echter zachtjes, zodat geen van de alerte jongedames het toevallig hoort.) En het is waar. De bloeiperiode van het meisje begint plotseling en is onbarmhartig kort. Een verdieping van de huidskleur, een voorbijgaande stevigheid van het vlees scheppen een moment lang harmonie. Ze beweegt zich met een nieuw zelfbewustzijn. Ze zal binnenkort trouwen. In een paar jaar zal alles echter tot de ruïne van de middelbare leeftijd vervallen; het vlees stremt om de botten en de bevallige gestalte is een zware moederlijke gedaante geworden die werkt met een uithoudingsvermogen dat haar echtgenoot niet kan opbrengen.

Ondanks hun beschermgodin zijn de vrouwen van Cyprus niet bijzonder mooi, en als gevolg van de emigratie van jonge mannen is er in de meeste dorpen een massa drijfhout van ongetrouwde vrouwen achtergebleven. Jorgos' oudste dochter, Andreoula, had echter al een verloofde, een grote, knappe man uit Limassol, die met ons mee at. Aanvankelijk deed hij alsof hij haar niet zag maar nam enthousiast deel aan de mannelijke gesprekken over politiek en sport. Jorgos praatte over de ellendige wrijvingen tussen Grieken en Turken. In Kouklia hadden ze altijd prettig naast elkaar gewoond. Hun huizen en land hadden aan elkaar gegrensd – hij wreef zijn vingers tegen elkaar in een gebaar van eendracht –, maar toen de problemen waren begonnen 'was het alsof het hele dorp werd opgetild en door elkaar geschud!' – hij zwaaide met een denkbeeldige bos spaden – 'en nu leven we bij elkaar, in angst...'

Andreoula zag er, zoals ze glimlachte, aantrekkelijk uit en scheen dit goed te weten, ze vlijde zich tegen haar man aan en glimlachte om alles wat hij zei, of nergens om. Al gauw vond hij aanleidingen om haar aan te raken. Wat was dat op haar wenkbrauw? Hij streek hem glad, als een klein vleugeltje. Hij pakte haar pols – stond haar horloge wel gelijk? Zat daar geen draad los op de rug van haar vest, vlak onder haar nek? Zijn hand bleef er liggen.

Jorgos' bejaarde moeder, die zwijgend naar deze verhulde liefkozingen zat te kijken, zat voorbestemd als een meubelstuk in haar hoek. Ze glimlachte geen moment en zei geen woord. Het was onmogelijk te gissen wat ze dacht. Ik herinner me haar alleen als een van de vele weduwen, gehuld in het verplichte zwart, die in een op de twee huishoudens in een donkere hoek als een schikgodin zitten te naaien. Afgezien van hun uitroepen – een '*E!*' of een '*Panayia!*' – zeggen deze broze vrouwen zelden iets als er een bezoeker in de buurt is, ze zitten met hun handen op schoot voor zich uit te staren. De hoge leeftijd brengt een schrikbarende vermagering met zich mee. Wangen raken uitgehold, ogen vullen zich met vocht. Als ze een dutje doen zien ze er angstaanjagend dood uit. De mond valt tandeloos open, de oogkassen worden donker; zelfs in de ontspanning van de slaap is de huid erbarmelijk gekrompen, en de schedel lijkt zich door het vlees heen te persen, ongeduldig naar zijn vrijheid verlangend.

Kouklia was echter een dorp van kinderen: Turkse jongetjes met geschoren koppies en de meer langharige Griekse. Zelfs nadat ik het huis van Jorgos had verlaten en toen het al donker begon te worden bleef een groep Turkse schoolmeisjes achter me aan lopen, een krokodil van vochtige ogen.

Ik besloot een beschutte plek te gaan zoeken om bij de zee te kamperen en volgde in het maanlicht een pad. In de boerderij aan de rand van het dorp had de bruiloft haar climax bereikt. De muziek klonk duidelijk over de naar nacht geurende velden. Ik loerde nieuwsgierig door een kier in de luiken, maar zag alleen de achterhoofden van twee oude mannen, knikkend en deinend in zwijgende instemming. Ik stak mijn hoofd half om de hoek van de deuropening en keek de gang in, maar zag niets. Een kat vloog over mijn voeten heen.

'Jij daar!' riep een stem.

Ik verstijfde. Ik zag niemand.

'Kom hier!' Een kleine, robuuste man sprong de gang in. Hij hield een bot vast waaraan een stuk vel van een kip bungelde.

'Ik?' Ik richtte me op in de gang, waarbij mijn rugzak tegen de muur bonkte.

De man staarde terug. 'God moge me vergeven! Ik riep de kat. Ik zou nooit zoiets tegen een bezoeker zeggen... nooit.'

Door mijn rugzak kon ik me niet omdraaien in die gang. Ik probeerde achteruit naar buiten te komen, als een hoveling die afscheid neemt van een koning. 'Ik ben helaas geen gast. Ik ben niet uitgenodigd. Ik... keek alleen maar.'

'Niet uitgenodigd!' riep hij bijna boos. 'Natuurlijk bent

u wel uitgenodigd! Ik nodig u uit. Ik nodig u nu uit.'

Ik maakte een futiel, beschaamd gebaar naar mijn kleren, maar hij begreep het niet eens. Plotseling vroeg hij: 'Hoeveel heeft u voor die laarzen betaald?'

Die gefascineerdheid als het om ruilhandel ging! Ik wist het niet meer (ik herinner me nooit wat ik ergens voor heb betaald). Het waren Spaanse laarzen en ze waren al oud, maar ze hadden kennelijk iets wat de maanden hierna voortdurend nieuwsgierigheid zou wekken, en later zou ik me gedwongen zien er een willekeurige prijs voor te verzinnen. Deze eerste keer bleef ik echter stompzinnig naar mijn voeten staren, alsof zij het antwoord moesten geven, en zei uiteindelijk: 'Ik heb geen idee. Dat ben ik vergeten.'

'Ah,' zei de man duidelijk niet overtuigd – geen enkele Cyprioot vergeet ooit een prijs. 'Maar kom toch maar binnen. Kom binnen.'

En zo werd ik deel van een plattelandsbruiloft. De bruidegom was een boer en zijn vrouw een boerendochter, een mollig meisje met sultane-ogen en een gulzige mond. Ze was gekleed in zijde, droeg zelfs handschoenen, en haar armen schitterden van de mousseline met zilverdraad. Haar haar sprong, doorvlochten met witte rozen, in glinsterende vlechten op, en om haar hals lag een dubbele ketting met imitatieparels. De oude gebruiken zijn al voor driekwart verdwenen.

De huwelijksmatras werd echter nog steeds door getrouwde vrouwen uit het dorp gemaakt, gevuld met wol en geurende twijgen, en er werd nog steeds als een vruchtbaarheidstalisman een klein kind over heen en weer gerold. Als tijdens de bruiloftsmis de woorden 'liefhebben en gehoorzamen' worden uitgesproken, zal een bruidegom uit de omgeving van Pafos nog steeds op de tenen van zijn bruid gaan staan om er zeker van te zijn dat ze luistert.

Ik werd, gegeneerd vanwege mijn vuile kleren, hartelijk door dit stel begroet terwijl een heel klein bruidsmeisje – een stel verweesde ogen in een witte wolk – me uit een mand Turks fruit aanbood. In de kamer was een geweldig feest aan de gang. Het huis explodeerde van het gelach en gezang, en cognac liep klokkend uit flessen en glazen. De mensen zaten aan tafels met plastic kleden, op stoelen waarvoor ze een plaatselijke bioscoop hadden geplunderd, en spitten met hun vorken in de heuvels koud schapenvlees en aardappelen.

Aan de ene kant zat ik tegen een bejaarde vrouw aangedrukt die van schaamte onder haar hoofddoek wegdook. Aan de andere kant zat een schaapherder die voortdurend de aardappelen van mijn bord pikte. Aan de rest van de tafel zat in een kring een glimlachend pantheon van hangsnorren en golvende wenkbrauwen. Overal waar ik keek glinsterden vrolijke ogen boven scheefgehouden glazen, en witte snorren kronkelden boven smakkende lippen. Tegenover me riep het ronde rode gezicht van mijn zelfbenoemde gastheer: 'Op jou, John!' (Alle Engelsen heten John.)

Hij bonkte met zijn glas tegen het mijne.

'Op de Big Ben!'

We klonken weer.

'Op de koning!' (Op welke was niet duidelijk.)

'Op de vrouwen!'

We werden ook door vrouwen omringd – kleine, in het zwart geklede oude dames die met een blik van tevreden machteloosheid tegenover volgestapelde borden eten zaten.

Alleen het eten zag er vijandig uit. De aardappelen waren nu van mijn bord verdwenen, zodat ik met het schapenvlees werd geconfronteerd. De bruid en de bruidegom kregen een paar geroosterde duiven, symbolen van de eendracht in het huwelijk, maar de gasten dienden slag te leveren met dit schapenvlees. Het overviel mijn weerloze gebit, wurmde zich in niet in kaart gebrachte holten en verschanste zich onder mijn tandvlees.

Tien minuten later begonnen de mensen serieus te drinken, ontzetten met tandenstokers hun belaagde tanden en kiezen en praatten boven tafels die bezaaid waren met flessen en botten. De man tegenover me bonkte nog steeds met zijn glas tegen het mijne, ook als ik het niet vasthield, en dronk op een bonte verzameling van mensen en instellingen die ik niet kon thuisbrengen. De andere tafels zagen er respectabeler uit dan de onze, maar overal zaten de generaties en maatschappelijke klassen door elkaar. Vrouwen in korte rokken babbelden met grootmoeders wier enkels een halve eeuw lang een fanatiek bewaakt mysterie waren geweest, en de oudere boeren zaten in hun zakkige *vlaka's* die vlak onder de knie waren afgebonden, waardoor er boven hoge laarzen een ruimte vrij bleef waar hun witte en magere benen zichtbaar waren.

De muziek was afkomstig uit een vertrek dat we alleen, schuifelend door het donker over planken die in de door regen doorweekte modder waren gelegd, via het achtererf konden bereiken. De vrouwen begaven zich in hun strakke rokken en met hun gevulde lichamen op hun tenen en hijgend door de modder. Op het erf werden kippen wakker die blind rondrenden in het donker en met hun vleugels tegen onze voeten sloegen terwijl we ons aarzelend voortbewogen, zodat de oude vrouw die naast me had gezeten haar fijngevoeligheid uit het oog verloor en zich aan de achterkant van mijn trui vastklampte alsof ze dreigde te verdrinken.

Op de plavuizen in de achterkamer, onder de hoge balken, dansten de jongere vrouwen. Een violist en twee *laoutari*'s speelden de oude passen – eenvoudige melodieën waarop de meisjes paarsgewijs reageerden, zich licht voortbewegend op hun zware zolen. Ze hielden kleurige zakdoeken in de lucht, pakten de hoek van die van hun buurvrouw, draaiden om haar heen, bewogen zich naar haar toe, verwijderden zich weer, naderden haar, alles op een plechtige, aandachtige manier alsof het een ceremonie betrof. En omdat de anderen zwijgend toekeken en nauwelijks glimlachten, hielden ook zij het gevoel levend dat er op die versleten tegels een ritueel werd opgevoerd, terwijl de luitspelers zich slaperig over hun instrument bogen en de violist zijn ogen sloot.

'Hallo, John!' Het rossige gezicht staarde in het mijne. 'Kun je dansen?'

'Niet zo.'

Hij gaf me met zijn grijs begroeide hand een klap op mijn schouder terwijl hij met de andere de armen van zijn volwassen kleindochter vasthield. 'Er komt nog wel wat anders,' beloofde hij. 'Het blijft niet zo. Veel te saai...'

'Misschien wil zij dansen?' vroeg ik. Ze was op een rustige manier aantrekkelijk, met ingetogen, iets geloken oogleden. Ze fluisterde iets tegen hem.

'Nee,' zei hij. 'Ze danst niet.'

Ze maakte een lenige en heel verlegen indruk. De oude man was een tikkeltje dronken. Hij stond tussen ons in een beetje heen en weer te zwaaien. 'Er gebeurt nog wel iets.'

Maar er gebeurde niets. We bleven gewoon naar het dansen kijken en naar de muziek luisteren – muziek met een oosters tintje, met even weinig variatie als de levens van mensen in het oosten. Ten slotte dropen de gasten af in de nacht en liep ik onzeker terug over het pad, luisterend naar hun gedempte vertrek.

Het dorpshoofd van Kouklia, een schoolmeesterachtig type wiens haar in een zwarte hanenkam rechtop op zijn hoofd stond, haalde me in en bood me de gastvrijheid van zijn dorp aan. Hij zou zorgen dat ik een bed kreeg. 'Buiten slapen? Het is koud genoeg om een Turk te laten bevriezen! Bovendien zijn er slangen...' Hij zou me, zei hij trots, de kliniek en bibliotheek van Kouklia aanbieden.

We kwamen langs de kerk, wit in het maanlicht, en bleven staan voor een deur van ijzeren golfplaat, die hij van het slot deed en omhoogtrok. 'De kliniek van Kouklia,' zei hij plechtstatig. 'En de bibliotheek.' Ik kroop onder de deur door en was dankbaar voor de duisternis waarin hij stond. 'U vindt hier alles wat u nodig hebt.'

Direct hierop stierven zijn voetstappen weg. Ik luisterde, speurend naar andere geluiden, maar hoorde alleen het gejank van honden en het geklik van de laarzen van een vrouw, heel dichtbij en toen iets verder weg, in de straat. Ik trok de ijzeren deur omlaag en zocht in mijn rugzak naar een lantaren. Het licht bewoog zich over witte muren. Ik stond tegenover een doos boeken: de bibliotheek van Kouklia. Ik keek erachter. Ik zag een wasbak, een medicijnkast en een operatietafel waarnaast flessen zuurstof en een babyweegschaal stonden. Ik kleedde me uit en draaide de kraan open. Het water kwam uit een zinken vat boven mijn hoofd, stroomde in de wasbak die geen stop had en kwam door een scheur in de muur weer naar buiten, waarna het over de vloer stroomde. Ik pakte mijn slaapzak en liep plassend naar het midden van de kleine kamer terwijl ik me afvroeg waar ik moest slapen. Mijn zaklantaarn onthulde niets nieuws, afgezien van een poster aan een van de muren waarop aanwijzingen stonden 'Hoe baby in bad te doen'.

De operatietafel zag er erg wit en klinisch uit, maar een andere ligplaats was er niet. Ik hees me erop, voelde me onhygiënisch en strekte me voorzichtig uit. Mijn ingewanden rommelden. Ik trok mijn slaapzak over me heen. Buiten, in het hele dorp, jankten de honden een requiem. Het schijnsel van een straatlantaren, dat door een heel klein bovenlicht viel, glinsterde op de natte vloer. Ik draaide me om en viel in slaap.

De nachten waren weliswaar nog steeds koud, maar er stond geen wind en de zee was tot rust gekomen. Ik had die dag negen kilometer gelopen, wat weinig was omdat er nog negenhonderd lagen te wachten, maar genoeg om diep op te slapen. Ik hoorde geen getik en geen kreten van de nachtwaker, en de geluiden van het land – nachtelijke kreten en geritsel – werden door het kleine dorp op een afstand gehouden.

Veel later schrok ik wakker, in volledige duisternis. Waar was ik? Ik wist het niet meer. Het smalle en harde bed was me volledig onbekend. Ik tastte om me heen, half slapend. Mijn vingers voelden de zaklantaarn. Ik knipte hem zenuwachtig aan en vlak bij mijn ogen zag ik op de muur: 'Doe baby in het bad terwijl u hem stevig vasthoudt...'

Cees Nooteboom

Waar de herinnering woont

Het moet vijftig jaar geleden zijn dat ik voor het eerst van het eiland Tonga hoorde. De jonge prinses Elisabeth van Engeland werd gekroond tot Elisabeth de Tweede, en koningen en staatshoofden uit de hele wereld waren voor die plechtigheid naar Londen gekomen. Daarbij was ook de koningin van Tonga, een eilandenrijk ergens in de Stille Zuidzee, en zij werd nog op diezelfde dag wereldberoemd, omdat zij, in tegenstelling tot alle andere gekroonde hoofden, weigerde haar calèche te laten sluiten toen het plotseling waanzinnig hard begon te regenen. Het effect was natuurlijk dat zij kletsnat bij Westminster Cathedral aankwam, wat des te meer opviel omdat bij het uitstappen bleek dat de koningin van Tonga een reuzin was.

Op zo'n ogenblik dringt de naam Tonga onverbiddelijk bij je naar binnen, en is de nieuwsgierigheid gewekt. Tussen Australië en Zuid-Amerika ligt de immense vlakte van de Pacific, waar alle aangrenzende werelddelen in zouden kunnen verdrinken. Kijk het maar na, u zult moeite hebben om Tonga te vinden. Een machtige hand heeft over al dat water een groot aantal kruimels uitgestrooid, de Cook Islands, de Marshall Islands, de Marquesas, allemaal op oneindige afstanden van elkaar. Als je last hebt van eilandziekte kun je er uren naar kijken, het moeten er duizenden zijn. Er was dus geen beginnen aan. Je las over Gauguin en Tahiti, over Robert Louis Stevenson en Samoa, je zag schilderijen en foto's, je zag de film over de muiterij op de Bounty met Charles Laughton, kwam zelfs een keer op Hawaii en kon al iets van die Polynesische wereld proeven, maar Tonga en die reusachtige koningin bleven voor je uitwijken, en het zou nog jaren duren eer de droom werkelijkheid zou worden, en dan nog maar eigenlijk per toeval.

Ik was uitgenodigd voor een literair festival in Sydney en ontmoette daar een schrijver uit Fiji die ooit de privésecretaris van de koning van Tonga was geweest. De koning was dan wel niet zo lang als zijn inmiddels overleden moeder, maar compenseerde dat door een aanzienlijke omvang, in die gebieden een teken van macht en rijkdom. De schrijver heette Epeli Hau'ofa, en hij bezwoer mij om mijn oorspronkelijke reisdoel te veranderen, en niet, zoals ik van plan was, via Tahiti naar Los Angeles te vliegen, maar in plaats daarvan een omweg te maken naar Fiji, Tonga, Vanuatu en Samoa, vier jongensdromen in één klap. Van Fiji, waar later een staatsgreep zou plaatsvinden die te maken had met de strijd en de wedijver tussen de oorspronkelijke Polynesisiche inwoners en de uit India geïmporteerde immigranten, herinner ik me niet veel. Ik was de gast van Epeli, en die vertelde me vol heimwee allerlei verhalen over Tonga, die me alleen maar nieuwsgieriger maakten naar dat voor mij nog zo geheimzinnige eiland. Ik wist nu dat de koning zo dik was dat er in het kleine vliegtuig dat de verbinding tussen al de verre eilanden van zijn rijk onderhoudt, altijd twee plaatsen voor hem gereserveerd moesten worden, dat de zondag er zo heilig was dat er geen vlieg kon bewegen tenzij op weg naar de kerk, dat er een aristocratie bestond die al duizend jaar oud was, en dat, als de inwoners de auto van de koning zagen aankomen, ze onmiddellijk zelf de berm in reden. Maar één ding had Epeli me vergeten te vertellen, en dat was dat je, als je 's middags om vier uur van het vliegveld van Suva op Fiji vertrekt voor de twee uur durende vlucht naar Tonga, weliswaar om zes uur daar aankomt, maar dan wel gisteren. Ineens heb je van het leven een hele dag cadeau gekregen, je bent in de ruimte naar voren, maar in de tijd naar achteren gereisd, en hebt zo een van de mooiste dromen van de mensheid vervuld. Tonga ligt namelijk precies op die volstrekt imaginaire scheidslijn waarmee de mensheid geprobeerd heeft de onzichtbare tijd te temmen: wie een stap naar voren of naar achteren doet verandert van iemand van gisteren in een mens van vandaag of omgekeerd, en bewijst daarmee voor mijn gevoel dat de tijd eigenlijk niet bestaat. Misschien dat ik daarom op Tonga zo gelukkig was.

Ik nam mijn intrek in het International Dateline Hotel, en deed niets, dat wil zeggen, ik paste me aan aan het heersende tempo, wandelde door de stad en langs de zee, kocht zee-egels en oesters op de vismarkt, zat onder een palm en keek naar de oceanische luchten, maakte een tochtje met een visser, kortom, ik liet het geruis en de opwinding van de grote wereld uit mij verdwijnen en keek vol bewondering naar de mooie mensen die voorbijkwamen en die hun zo te zien verrukkelijk langzame levens hier sleten ver van het rumoer en de dingen die de rest van de wereld zo belangrijk vindt.

's Avonds werd er in het hotel gedanst en gezongen, de vrouwen waren net zo mooi als Gauguin ze had geschilderd, Angelsaksische missionarissen hadden ze weliswaar volgens zeggen heel deugdzaam en godvruchtig gemaakt, maar dat maakte het alleen maar aantrekkelijker. Elke gedachte aan verder reizen binnen het koninkrijk liet ik varen toen ik begreep dat er behalve Tongatapu, waarop ik woonde, nog 174 eilanden waren, waarvan er 39 bewoond zijn. Ik had genoeg aan de turkooizen zee, de kokospalmen, de afwezigheid van kranten en de onvoorstelbare wolkenformaties in de lucht. Het leek of de wereld opgeheven was, en dat leek me uitstekend.

Epeli had me trots verteld dat het enige instituut in de Pacific waar je Latijn en Grieks kon leren zich op Tongatapu bevond, en had me het adres van de Atenisi University gegeven. Ik werd door de rector, Futa Hele, thuis uitgenodigd voor wat een onvergetelijke middag zou worden van antieke wijsheid, onder het huis rondscharrelende varkens, Mozart op een ontstemde piano, een groep jongemannen die traditionele liederen zong en een rituele *kava*-ceremonie. Voor dat laatste was ik gewaarschuwd, want kava mag er onschuldig uitzien – het lijkt nog het meest op melk –, maar is geen halve maatregel. Het wordt gemaakt van de wortel van een peperplant (*piper methysticum*). Waardoor ik het meest betoverd werd weet ik niet meer, de trage, hypnotiserende zang van die jongemannen, het stampen van die wittige wortel met een grote vijzel en het geluid dat dat maakte, of de dochter van Futa Hele, die in de verte Mozart speelde op een piano die klonk alsof de componist zijn melodie speciaal aan de tropen had aangepast. Maar misschien waren het toch de wind in de palmen en de grijswitte drank zelf, die gemaakt werd door water bij de gemalen wortel te mengen. Dat gebeurde in een grote, uit hout gekorven vierpotige pot, waaruit later de kava geschept werd met een halve kokosschil. Het effect is niet zozeer dronkenschap (die kokosschaal bleef maar terugkomen), maar een eigenaardig gevoel van slaperig welbehagen, lichte verdoving, verdoezeling van de scherpe kanten van het eigen karakter en, na verloop van tijd, een diep verlangen naar het vermogen om langzaam op te stijgen en met trage vleugelslag naar al die andere eilanden te vliegen waar andere *kavaka lapu*'s mij op zouden wachten.

Maar vliegen is niet eenvoudig, zoals ik op de laatste dag van mijn verblijf zou merken. Met moeite had ik een plaatsje veroverd in het vliegtuig naar Samoa dat op zaterdagavond zou vertrekken, naar gisteren of morgen, dat was me niet duidelijk, maar al gauw deed dat er niet meer toe, want er werd helemaal niet vertrokken. Een groep passagiers die buiten – op Tonga gebeurt alles buiten – op een vliegtuig wacht, krijgt hoe dan ook iets van een stel vluchtelingen, en ik merkte dat de andere vluchtelingen steeds vaker op hun horloge keken en gespannen leken te luisteren of het vliegtuig er al aankwam. Nu is dat niet zo ongewoon, maar zij wisten meer dan ik. Nergens op de hele wereld wordt de dag des Heren zo geëerbiedigd als op Tonga, en we waren nog maar een halfuur van de zondag verwijderd, en op zondag zou het vliegtuig niet mogen landen. Ik herinner me dat ogenblik nog heel goed. Iedereen stond ademloos te luisteren, we hoorden het twaalf uur slaan, en even daarna hoorden we hoe het vliegtuig daarboven zonder ons doorvloog naar de volgende bestemming. Wij passagiers stonden daar een beetje besmuikt, ieder ten prooi aan zijn eigen gedachten. Het geluid van dat eenzame vliegtuig stierf weg in de stille tropische nacht. Ik moest dat natuurlijk heel erg vinden, maar dat lukte me niet. Bijna bij toeval was ik op Tonga terechtgekomen, bij toeval zou ik nu ook de zondag op Tonga doorbrengen, en dichter bij het Niets kan een mens niet komen, want dat is wat er op zondag in Tonga gebeurt: helemaal niets, en dat niets wordt begeleid door kerkklokken, die elke twee uur aangeven dat er weer twee uur lang niets gebeurd is. Alles, maar dan ook alles, is dicht, en niets beweegt, behalve de vogels en de met bijbels en kerkboeken beladen kerkgangers. Restaurants, bars, alles is gesloten, een hemelse rust daalt over het toch al zo stille eiland. Van achter het raam van mijn hotelkamer zag ik de mooie mensen voorbijkomen die in de dagen van Gauguin nog zulke verrukkelijke heidenen geweest waren. Ze droegen hun zwarte boeken als sieraden, ze gingen zingen en bidden en naar preken van hel en verdoemenis luisteren terwijl ze in het paradijs woonden.

Ik besloot een eind te gaan wandelen en eens goed over alles na te denken. Schoonheid en zonde, rust en beweging, allerlei onderwerpen voor meditatie dienden zich aan. Hoe zou het zijn om hier voorgoed te blijven leven, een beetje te vissen en af en toe een kokosnoot te plukken, de wirwar van de opgewonden wereld achter me te laten en een eenmansklooster te stichten van de Orde van de Stilte? Op al mijn reizen had ik een indeling gemaakt van essentiële gebieden: die waar je nog wel, en die waar je waarschijnlijk nooit meer naar toe gaat. Maar als ik hier zou blijven, zou ik de hele wereld verklaren tot een gebied waar je nooit meer naar toe gaat – wie dat niet begrijpt moet de kaart van de Stille Oceaan maar eens bekijken. Het eilandenrijk Tonga beslaat 362.500 vierkante kilometer. De stukjes land die boven het water uitsteken zijn er welgeteld 688. Naar alle kanten strekt zich een soort eeuwigheid van water uit, geen wonder dat ze precies hier de tijd in tweeën verdeeld hebben omdat tijd er hier niet meer toe doet. Er is Tongatijd, die zo langzaam stroomt als stroop en het zonder klok afkan, en er is Papalangitijd, de tijd van de echte wereld, en die twee lopen volgens schatting één op twaalf. Maar als tijd er niet meer toe doet, dan is er nog veel meer dat er niet meer toe doet, en ik wist niet of ik al rustig genoeg was om voorgoed tot de Orde van de Stilte te behoren. Ooit had een jonge Canadese schrijfster die op bezoek was in Amsterdam mij gevraagd waarom ik in godsnaam zoveel op reis ging als ik in een van de mooiste steden van de wereld woonde. De vraag was goed, zeker als je erover nadenkt met je rug tegen een palmboom. De zon scheen over de verschuivende edelstenen van de oceaan, maar ik zag een mistige oktoberavond in Amsterdam, en meteen daarna een al even nevelige en ijskoude avond op de lagune van Venetië, met de lichtjes van de stad in de verte. Venetië en Amsterdam, dat waren misschien de twee steden waar ik het meest van hield. Maar hoe moest het dan met Los Angeles? Van die stad hoor je niet te houden, vinden veel van mijn Amerikaanse vrienden, maar nu, hier, aan de andere kant van de onmetelijke oceaan, kreeg ik zowaar een scheut van heimwee naar die verstedelijkte wildgroei die zijn woestijnafkomst nooit helemaal verloochend had. Een heel jaar had ik er doorgebracht, ik had er mijn boek *Allerzielen* geschreven; terwijl ik buiten langs de oceaan in Santa Monica de groteske vormen van de Washingtonpalmen zag bewegen in het Californische zonlicht, schreef ik over een besneeuwd Berlijn in een ijskoude winter. Maar nu wilde het inwendige archief plotseling van alles aanleveren, de betoverde vlakte van Pagan in Birma met zijn honderden tempels, een nachtelijke vaart op een oud schip in het binnenland van Gambia, een avond op een balkon in Salamanca in 1955 met beneden me de Plaza Mayor, waar studenten en leraren in een grote kring rondliepen, pratend en gebarend. Al die werelden bestonden niet alleen in mijn herinnering, ze bestonden ook echt; als ik wilde zou ik er zo naar toe kunnen vliegen. Misschien is dat nog wel de grootste uitdaging voor de eeuwige reiziger, dat hij de wereld die hij heeft leren kennen steeds opnieuw wil zien. Dat is een onmogelijkheid. Niemand krijgt de genade van een tweede lichaam, en het mijne was nu hier, op Tongatapu. Die andere steden en landschappen moesten blijven waar ze waren, in mijn geheugen.

De klokken begonnen weer te luiden, deze keer had ik het gevoel dat ze het echt tegen mij hadden, hier en nu, niet in Japan, niet in Mali, niet in München. In de verte zag ik de Hakau Tapuriffen net boven het water uitsteken, de zon werd al rood, de grote zwarte vleermuizen die als vreemde vruchten in de bomen hingen begonnen zich klaar te maken voor de jacht, het werd tijd voor de avonddienst. Voor mij uit liep een oudere heer met een gevlochten rietmat rond zijn middel, een soort schort die deftige Tongolezen dragen, de *ta'ovala*, met daaromheen een koord van kokosvezel, de *kafa*. Vaak zijn het erfstukken, en ze zijn bedoeld voor plechtige ogenblikken, zoals de kerkdienst. Ik besloot de oude heer te volgen en dat was een voltreffer, want daardoor kwam ik in de kerk terecht waar de koning van Tonga, Taufa'ahau Tupou IV, zijn zondag vierde, omringd door de hele koninklijke familie. Ooit in de verre nevels van de oertijd was de zonnegod Tangaloa verliefd geworden op een meisje dat hij gezien had toen ze naar schelpen zocht op het strand. Zij heette Ilaheva, hij verleidde haar zoals Zeus Europa – goden hebben kennelijk nooit iets anders te doen, behalve dan natuurlijk die van ons, maar die was dan ook alleen – en zij baarde Aho'eitu, die de eerste Tui zou worden. Sindsdien is het, net als in Japan, een lange, ononderbroken lijn. Zelfs nu nog slaapt de Japanse keizer, de nacht voor zijn kroning, met de zonnegodin, en daar is nooit iemand bij.

Ik volgde de oude heer naar binnen. Hij moest, zo begreep ik later, van adel zijn, omdat hij in de buurt van de koninklijke familie terechtkwam, die vooraan in de kerk op een verhoging zat die dwars op de rest van het kerkgebouw stond. Er zijn 33 adellijke families op Tonga, en het is niet de bedoeling dat die met gewone stervelingen trouwen. De koning zelf was in het wit met een zilveren wandelstok en een grote dubbele zonnebril, en hij droeg prachtige gekleurde tafa's rond zijn middel alsof hij daardoor bij elkaar gehouden moest worden, want zijn omvang is inderdaad indrukwekkend. Hij zag er, om het tautologisch te zeggen, uit als een koning, en of hij nu echt van al die vroegere Tui Tonga's afstamde, of van een van de andere elkaar bestrijdende en verjagende dynastieën, deed er bij deze aanblik niet meer toe, al was het maar omdat ik graag in sprookjes geloof. Iets van zijn voormoeder, de zon, straalde uit zijn houding, de engelachtige jonge prinsessen om hem heen gaven zijn vorstelijke gestalte nog meer reliëf. Van de dienst zelf verstond ik niets. De preek deed mij denken aan de apocalyptische geluiden die je op zondagochtend op de Nederlandse radio kunt horen, calvinistische stormen van hel en verdoemenis, maar om mij heen bleven de gezichten ontspannen, want wie in het paradijs woont laat zich niet zo snel bang maken. Als er hel was moest er ook zonde zijn, en dat stelde me weer een beetje gerust bij de aanblik van zoveel mooie mensen. Daarna werd er gezongen, en dat zal ik niet snel meer vergeten, want het leek alsof alle onderdrukte hartstochten in dat gezang aanwezig waren. Van Niuatoputapu tot Vava'u, overal in het eilandenrijk konden ze het horen, de aalscholvers, de kreeften, de krabben, de reusachtige doopvontschelpen en de walvissen die hier ieder jaar voorbijkomen, iedereen kon het horen, tot op de diepste diepten van de oceaan. Een groot orgel van menselijke stemmen vloog de hemel in, en de koninklijke familie zong om het hardst mee.

De rest van mijn laatste dag verliep in stilte, de kerkgangers hadden zich weer in hun huizen opgeborgen, en ik liep door de lege straten van Nuku'alofa, langs het witgeschilderde houten koninklijke paleis, langs vreemde begraafplaatsen met flessen omgekeerd in het zand gestoken, langs de Sincere Variety Store en de nu zo stille vismarkt, de *maketi Ika*. Morgen zou ik hier niet meer zijn, ik zou naar Samoa vliegen om het graf van Robert Louis Stevenson te bezoeken. Het leven hier zou doorgaan en mij volstrekt niet missen omdat niemand mij had waargenomen. Pas als je je zo gedraagt dat je niet waargenomen wordt, hoor je er een beetje bij, en dat kan op een eiland in de Stille Oceaan net zo goed als in Los Angeles of New York.

Misschien is dat ook wel het geheime doel van alle reizen: verdwijnen tussen de anderen. In New York heb je er niets voor nodig, je bent je eigen camouflage. Tussen Syriërs, Poolse joden, Tibetanen, Vikingen en Portugezen ben je alleen maar een andere schakering, een ander deeltal, en hoe dan ook iemand die een potje vitamine koopt bij de drugstore, iemand die best een naam zal hebben maar eigenlijk geen naam heeft, een voorbijganger. Dat is iets wat veel mensen angst schijnt aan te jagen. Mij windt het op. Wie veel reist wordt tot vervelens toe gevraagd of hij soms voor iets op de vlucht is, maar daar gaat het niet om. Het gaat om het verdwijnen, en er tegelijkertijd te zijn. Terwijl je je eigen leven houdt – je kunt een telefoonnummer bellen en dan is er aan de andere kant als alles goed gaat altijd wel iemand die weet wie je bent –, kun je tegelijkertijd verdwijnen. Iedereen kan je zien, maar als jezelf ben je onzichtbaar. Je zou bij wijze van spreken net zo goed iemand anders kunnen zijn. Je bent losgemaakt van de anekdote van je eigen bestaan, je bent nu een inwoner van de Provence of van Rio de Janeiro, of je bent zojuist opgestegen met het vliegtuig van New Zealand Air op weg naar Samoa. Beneden je ligt de oceaan met die ineens zo kleine eilanden waar je de laatste dagen hebt doorgebracht. De illusie is dat je op al die plaatsen waar je heen gaat of waar je naar terugkeert nog een tweede leven hebt, dat gelijktijdig met dat andere verloopt. Reizen is, als het goed is, ook een vorm van mediteren, en dat kan net zo goed op het Zattere in Venetië als in Zagora, aan de rand van de Sahara. In tegenstelling tot wat er voortdurend beweerd wordt is de wereld nog steeds onmetelijk groot voor degene die met zichzelf op reis gaat.

Zo iemand was Stevenson, die een reis met zijn ezel door de Cevennen maakte. Ook hij was een rustig onrustige reiziger die de laatste jaren van zijn leven op deze eilanden doorbracht, waarover hij prachtige boeken en brieven geschreven heeft. Ik heb mijn intrek genomen in het Aggie Grey's Hotel, vanwege de wellustige tropische tuinen en de reputatie van Aggie, die er in een lang leven een van de beroemdste hotels van de hele Pacific van gemaakt heeft, en ook vanwege de *fiafia*'s, avonden van Polynesische zang en dans, waardoor je heel even in de verrukkelijke waan verkeert dat je nog een keer in vergane tijden mag leven. Wij zijn niet meer onschuldig, dit zijn niet meer de zangers en dansers van Stevensons tijd, en in zijn tijd waren het ook niet meer de zangers en dansers van vóór de westerlingen kwamen, de tijd waarin de inwoners van Samoa, net als die van Tonga, onder elkaar waren, zonder vreemde ogen. Wat je ziet is hoogstens een echo, maar toch. Zoals de Engelse schrijver Tim Parks onlangs in een interview zei is het soms heilzaam voor ons die voortdurend door wel vijf culturen tegelijk omringd zijn, om even in een omgeving te verkeren waar maar één enkele authentieke cultuur bewaard is gebleven. Aggie Grey leeft niet meer, maar zij hoort, samen met Stevenson en Margaret Mead, tot de mensen die de reputatie van Samoa, en eigenlijk van dit hele gebied, over de wereld verspreid hebben, een illusie van onbedorven schoonheid en een suggestie van ongecompliceerde en daardoor paradijselijke seksualiteit. Dat klopte natuurlijk niet, zoals de verhalen van Stevenson, die hier leefde in een tijd van stammenoorlogen, zelf bewijzen, maar de suggestie, gevoegd bij het landschap en het karakter en de schoonheid van de mensen, is blijven leven. Fel gekleurde tropische bloemen in een vaas is één ding, maar om de hals van levende wezens die dan ook nog zingen en dansen wordt dat iets heel anders; het moet op de eerste bezoekers een enorme indruk gemaakt hebben, of dat nu op Tahiti, op Oha'u of op Raratonga was. Wij willen tenslotte geloven wat we ons hebben voorgenomen te geloven, en zo geloof ik deze dagen niet in de werkelijkheid, de statistiek en de krant, maar in het ruisen van de branding, in de markt met cassavewortels, de kruiden en krabben, in de pandanuspalmen op hun vele voeten, in het geluid van menselijke stemmen die liederen zingen die ik niet kan verstaan maar die de tijd uit een onvoorstelbaar vroeger heeft aangespoeld, liederen die de schrijver van *Schateiland* meer dan honderd jaar geleden ook zo gehoord heeft.

Op een van de laatste dagen van mijn verblijf bezoek ik zijn grote open huis dat nu een museum is. Het moet een lange weg geweest zijn van zijn geboorteland Schotland, een weg die nog met de snelheid van schepen werd afgelegd. Onze snelheid steekt daarbij schamel af, wij leven onder de dwang van de gelijktijdigheid, nooit meer zullen wij weten hoe het was als er na maanden een brief terugkwam, het antwoord op een andere brief die je dubbel zo lang geleden geschreven had. Dit was een zelfgekozen verbanning, maar een die gelukkig maakte. 'U mag mij benijden,' schreef hij op 7 november 1890 – hij was toen veertig en zou nog maar vier jaar leven –, 'wij wonen nu in een kleine barak op ons land, we zien de zee die zeshonderd voet beneden ons aan twee valleien van regenwoud raakt. De berg boven ons gaat nog duizend voet verder omhoog, er staan grote bomen rondom ons in de lichting waar wij ons huis bouwen, de vogels zingen en zingen, nog nooit heb ik in zo'n hemel gewoond.' Ik heb altijd wat moeite met de huizen van dode schrijvers. Ze zijn er niet, ze zijn weg, alleen in hun boeken kun je ze nog vinden. Handschriften, vergeelde foto's, oude drukken, de spinnenwebben van het verleden. Buiten is de natuur zichzelf gebleven, de bomen zien er nog net zo uit als op die oude foto's.

Stevenson was al wereldberoemd toen hij hier in 1889 met de schoener de Equator in Apia aankwam. Hij reisde door naar Sydney, maar de roep van het eiland was te sterk, en in 1890 kocht hij de grond waarop hij zijn huis Vailima zou bouwen. Hij was al ziek, en na zijn dood werd hij begraven op de top van de berg Vaea, recht boven zijn huis. In de vier jaar dat hij op Samoa woonde waren de mensen van hem gaan houden. Ze noemden hem *Tusitala*, de verhalenverteller. De weg naar de top werd op één enkele nacht door een groep stamhoofden in het regenwoud aangelegd. De nacht voor ik die weg wil gaan heeft het zwaar geregend, het lijkt alsof het hele bos stoomt van de hitte, wilde struiken, groteske varens, de emblemen van de tropische wereld. Om me heen de gesprekken van de vogels, dezelfde die die dag geklonken moeten hebben toen de hoofden de kist naar boven zeulden. De tocht is lang, ik kom niemand tegen, als ik na lange tijd boven kom ben ik doorweekt. Het graf ligt vrij en open, behalve de vogels en de wind is er niets te horen, niemand te zien. Diep beneden me ligt de oceaan, ik ben alleen met de dichter en lees de regels die hij geschreven heeft, en die elke reiziger op zijn graf zou willen hebben:

Under the wide and starry sky,
Dig the grave and let me lie.
Glad did I live and gladly die,
And I laid me down with a will.
This be the verse you grave for me:
Here he lies where he longed to be;
Home is the sailor, home from the sea,
And the hunter home from the hill.

Als ik naar beneden loop langs de hoge waterval in het bos, weet ik dat ik aan mijn lange, lange terugreis naar mijn eigen eiland in de Middellandse Zee begonnen ben. De grootste verleiding voor de moderne reiziger die zich niet aan de tirannie van de tijd wenst te onderwerpen, is het round-the-world-ticket. Ik snoer vroegere en latere reizen aan elkaar en trek me niets meer aan van de tirannie van tijd en volgorde. Ik zal uitstappen in Japan en rond Kyoto verdergaan met de 33-tempeltocht waaraan ik eerder begonnen ben, lopend en klimmend naar de verre, boeddhistische kloosters waar Kannon, de godin van de barmhartigheid, vereerd wordt in al haar 33 manifestaties, met de elf hoofden, met de duizend armen. Daarna zal ik, uit heimwee naar mijn Californische jaren, uitstappen in Los Angeles en in het Topanga National Park naar Eagle's Rock klimmen en vandaar over dezelfde oceaan uitkijken die ik nu nog beneden me zie, dezelfde die ik alsmaar aan mijn linkerhand zal hebben als ik via de Highway 101 naar San Francisco zal rijden en naar Marin County daar vlak boven en het lange pad zal afdalen naar McClure's beach, gewoon, omdat ik dat, sinds ik ooit een tijd in Berkeley heb lesgegeven, altijd doe. Voor een ander klinkt dit misschien naar turbulentie, voor mij is het rust. Op al die plekken is het stil, je komt haast niemand tegen. Op dit strand ben ik ooit bijna verdronken, een enorme vloedgolf tilde me op en smeet me een eind verder op het land, en sinds die tijd kan ik nooit in dit deel van Amerika komen zonder hiernaar toe te gaan.

Misschien is het onzin, maar voor mij is het juist de herhaling van altijd hetzelfde waardoor ik dwangmatig naar zulke plekken terug moet. Van boven op de hoge heuvels kijken elks met hun merkwaardige wijde geweien op je neer, ik weet precies waar ik in het smalle stroompje dat langs het steile pad loopt wilde waterkers moet plukken, en als ik beneden ben, waar de zee altijd gevaarlijk is, kijk ik naar die eeuwige beweging en de kleine vogeltjes die vlak langs de rand van al dat geweld hun geheime hiërogliefen in het zand schrijven. En dan, op een dag, is het archief vol. De herinneringen zijn opgeslagen, het is tijd om naar huis te gaan, naar Europa, naar de oude stad aan het water, naar de wijn en de lavendel in de Provence, en dan, ten slotte, vaar ik nogmaals over de zee, naar de twee palmen die ik dertig jaar geleden geplant heb, en die al die tijd op één plek zijn gebleven terwijl ik over de wereld danste. Maandenlang zal ik dan ook onbeweeglijk op die ene plek blijven en schrijven over alles wat ik gezien heb, over de wonderen en de tegenstrijdigheden van de steeds groter wordende wereld.

Edward J. Larson

Verdoemd door God en de natuur

Afgelegen eilanden kunnen geleerden voor raadsels plaatsen, en geen andere hebben dat meer gedaan dan de Galápagos. Hoe zijn bijvoorbeeld de inheemse planten en dieren er gekomen? Denk eens na over de alternatieven. Stel dat God, zoals het boek Genesis suggereert, alle planten- en diersoorten tegelijkertijd en op één plaats geschapen heeft. Hoe raakten afgelegen eilanden dan bevolkt met planten en dieren – in het bijzonder door types die niet in staat lijken om vanaf het vasteland te zwemmen, vliegen of drijven? Of stel dat er meer scheppingen hadden plaatsgevonden op verschillende plaatsen, of, simpeler gesteld, dat soorten altijd hebben bestaan op de plaatsen waar ze nu leven. Waarom zijn eilandsoorten dan gelijkvormig aan, maar niet noodzakelijkerwijs hetzelfde als soorten van het vasteland? Ten slotte, stel dat de huidige soorten zich door middel van een natuurlijk of bovennatuurlijk mechanisme hebben ontwikkeld uit voorafgaande organismen. Wat onthullen eilandsoorten dan over het grote plan?

Wetenschappers hebben al deze alternatieven gewikt en gewogen. In de Griekse Oudheid nam Aristoteles bijvoorbeeld aan dat soorten eeuwig bestaan, terwijl Anaximander gewag maakte van een evolutionaire oorsprong. Toch bleef het voor de westerse wetenschap voornamelijk een theoretisch onderwerp, tot de zestiende eeuw, toen ontdekkingsreizen de horizon van de Europeanen begonnen te verbreden en ze kennis namen van nieuwe werelden en afgelegen eilanden. Toen konden de Europese geleerden bij hun pogingen de vreemde soorten die ze aantroffen te begrijpen, niet meer voorbijgaan aan de ontstaansvragen. Nergens troffen ze zulke vreemde soorten aan als op de Galápagos.

De archipel vormde in feite een puzzel binnen een puzzel. De grotere puzzel was Amerika.

Christoffel Columbus was ervan overtuigd dat hij het Verre Oosten had bereikt door naar het westen te varen en heeft daardoor nooit helemaal begrepen wat hij had gevonden. 'Helemaal geen dieren,' schreef hij over de eerste keer dat hij in 1492 aan land ging – en hij bedoelde zonder twijfel: geen landdieren. Vier dagen later, na een vollediger verkenning, herhaalde hij in zijn journaal: 'Ik heb helemaal geen landdieren gezien, afgezien van papegaaien en hagedissen.' Volgens zijn uitleg betekende dit alleen maar dat hij het vasteland van Azië nog niet had bereikt, waar naar hij wist tal van landzoogdieren leefden. Toch verwonderde hij zich over zijn andere ontdekkingen. 'Zulke totaal andere vissen dan bij ons dat het een wonder is,' merkte hij op, en 'heel andere bomen dan bij ons.' Vissen konden naar deze eilanden zwemmen en zaden konden drijven – dus de aanwezigheid van zeedieren en zeeplanten klopte in zijn ogen – maar waarom waren ze heel anders dan Europese? Al gauw gold dit voor alles: 'De bomen verschillen evenveel van die bij ons als de dag van de nacht, en de vruchten ook, en het gras, de stenen en al het andere.' Hij kon hun ongewoonheid slechts verklaren met zijn onwetendheid omtrent Azië. 'Ik ben de droevigste man op aarde omdat ik ze niet herken,' klaagde hij in zijn journaal, 'want ik weet zeker dat ze allemaal van waarde zijn.'

Toen hij zijn verkenningen van 'Indië' uitbreidde, begon Columbus enkele bekende typen tegen te komen, maar er bleven hem verschillen dwarszitten. Op Cuba zagen zijn zeelui bijvoorbeeld 'geen dieren met vier poten, behalve honden die niet blaften'. Toen hij Hispaniola naderde, dat zijn uitvalsbasis werd, merkte Columbus tevreden op dat 'net zo'n zeebarbeel als in Spanje in de sloep sprong' – de eerste lokale vis die hij herkende. Pas toen hij tijdens een latere reis het Zuid-Amerikaanse continent bereikte, kwam hij eindelijk grote zoogdieren tegen – het bewijs, dacht hij, dat hij eindelijk het vasteland van Azië had gevonden; maar zelfs van deze dieren, die hij vergeleek met de Europese herten, wilde zwijnen en wilde katten, viel hem op dat ze 'heel anders waren dan die van ons'.

De stomme Caribische honden van Columbus symboliseerden de lastige taak waarmee de Amerikaanse natuur Europese natuurvorsers opzadelde. Sinds de Middeleeuwen zagen Europeanen de natuur als een door God geschapen, omvangrijke spirituele allegorie ter lering van de mensen – een soort tastbare openbaring. Wellicht de bekendste van deze allegorieën betrof honden, en Sint-Ambrosius schreef daarover: 'Honden is het vermogen geschonken om te blaffen teneinde hun meester en zijn huis te verdedigen. U moet dus leren uw stem te verheffen voor de zaak van Christus, als plunderende wolven zijn schaapskudde aanvallen.' Vanuit dit gezichtspunt beroofde stomheid honden zowel van hun taak als van hun leerzame waarde, waardoor hun aanwezigheid bijna onbegrijpelijk werd. Andere Amerikaanse dieren wierpen soortgelijke problemen op. 'Voor het tijdperk van de ontdekkingsreizen bestond er een symbolische wereld waarin een onsamenhangend aantal natuurlijke objecten uitgangspunt vormde voor het bedenken van onbeperkte variaties op eeuwige thema's,' aldus de historicus Peter Harrison. 'Wat ooit een coherente universele taal was geweest, werd nu echter overspoeld door een toevloed van nieuwe en potentieel onbegrijpelijke symbolen.' De structuur die de natuur voor Europeanen begrijpelijk maakte, begon te bezwijken onder het collectieve gewicht van exotische dieren en planten.

Het ineenstorten vergde echter tijd. Na Columbus keerden andere Spaanse ontdekkingsreizigers naar Europa terug met gelijkluidende verslagen. Planten, vogels, reptielen en vissen in overvloed, maar ze verschilden onvermijdelijk van de Europese soorten; en ook bleef er een onrustbarende schaarste aan grote landdieren. Vanuit Midden-Amerika schreef conquistador Martín Fernández de Enciso over 'katten die op apen lijken, alleen hebben zij een lange staart', en over alligators zo groot als 'ossen'. Omtrent laatstgenoemde meldt hij trots: 'Zelf slaagde ik erin de allereerste te doden.' Vanuit Noord-Amerika meldde Giovanni da Verrazzano 'wilde dieren die aanzienlijk wilder zijn dan in ons deel van Europa'. Toch deed niet één ontdekkingsreiziger verslag van grote aantallen grote zoogdieren; meestal van konijnen, herten, wolven en dergelijke – die geen van alle indruk op hen maakten. 'Deze spijtige observatie,' schreef historicus Antonello Gerbi, 'zou de eeuwen erna als een molensteen boven de fauna van Noord-, Midden- en Zuid-Amerika hangen. Het leek te duiden op organische inferioriteit of diepgewortelde armoede, en leidde in sommige gevallen tot het opstellen van theorieën over fysieke decadentie of onrijpheid.' In Rome kenschetste de paus de inlandse Amerikaanse volkeren als vegetariërs, omdat ze vermoedelijk niet genoeg vlees te eten hadden. Inferioriteit en decadentie zouden tot in de negentiende eeuw het beeld bepalen dat de Europeanen van Amerika hadden.

Amerigo Vespucci, die als een van de eersten inzag dat het Indië van Columbus deel uitmaakte van een Nieuwe Wereld, beweerde met klem dat er in het gebied planten en dieren leefden die in Europa onbekend waren. Samen met de soorten uit de Oude Wereld was er sprake van zoveel verschillende soorten dat hij zich afvroeg hoe de ark van Noach groot genoeg kon zijn geweest om van elk een paartje te huisvesten. Sterker nog, voegde hij eraan toe, 'als ik moet proberen alle diersoorten [van Amerika] op te schrijven, zou het een langdradig verhaal worden'. Misschien wel langdradig, maar geen herhaling van Europese opsommingen. Verwijzend naar de encyclopedist Plinius de Oudere uit het oude Rome, die ruim 20.000 verschillende natuurwaarnemingen bijeenbracht in een omvangrijke 'natuurlijke historie' van de wereld die (in 1500) voor velen in Europa nog bevattelijk leek, beweerde Vespucci over Amerika: 'Ik ben er stellig van overtuigd dat onze Plinius nog geen duizendste van de dieren en vogels die in deze regio bestaan, gekend heeft.'

Zodra men in Europa besefte dat het om een kolossale nieuwe continentale landmassa ging, wilden sommigen Amerika's Plinius worden. Nicolas Monades nam de rol van middeleeuwse kruidenkenner op zich en spande zich in Spanje in om verslagen te verzamelen over planten uit de Nieuwe Wereld die geneeskrachtige eigenschappen zouden bezitten. Gonzalo Fernández de Oviedo en José de Acosta vulden de rapporten die ze vergaarden aan met persoonlijke waarnemingen en stelden ambitieuze natuurlijke histories van de Nieuwe Wereld samen. Net als Plinius streefden deze zestiende-eeuwse Spanjaarden er eerder naar om nuttige en onderhoudende informatie over de natuur te verschaffen dan dat ze beredeneerde verklaringen voor de werking ervan wilden geven.

In de middeleeuwse traditie was Oviedo voornamelijk geïnteresseerd in het nut, de overlast en de uitzonderlijkheid van al wat leefde. Zo begon hij een hoofdstuk over 'beesten' in zijn *Natuurlijke historie* met de aankondiging dat hij 'het enorme aantal wezens dat net zo variabel is als de kracht van de natuur oneindig, wil overslaan, en het wil hebben over wezens die mij voornamelijk voor de geest komen omdat ze het waard zijn te worden opgemerkt, weshalve ik eerst gewag wil maken van bepaalde lastige beestjes die door de natuur verwekt schijnen te zijn om de mens te plagen en te kwellen'. Hij begon met bloedzuigers en ging verder met vlooien, slangen, spinnen, padden, krabben en leguanen. Hij typeert ze als 'voor de christelijke mens zeer vreemd en wonderbaar om te zien, en aanzienlijk verschillend van alle andere beesten die in andere delen van de wereld zijn waargenomen'. Oviedo beschrijft spinnen 'die groter zijn dan een mensenhand', Amerikaanse padden groter dan Europese huiskatten en leguanen 'die vreselijk waren om te zien'. Hij gaf bepaald niet af op de Amerikaanse fauna en genoot van de eigenaardigheid ervan; maar imposante zoogdieren trof hij in de Nieuwe Wereld weinig aan, en het is duidelijk dat dit hem verontrustte. Hij stelde de poema aan de kaak als 'laf' en probeerde vergeefs Caribische honden een fatsoenlijke blaf te ontlokken.

Acosta had net als Oviedo een christelijke creationistische, antropocentrische zienswijze op de natuur van de Nieuwe Wereld. 'In onze verhandeling over de planten zullen we beginnen met de soorten die alleen en uitsluitend in Indië voorkomen,' luidt het begin van een kenmerkend hoofdstuk van zijn *Natuurlijke historie*, 'en aangezien planten voornamelijk geschapen zijn om de mens te voeden, en omdat onze belangrijkste voeding brood is, zal het goed zijn om te laten zien welk brood de indianen eten.' In een later hoofdstuk over 'merkwaardig gevogelte' voegde Acosta toe dat er in Mexico 'volop vogels leven met prachtige veren, van een schoonheid die in Europa in de verste verte niet wordt gevonden'. Omdat ze 'door de hoogste Schepper aangesteld zijn om de mens te dienen', vervolgde hij, stonden deze opmerkelijke Amerikaanse vogels de mensheid 'niet alleen hun vlees af als voedsel, hun zang als vermaak, hun veren als versiersel en verfraaiing, maar ook hun uitwerpselen als mest voor de grond'.

Acosta vroeg zich af hoe al deze nuttige wezens in de Nieuwe Wereld terecht waren gekomen zonder dat ze verwanten hadden achtergelaten in de Oude Wereld. Hij opperde twee twijfelachtige oplossingen. God zou ze allemaal in Amerika kunnen hebben geschapen na de zondvloed, maar dan 'zouden we niet kunnen bevestigen dat de schepping van de wereld had plaatsgevonden en was voltooid in zes dagen'. Hoewel dit duidelijk ketterij was, zat het orthodoxe alternatief hem ook niet lekker. 'Als we ervan uitgaan dat al deze schepselen behouden bleven op de ark van Noach,' vroeg Acosta met klem, 'dan vraag ik hoe het mogelijk is dat niet één familielid hier [in de Oude Wereld] is gebleven?' Gedwongen door zijn christelijke geloof om de tweede mogelijkheid te accepteren, besloot hij: 'We moeten dan zeggen dat, hoewel alle beesten uit de ark kwamen, toch uiteenlopende soorten, door een natuurlijk instinct en de Goddelijke voorzienigheid, zich verspreid hebben over uiteenlopende gebieden, waar het ze zo goed verging dat ze er niet meer weg wilden, of als ze er weggingen, dan redden ze het niet, maar verdwenen ze in de loop van de tijd helemaal.' Dit werd het door de

Kerk goedgekeurde antwoord, maar zelfs toen deed het de geloofwaardigheid geweld aan. Natuurwetenschappelijke ideeën verkondigende vrijdenkers als Giordano Bruno amuseerden zich met het bekritiseren van deze speciale gevoelige plek – althans, tot hun het zwijgen werd opgelegd door de inquisitie, zoals Bruno overkwam.

Oviedo, Acosta en de andere Spaanse chroniqueurs uit de begintijd hadden nog steeds een duidelijk middeleeuwse benadering van de natuur. Hun botanische geschriften volgen de kruidkundige traditie van planten herkennen en het beschrijven van hun nut voor de mens. Hun zoölogische waarnemingen lezen als lemma's in een middeleeuws bestiarium, met daarin opgenomen instructieve en vermakelijke verhandelingen over uiteenlopende typen dieren, voornamelijk ontleend aan Plinius, terwijl de classificaties van Aristoteles werden gevolgd. Pas vijftig jaar nadat Columbus voor het eerst voet aan land had gezet in Amerika, begon de Copernicaanse revolutie te morrelen aan Europese opvattingen over hemelse natuurkunde, en de traditionele biologische concepten kwamen nog later aan de beurt. 'De zogeheten natuurwetenschappelijke revolutie van de zestiende en zeventiende eeuw,' merkte de grote zoöloog Ernst Mayr op, 'veroorzaakte helemaal geen verandering in de houding ten opzichte van [biologisch] creationisme.' Ondertussen bepaalden religieus beïnvloede denkbeelden van een geschapen wereld, die bestemd was om de mens te voeden en te onderrichten (en indien nodig te kwellen) hoe Europeanen de Nieuwe Wereld dachten te begrijpen.

In 1529, toen de plundering door Francisco Pizarro van het goud van de Inca's Europeanen naar het zuiden, richting Peru en de Galápagos begon te lokken, droegen ze hun middeleeuwse voorstelling van de natuur met zich mee. 'De ontdekking van Zuid-Amerika verteerde Europa als een fabelachtige droom,' schreef Victor von Hagen, de Galápagosreisschrijver uit het begin van de twintigste eeuw. Maar net als een droom bleek het nieuwe continent lastig in overeenstemming te brengen met de veronderstelde werkelijkheid. In zijn *Natuurlijke historie* uit 1590 spande Acosta zich duidelijk in om op de ark van Noach kooien toe te wijzen aan Peruaanse dieren en om in Amerika goddelijke bedoelingen voor ze te verzinnen.

Na de opening van zilvermijnen in Peru leidde de klaarblijkelijke wens om theologische vragen te verijdelen die opgeworpen werden door ontdekkingen in de Nieuwe Wereld, gekoppeld aan de echte wens andere Europeanen van de rijkdommen uit te sluiten, ertoe dat Spanje natuurwetenschappelijk onderzoek in Amerika beperkte en verslagen ervan verbood. De Spaanse overheid scheen onverschillig te staan tegenover de meeste aspecten van haar Amerikaanse bezittingen die geen betrekking hadden op minerale rijkdommen en inlandse werkkrachten, en vroeg zelfs zelden om gedetailleerde verslagen van haar ontdekkingsreizigers en scheepskapiteins die op weg gingen naar Amerika. Nadat andere Europese landen begonnen waren ontdekkingsreizigers naar het Caribisch bekken en langs de Atlantische kust van Noord- en Zuid-Amerika te sturen, klampte Spanje zich nog meer vast aan zijn eigendommen langs de kust van de Grote Oceaan en onderwierp het verkeer naar zijn rijkste bezittingen aan zeer strenge beperkingen. Peru werd El Dorado, de kern van een fabelachtige mythe.

Als Zuid-Amerika door zijn nieuwe soorten lastig was in te passen in de traditionele Europese voorstellingen van de natuur, dan vergrootten de Galápagoseilanden die moeilijkheden enorm doordat er iets ontbrak. Op bijna elk eiland van enige afmeting of betekenis woonden al mensen toen de Europeanen ze ontdekten. 'Ontdekking' was gewoon een westerse afspraak om de verovering van deze gebieden in de ogen van andere Europeanen te wettigen. De Galápagos vormen een zeldzame uitzondering op deze regel. Ondanks vage Inca-mythen die het tegendeel beweren, heeft niemand ooit geloofwaardig bewijsmateriaal gevonden dat er op deze eilanden mensen woonden voordat het eerste Europese schip in 1535 hun wateren bereikte. Ooit zou hun ongerepte staat ertoe bijdragen dat de Galápagoseilanden de geleerden bijzonder zouden boeien. Destijds waren ze juist hierdoor van weinig belang voor Spanje. Als God de aarde geschapen had voor bewoning door de mens, vroegen ze zich af, hoe kon je dan verklaren dat een gebied onbewoond was? Heel toepasselijk ontdekte een rooms-katholieke bisschop deze eilanden (een van de weinige keren dat een kerkelijke functionaris een dergelijke rol speelde) en hij verklaarde prompt dat ze door God vervloekt waren. Vrome Spanjaarden meden ze daarna doorgaans.

Nadat ze de inlandse bevolking van Peru in 1532 op wrede wijze hadden onderworpen, keerden Pizarro en zijn soldaten zich tegen elkaar. Het Spaanse gouvernement beval toen de bisschop van Panama, Fray Tomás de Berlanga, onder wiens bisdom Peru viel, een onderzoek in te stellen naar zowel de bloederige onderdrukking van de inlandse bevolking als naar de onophoudelijke machtsstrijd tussen de conquistadores. Berlanga rustte een vaartuig uit en voer met zijn mannen en paarden langs de Grote-Oceaankust van Panama naar Peru. 'Iets', zoals hij zei, trok hem toen naar de onbekende archipel in open zee.

'Het schip voer zeven dagen op een zeer straffe bries,' rapporteerde Berlanga later aan de koning, maar moest toen 'een windstilte van zes dagen' het hoofd bieden. Omdat er geen wind stond, 'sleurde een sterke westwaartse stroming ons op een zodanige manier mee dat we op woensdag 10 maart een eiland in zicht kregen'. Al gauw ontdekten ze er nog meer, waaronder enkele zeer grote. Berlanga was, wanneer hij door een stroming werd meegevoerd, niet in staat op zee de lengte te meten of afstanden te schatten en had geen idee hoe ver het schip uit koers was geslagen. Hij schreef 'dat we niet meer dan twintig of dertig Franse mijlen van Peru af waren', terwijl er in werkelijkheid tussen de Galápagoseilanden en het Zuid-Amerikaanse vasteland vijfhonderd zeemijl ligt. Hij kon evenwel de breedtegraad van het eiland berekenen en ontdekte dat 'ze tussen een halve en anderhalve graad zuiderbreedte liggen'. Berlanga had de zuidrand van de archipel ontdekt, net onder de evenaar.

De eilanden waren een armzalig toevluchtsoord. Toen enkele zeelieden op het eerste eiland aan wal gingen, op zoek naar broodnodig drinkwater, troffen ze volgens Berlanga 'alleen maar zeerobben en zeeschildpadden aan, en zulke grote landschildpadden dat ze een man konden dragen, en veel leguanen die net slangen zijn'. Omdat ze radeloos naar drinkwater zochten, ontscheepte de hele bemanning zich op het tweede eiland, 'denkende dat er, gezien de grootte en monsterlijke vorm ervan, beslist rivieren en fruit moesten zijn'. Opnieuw werden ze teleurgesteld. 'Sommigen kregen opdracht een put te slaan,' schreef Berlanga, maar 'uit de put kwam water dat zouter was dan zeewater'. Anderen speurden naar rivieren met zoet water of plassen, maar, voegde hij eraan toe, 'ze slaagden er in twee dagen niet in ook maar een druppel water te vinden en door hun dorst namen de mensen hun toevlucht tot het blad van stekelige planten als de schijfcactus, en omdat die enigszins sappig waren, hoewel niet erg smakelijk, gingen we die eten'. Uit stukken cactus geknepen water 'zag eruit als zeepsop of loog', maar de mannen 'dronken het alsof het rozenwater was'. Kennelijk had hun boetedoening op de eilanden lang genoeg geduurd, want de bisschop meldde dat 'de Heer hun toestond dat ze in een ravijn tussen de rotsen wel een okshoofd water zouden vinden' nadat hij op passiezondag de mis had gelezen en 'nadat ze het hadden opgehaald, vonden ze steeds meer'. Twee zeelieden en tien paarden waren aan uitdroging gestorven, maar God redde de rest. Het lukte hun om terug te varen naar het vasteland en ze kwamen er nooit meer terug.

Het verslag van Berlanga verdoemde de archipel. 'Ik geloof niet dat er één plek is waar men een schepel koren zou kunnen zaaien, omdat het er bijna helemaal vol ligt met erg grote stenen,' schreef hij, 'en de weinige aarde lijkt op as en is waardeloos, omdat er zelfs niet een beetje gras wil groeien, maar alleen distels.' De fauna was even miserabel als de flora: 'veel zeerobben, zeeschildpadden, leguanen, landschildpadden, veel vogels zoals in Spanje, maar zo dom dat ze niet vluchten, en vele werden met de hand gevangen.' God had dit oord niet voor mensen geschapen, concludeerde de bisschop. 'Het lijkt wel of God het op een gegeven moment stenen heeft laten hagelen.' Vanwege dit verslag heeft de Spaanse overheid nooit getracht de eilanden te koloniseren en ze zelfs bijna twee eeuwen niet onderzocht.

De tegenstelling tussen het verslag van Berlanga van de Galápagos en de manier waarop Columbus zijn reisverslag van de Nieuwe Wereld begon is veelzeggend. Hoewel hij zijn teleurstelling uitspreekt omdat hij niet terstond kostbare delfstoffen vond, pochte Columbus over 'goedgebouwde' inlanders 'met een sterk lichaam en fijne gelaatstrekken' van wie men 'goede slaven zou moeten kunnen maken' en die 'heel gemakkelijk christenen zouden kunnen worden'. In Peru trof Pizarro zowel delfstoffen aan als inlandse volkeren om uit te buiten – waardoor het de meest gewaardeerde Spaanse overzeese bezitting werd. In het voetspoor van economische belangen volgde wetenschappelijke belangstelling: in zijn *Natuurlijke historie* concentreerde Acosta zich bijvoorbeeld op de minerale rijkdommen en volkeren van Peru – de schatten van Spanje. De grootste natuurvorser van Spaans Amerika, Alessandro Malaspina, zou een eeuw later hetzelfde doen. Maar de Galápagoseilanden hadden noch kostbare mineralen noch uitbuitbare inlanders te bieden. De veelzeggendste omissie van zijn rapport voor de Spaanse koning was dan ook dat Berlanga niet eens de moeite nam ze een naam te geven. Anders dan de schepselen die in Genesis van Adam een naam kregen, deugden deze eilanden nergens voor.

Toen ze eindelijk wel een naam kregen, was die geïnspireerd door de verschrikkingen van een tweede toevallig bezoek – eveneens een gevolg van aanhoudende onlusten op het vasteland. Berlanga's missie slaagde er niet in een einde te maken aan de strijd tussen de conquistadores van Peru, en nadat hij Pizarro een fikse uitbrander had gegeven omdat hij de inheemse bevolking slecht behandelde, gaf de bisschop er de brui aan en keerde terug naar Spanje. Tien jaar later, in 1546, vluchtte de Spaanse officier Diego de Rivadeneira met een tiental soldaten en een paar geronselde zeelieden per sloep voor de wraakgierige troepen van Pizarro's broer Gonzalo naar Midden-Amerika. Normaliter bleven Spaanse schepen op weg naar het noorden dicht bij de kust en ver oostwaarts van de Galápagos – maar Rivadeneira's lekke vaartuig niet. Ver buiten de Zuid-Amerikaanse kustwateren blijvend om Pizarro's schepen te ontlopen, kreeg hij eilanden in zicht waarin hij de archipel van Berlanga herkende.

Rivadeneira zag het eerst een groot eiland, dat hij beschreef als 'bedekt door een wolk' en met 'hoge bergen vlak bij de kust'. Sommige bemanningsleden herinnerden zich dat ze rook van de bergen zagen opstijgen, de eerste schriftelijke melding van vulkanen op de Galápagoseilanden. Omdat hij gebrek aan drinkwater had, trachtte Rivadeneira met zijn sloep op het grote eiland aan land te gaan. De sterke, grillige Galápagosstromingen maakten zich echter meester van zijn vaartuigje, en drie dagen lang veranderde het voortdurend van positie maar bleef het land onbenaderbaar. In de loop van die dagen kwamen er andere eilanden in zicht, maar die bleken ook onbereikbaar te zijn. Vanaf Rivadeneira's waarnemingspositie aan boord schenen de eilanden zich voortdurend te verplaatsen, zodat hij ze 'Las Encantadas' noemde, de betoverde eilanden, en hij maakte gewag van hun 'schijnbare voorbij drijven en hun onwerkelijkheid'.

De eilanden bleken niet gastvrijer te zijn toen Rivadeneira er eindelijk in slaagde op een ervan aan wal te gaan. Nadat de dorstige soldaten en zeelieden van boord waren gegaan, meldde de officiële chroniqueur 'dat ze verschillende kanten op gingen om naar water te zoeken. Maar omdat ze allemaal bang waren door de anderen te worden achtergelaten, keerden ze spoedig terug naar de kust en gingen weer aan boord om hun tocht, bij gebrek aan eten en drinken, erg terneergeslagen te vervolgen'. Onbewust van de grote afstand tot het vasteland, hees Rivadeneira zonder water het zeil en begon aan een desperate race naar Midden-Amerika.

Na een schokkende reis concentreerde het officiële expeditierapport voor het Spaanse gouvernement zich, na aankomst in Guatemala, net als dat van Berlanga tien jaar eerder, op de kenmerkende dieren van de archipel. Volgens dit korte verslag trof Rivadeneira 'landschildpadden, zeeschildpadden, leguanen, zeerobben, flamingo's genoemde vogels, duiven en andere vogels' aan, 'waaronder een prachtige giervalk die hier en naar ik geloof in Peru nooit is waargenomen'. Ongewone dieren zeiden Spaanse functionarissen weinig. Het gouvernement negeerde Rivadeneira's verzoek om de eilanden te mogen verkennen en wellicht te koloniseren en stuurde er ruim 150 jaar geen ontdekkingsreizigers of kolonisten heen.

Zulke toevallige ontmoetingen wekten weinig interesse bij de Spanjaarden, maar brachten de archipel onder de aandacht van andere Europeanen. Zeventiende-eeuwse Europese cartografen, die elkaar beconcurreerden met kaarten waarop de laatste 'ontdekkingen' waren te zien, haalden gretig de stofkam door verslagen van ontdekkingsreizigers en bezoekers die uit de Nieuwe Wereld terugkeerden. De grote Vlaamse cartograaf Abraham Ortelius zette de eilanden als eerste op in Europa uitgegeven kaarten, gebaseerd op wat een agent in Spanje las in officiële rapporten over de reis van Berlanga. Omdat de grote landschildpadden (*los Galápagos*, in het Spaans) in deze rapporten in het oog vielen als het karakteristiekste kenmerk van deze eilanden, noemde Ortelius de archipel in zijn klassieke *Orbis Terrarium* uit 1570 de 'Insulae de los Galopegos', wat op zijn kaarten van 1574 'Isolas de Galapagas' werd. Op die kaart uit 1574 prijkte slechts één groot eiland op de plaats die Berlanga had opgegeven en twee buureilandjes, ver van de 'tien of twaalf' eilanden die Rivadeneira had opgemerkt. Het volstond echter om de archipel een plaats te geven in de geesten van de Europeanen, en hun ligging deed vermoeden dat ze potentieel als uitvalsbasis voor het overvallen van Spaanse schepen en havens langs de rijke kust van Peru konden dienen.

Boekaniers hadden destijds een veranderlijke status, ergens tussen avonturiers en dieven. Hun beroep ontwikkelde zich in het kielzog van de Spaanse verovering van Mexico en Peru. Vanaf begin vijftienhonderd stroomden grote hoeveelheden goud en zilver van deze twee landen (in het bijzonder laatstgenoemde) via het Caribisch gebied naar Spanje. Gelijktijdig kwamen Engeland en Frankrijk opzetten als concurrerende zeemachten die eropuit waren om te profiteren van de stroom kostbare metalen uit de Nieuwe Wereld. Nederland sloot zich daar spoedig bij aan toen het in opstand kwam tegen het Spaanse bestuur. Schepen uit deze concurrerende landen, vaak onder bevel van avontuurlijke hovelingen of ambitieuze marineofficieren, drongen in de loop van de zestiende en zeventiende eeuw regelmatig in Spaans-Amerikaanse wateren door. Net zoals het ze het beste uitkwam, dreven de indringers smokkelhandel met Spaanse kolonisten of hielden ze rooftochten te land of ter zee. Nu en dan probeerden ze bases op eilanden of in kolonieën op het vasteland te stichten of te veroveren, zoals Jamaica en Guyana. In perioden waarin hun vaderland en Spanje openlijk met elkaar in oorlog waren, streden ze legaal als kaper, met een officiële opdracht van hun regering. In andere tijden handelden ze onafhankelijk als piraat, wat hun eigen regering min of meer door de vingers zag. 'Het maakte voor een Spaanse koloniaal weinig uit of hij werd aangevallen door een oorlogsschip, een kaper, een gewapende smokkelaar of een piraat,' merkt een historicus op. 'Allemaal waren ze uit op Spaanse schatten en het vernederen van de Spaanse trots.' In de loop van de tijd werden ze allen boekaniers genoemd.

De boekaniers waren het actiefst in het Caribisch gebied, maar sommige breidden hun activiteiten uit tot de Grote Oceaan. Het Caribisch gebied was makkelijk bereikbaar vanuit Europa en bood uitwijkmogelijkheden naar eilanden die in Engelse, Franse en Nederlandse handen waren. De concurrentie onder boekaniers om schatten die over Caribische wateren passeerden, werd echter zo fel dat sommige er dichter bij de bron naar op zoek gingen, want ze wisten dat ze van Peru langs de Grote-Oceaankust werden vervoerd alvorens de landengte van Panama over te steken en het Caribisch gebied te bereiken. De Engelse scheepskapiteins John Oxenham, Francis Drake, Thomas Cavendish en Richard Hawkins lieten in het laatste kwartaal van de zestiende eeuw zien hoe men in de Grote Oceaan komt. Drake keerde, nadat hij om de aarde was gevaren, ten slotte op glorieuze wijze naar Engeland terug, zijn schip volgeladen met Peruaanse schatten. Hoewel al deze vroege Engelse avonturiers gebruik maakten van eilanden voor de Grote-Oceaankust van Zuid-Amerika, week geen van hen uit naar ver buitengaats gelegen eilanden als de Galápagos – ook al hadden Oxenham en Hawkins zo wellicht kunnen verhinderen dat ze gevangen werden genomen. In zijn journaal deed Hawkins de archipel met één zin af toen hij erlangs voer: 'Zo'n vier Franse mijlen ten westen van deze kaap ligt een groep eilanden die de Spanjaarden Illas de los Galápagos noemen; ze zijn verlaten en dragen geen vrucht.'

Nadat een halve eeuw lang Nederlandse zeelieden tijdens hun lange onafhankelijkheidsoorlog tegen Spanje de eerste viool hadden gespeeld in de kaapvaart, voer een tweede golf Engelse boekaniers in de loop van de jaren tachtig van de zeventiende eeuw de Grote Oceaan op. De Galápagos werden een geliefde wijkplaats voor deze avonturiers, onder wie zich verscheidene bevonden die later populaire boeken over hun heldendaden schreven. Vier van deze literaire boekaniers voeren aan boord van een 'leuk' Deens koopvaardijschip dat ze op volle zee voor de kust van West-Afrika onwettig hadden buitgemaakt en omgedoopt in Batchelor's Delight, waarmee ze van 1684 tot en met 1688 kaapvaart bedreven op de Grote Oceaan. Vanuit natuurhistorisch oogpunt schreef William Dampier de beste boeken: daardoor werd hij toegelaten tot de belangrijkste wetenschappelijke organisatie van Engeland, de Royal Society of London. In het boek van Lionel Wafer staan gedetailleerde waarnemingen van nuttige planten, dieren en volkeren uit Midden-Amerika (waar hij maandenlang van letsel herstelde), maar minder over de schijnbaar nutteloze Galápagos. William Cowley en Basel Ringrose droegen reisbeschrijvingen en stoere avonturen bij. Alles bij elkaar introduceerden de boekaniersjournaals de Galápagos bij Europeanen op een manier die weinig belangstelling wekte. De eilanden leken armzalige, door de duivel geschapen oorden. Toen de belangstelling van het publiek en de wetenschap veranderde, lokten diezelfde beschrijvingen echter onderzoekers en avonturiers naar de archipel, zijnde een ongerept en buitengewoon merkwaardig gebied.

Dampiers A New Voyage Round the World, dat in 1697 uitkwam, toen rond de aarde varen nog een opzienbarende verrichting was, bleek het meest blijvende en intrigerende boek van allemaal te zijn. Dampier bood, binnen het kader van moorddadig piratendom op volle zee, nauwkeurige waarnemingen van verre gebieden in de Grote Oceaan. Het boek werd terstond populair in grote kring en beleefde de eerste jaren vier Engelse en drie buitenlandse drukken. De Galápagoseilanden spelen er voor het eerst een rol als schuilplaats, nadat de bende van Dampier voor de Peruaanse kust drie koopvaardijschepen had veroverd. 'Het was op de 31ste mei [1684] dat we de zogeheten Gallapagoseilanden in zicht kregen,' schreef hij. 'Ze zijn vrij hoog, de meeste vlak en gelijkmatig op de top; vier of vijf van de oostelijkste zijn rotsachtig, kaal en heuvelachtig en er groeit, behalve langs de kust en afgezien van een paar dildobomen, geen boom, plant of gras.' Bij nadere inspectie leken de eilanden nauwelijks aanlokkelijker. Zo merkte Dampier over de zogeheten dildoboom (of kandelabercactus) al gauw op: 'Deze struik deugt nergens voor, zelfs niet om te verbranden.' Na een eerste verblijf van twee weken en enkele vervolgbezoeken, waardoor de energieke Dampier ruimschoots gelegenheid had voor verkenningen, trok hij vrijwel dezelfde conclusie over de archipel in zijn geheel: nergens geschikt voor, niet eens om te verbranden.

In de context van Dampiers tijd en bedoeling was dit een uitermate hardvochtig oordeel. Dampier droeg zijn boek op aan Charles Mountague, de voorzitter van de Royal Society, en probeerde het enthousiast in overeenstemming te brengen met de oogmerken van deze organisatie. In zijn handvest uit 1663 noemde de Royal Society als doelstelling 'de bevordering van de kennis van natuurlijke zaken en nuttige kunsten door het nemen van proeven, ter ere van God de schepper en ten nutte van de mensheid'. Beide elementen van deze doelstelling – het zoeken in de natuur naar zowel een goddelijk plan als nut voor de mens – weerspiegelden de invloed van Francis Bacon, Engelands minister van Financiën en vooraanstaande natuurfilosoof, wiens radicale protestantisme hem inspireerde de Engelse Reformatie op te vatten als een gelegenheid om mensen weer te verheffen tot een paradijselijke status van totale kennis en heerschappij over de natuur. 'Het ware doel van kennis,' schreef Bacon ooit, 'is schadeloosstelling en (voor een groot deel) herinvestering van de mens in de soevereiniteit en macht (want wanneer hij in staat zal zijn de schepselen bij hun naam te noemen, zal hij weer over ze beschikken) die hij in zijn eerste scheppingsstaat bezat.'

Aldus geïnspireerd trachtten natuurvorsers van de Royal Society de wetenschap te herscheppen. God ontwierp nog steeds de natuur, beweerden ze, maar in plaats van door de schepping allegorische spirituele lering uit te dragen, was het Zijn doel om te voldoen aan materiële noden en behoeften. Aldus legde de wetenschap de wereld orde op, niet door passief te zoeken naar bovennatuurlijke betekenissen, maar door actief praktische toepassingen te vinden. In het kader van dit programma namen de baconistische wetenschappers de taak op zich nieuwe natuurlijke histories van hun omgeving samen te stellen. Ze geloofden dat vroegere natuurvorsers, verward door een misplaatste speurtocht naar allegorische betekenissen in de geschapen wereld, niet onbevooroordeeld tegen de wereld hadden aangekeken. De nieuwe wetenschappers wilden dit herstellen door veelomvattend onderzoek naar natuurlijke fenomenen, gericht op het verzamelen van nuttige kennis van Gods schepping. 'Aldus bleef de bestudering van de natuur een religieuze bezigheid, al is het in een nieuwe betekenis,' schrijft Harrison. 'Wat God met de schepping voorheeft, kon alleen worden gerealiseerd als de functies van de dingen die oorspronkelijk voor gebruik door mensen waren ontworpen, werden ontdekt.' En verdoemd was alles wat daarvoor nutteloos was.

Uit Dampiers opmerkelijk gedetailleerde verslagen van zijn boekaniersreizen blijkt dat hij dit programma volledig onderschreef. 'Een vurige ijver voor de bevordering van nuttige kennis' uitdragend, 'en van al het andere dat misschien zelfs in de verste verte niet in het voordeel van mijn land zal zijn,' schreef hij in de opdracht van *A New Voyage Round the World*, 'moet ik de ambitie bezitten deze zaken over te brengen op het publiek... deze opstellen heb ik vervaardigd met deze grote doelen voor ogen.' Dampiers beste biograaf noemt hem een '*natuurlijke* wetenschapper', in minstens twee opzichten een toepasselijke benaming: Dampier compenseerde zijn gebrek aan wetenschappelijke scholing door een aangeboren aanleg voor scherp waarnemen.

Dampiers *New Voyage* was een voorbeeld van baconistische wetenschap: het bevatte gedetailleerde beschrijvingen van de structuur, het gedrag en gebruik van uiteenlopende 'soorten' planten en dieren, met vlotte pen in een reisverslag bijeengebracht. Zijn verhandeling over de kokosnoot, die hij uitriep tot de vrucht 'die het meest zowel het gemak als de behoeften van het menselijk leven dient', besloeg ruim vier bladzijden. De pisang, die hij 'de koning van alle vruchten' noemde, 'de kokospalm niet uitgezonderd', kreeg een even gedetailleerde bespreking, evenals de broodvrucht, cacao, ananas, 'diverse soorten' citrusvruchten en specerijen, rijst en een hele reeks andere nuttige planten. Niet één daarvan groeide echter op de Galápagos. Dampier deed de nutteloze dildoboom van de archipel in één antropocentrische zin af: 'Hij is van de wortel tot de top zo groot als een mensenbeen, en hij zit vol met scherpe stekels, die in dichte rijen van boven naar beneden groeien' – hij was er kennelijk door geprikt. Afgezien van het weelderige zeegras langs de kust, dat grote aantallen zeeschildpadden lokte, deed Dampier de flora van de Galápagos af als 'ons onbekend' en ogenschijnlijk nutteloos. Deze voorstelling van zaken staat haaks op zijn uitgebreide analyse van planten die hij elders in de

Grote Oceaan aantrof als hij aan land ging op ogenschijnlijk tropische paradijzen als Guam, de Filipijnen, Java en de Specerijeneilanden.

Dampier wijdde meer aandacht aan de kenmerkende dieren van de Galápagos, maar zijn belangstelling ging voornamelijk uit naar hun nut. Nadat hij tien bladzijden eerder bij de beschrijving van het aan land gaan op de Juan Fernándezeilanden voor de Chileense kust de fauna gedetailleerd had besproken, volstond Dampier eenvoudigweg met de vermelding van de aanwezigheid op de Galápagos van pelsrobben ('een klap op de neus volstaat om ze te doden') en enorme zeeleeuwen ('ze zijn allemaal buitengewoon vet: als men er een slacht en kookt, levert hij een okshoofd olie op, die zeer smakelijk is'). Hij richtte zijn aandacht daarentegen op leguanen, land- en zeeschildpadden, in het bijzonder op de laatstgenoemde twee.

'Toen de Spanjaarden deze eilanden ontdekten, troffen ze enorme aantallen zee- en landschilpadden aan, en ze noemden ze de Gallapagoseilanden,' merkte Dampier op. 'De zeeschildpadden hier zijn de dikste en grootste die ik ooit heb gezien; ze zijn zo tam dat een man er in een uur twintig kan neerknuppelen. De landschildpadden zijn hier zo talrijk dat vijf- of zeshonderd man er maandenlang van zouden kunnen leven.' De boekaniers deden dat inderdaad verscheidene malen en het was gebruikelijk dat ze, voordat ze van de Galápagos vertrokken, hun schepen volstouwden met grote aantallen levende landschildpadden om onderweg over vers vlees te beschikken. 'Geen jonge kip is zo smakelijk,' merkte Dampier opgetogen op. Elders leefden uiteraard ook landschildpadden, en hij meldde plichtmatig dat hij ze op vele plaatsen had aangetroffen, 'maar of die zo dik, vet en lekker waren als daar, dat weet ik niet. Op de Galápagos konden ze een gewicht van honderd kilo bereiken en een hoogte van 75 centimeter boven hun buik,' meldde hij. 'Ik heb nergens anders schildpadden gezien die meer dan 15 kilo wegen.'

Dampier werd zo geboeid door de enorme zeeschildpadden die in de wateren van de Galápagos foerageren dat hij besloot op deze plaats in zijn reisverslag een gedetailleerde vergelijking in te lassen van de verschillende schildpadsoorten die hij op zijn reis was tegengekomen: de lederschildpad, de onechte karetschildpad, de karetschildpad en de soepschildpad. Net als in zijn verhandeling over de landschildpadden ging hij in op de markante verschillen tussen dieren van hetzelfde algemene type die in verschillende regio's leven. 'De zeeschildpadden van de Galápagoseilanden zijn een soort bastaardsoepschildpadden; want hun schild is dikker dan dat van andere soepschildpadden in West- of Oost-Indië, en hun vlees is minder lekker,' merkte hij op. 'Ze zijn groter dan alle andere soepschildpadden, want ze zijn vaak drie of vier voet hoog, en hun buik vijf voet breed, terwijl andere soepschildpadden in de Zuidzee minder groot zijn dan de kleinste karetschildpad.' Ongetwijfeld had zijn reis om de wereld Dampier gevoelig gemaakt voor subtiele variaties bij dieren van hetzelfde type, net als Charles Darwin tijdens een soortgelijke reis honderdvijftig jaar later, maar voorlopig bleef elk nieuw type een afzonderlijke schepping die perfect was ontworpen voor de plaats waar hij leefde en die zorgzaam op de wereld was gezet om de mensheid te dienen.

Op passende baconistische wijze maakte Dampier een inschatting van de geschiktheid van de archipel voor menselijke bewoning, en concludeerde dat deze tekortschoot. De bodemgesteldheid 'is rotsachtig en onvruchtbaar', merkte hij op over de eilanden die hij bezocht, en 'er is, behalve in poeltjes en gaten in de rotsen, geen [zoet] water'. Zelfs aan land gaan kon lastig zijn. De kustkliffen stonden op slechts enkele plaatsen een landing toe en de zeebodem 'liep zo steil af dat een anker dat gaat krabben, altijd losslaat'. Aan de creditzijde stond echter dat het er voortreffelijk vissen was, en Dampier ontdekte dat 'de hitte hier niet zo moorddadig was als op de meeste plaatsen vlak bij de evenaar'. Hevige tropische regen plensde van november tot in januari op de Galápagos neer, rapporteerde hij, maar alleen 'gematigde verfrissende buien' in de lente en herfst, terwijl het 'in mei, juni, juli en augustus altijd erg mooi weer is'. Afgezien van een korte vermelding van hun eigenaardige tamheid, beschreef Dampier geen lokale vogels, maar hij gaf voor zijn tijd een duidelijke beschrijving van de Galápagos, zij het wel een die waarschijnlijk weinig kolonisten zou lokken. Hoewel Dampiers reisverhalen ertoe bijdroegen de ogen van de Britten te openen voor de beloften die exploratie en kolonisatie van de Grote Oceaan inhielden, suggereerde zijn verslag van de Galápagos weinig mogelijkheden in die zin.

Andere journaals van boekaniers vertelden het verhaal van de kaapvaart, maar voegden weinig toe aan de natuurlijke historie van de Galápagos. Cowley en Wafer, twee lotgenoten van Dampier, bespraken de reisonderbreking van de boekaniers in 1684 in gepubliceerde verslagen. Beiden maakten gewag van de overvloed aan landschildpadden, van vogels zonder angst en van gebrek aan zoet water. Cowley beschreef, zonder ze als zodanig te herkennen, de effecten van vulkanische activiteit op de bodemgesteldheid, en voegde eraan toe 'dat de meeste van deze eilanden van zwavelachtige materie waren die ze in brand had gestoken, dat ze vroeger zijn afgebrand en sommige delen zijn opgeblazen', zodat er een desolaat landschap was overgebleven dat bezaaid was met zwavelslakken. Hij deed de eilanden die hij bezocht af als 'dor en droog'.

In plaats van dit onaantrekkelijke landschap met Dampier te verkennen, besteedde Cowley de reisonderbreking van de boekaniers aan boord van de Batchelor's Delight aan het karteren van en geven van namen aan de eilanden. Later gebruikte de Engelse cartograaf William Hacke de zeekaarten van Cowley om de eerste overzichtskaart van de archipel samen te stellen. Net als Cowley vernoemde hij afzonderlijke eilanden naar Britse edellieden die de boekaniers welgezind waren en naar overheidsfunctionarissen, bijvoorbeeld de grote eilanden naar Charles II, James II, de hertog van Albemarle en sir John Narborough, en dat bleven nog lang nadat Ecuador de eilanden Spaanse namen had gegeven, de gangbare benamingen. Een klein stipje op de kaart van Hacke droeg de speelse naam 'Cowley's Enchanted Island', een herinnering aan een passage in het journaal van Cowley waarin hij uitvoerig vertelt hoe de Spaanse gevangenen reageerden toen de boekaniers zeiden dat ze van plan waren uit te wijken naar de Galápagoseilanden. 'De Spanjaarden lachten en zeiden dat ze betoverd waren,' herinnerde Cowley zich, 'en dat het schaduwen waren en geen echte eilanden.' Dankzij de zeekaarten van Cowley werden ze eindelijk werkelijkheid en ten slotte zelfs opengesteld voor de handel.

Ondanks de sombere beschrijvingen van de boekaniers volgden zeelieden hen later naar de Galápagos, in ieder geval gedeeltelijk omdat Dampier en Cowley geloof hechtten aan meldingen uit de tweede hand van de aanwezigheid van zoet water. Cowley schreef op gezag van anderen over 'buitengewoon goede eilanden waar een schip dat gebrek lijdt alles kan krijgen dat men mag verwachten in onbewoonde oorden, want er zijn zowel eten en water als brandhout en timmerhout'. Dampier en zijn metgezellen, die de eilanden bezochten na een periode waarin het uitzonderlijk hard had geregend, hadden ten slotte voor hun behoeften voldoende zoet water gehaald uit een bij tussenpozen werkende bron op het eiland James. Zeelieden die na hen kwamen, hadden zelden zoveel geluk.

Na een kort intermezzo waarin vrede heerste in Europa, keerden Engelse boekaniers in 1709 terug naar de wateren voor de kust van Peru. Dampier fungeerde weer als loods voor een groep kapers en leidde ze twee keer na succesvolle overvallen op Spaanse schepen of havens terug naar de Galápagos om uit te wijken. Ze vonden er echter geen zoet water, wat voor Woodes Rogers, hun bekwame commandant, aanleiding was om in zijn journaal in bittere bewoordingen tekeer te gaan tegen eerdere schrijvers die 'valse en onjuiste voorstellingen geven' van de hoeveelheid water en timmerhout op de Galápagos. 'Ik zal verder over deze eilanden zwijgen,' schreef hij, 'aangezien wat ik ervan heb gezien, bij lange na niet beantwoordt aan de beschrijving die deze mannen ervan hebben gegeven.' Kennelijk was Rogers' vertrouwen in Dampier ook geschokt.

Ondanks deze bondige afwijzing van de archipel, stonden in het gepubliceerde reisjournaal van Rogers twee scherpzinnige wetenschappelijke waarnemingen. Ten eerste onderkende Rogers de vulkanische oorsprong van de bodem en zag hij hierin de verklaring voor de afwezigheid van oppervlaktewater. 'Het eiland bestaat slechts uit losse stenen, als sintels, heel zwaar en waardeloos,' meldde hij bij een aardverschuiving, 'en de aarde is zo verschroeid dat ze geen man kan dragen, maar dat er gaten onder zijn voeten vallen, en daarom veronderstel ik dat het een vulkaan is geweest.' Zelfs waar nu geen vulkaan meer is, redeneerde hij, zou vroeger een uitbarsting geweest kunnen zijn die een oppervlakte van sintels en lava heeft achtergelaten die geen water vast kan houden. Een dergelijke interpretatie van de bodemgesteldheid van de Galápagos lag niet bepaald voor de hand. Sterker nog, een van zijn hoofdofficieren, Edward Cooke, schreef over deze 'rotsachtige, droge grond' dat die 'eruitziet alsof er onlangs een aardbeving is geweest' en geen vulkaanuitbarsting – maar een aardbeving, besefte zijn commandant, zou nooit verantwoordelijk kunnen zijn voor deze verbrande desolaatheid. Nadat hem de vele leguanen en landschildpadden waren opgevallen, roerde Rogers een tweede essentiële wetenschappelijke kwestie aan: 'Hoe kunnen laatstgenoemde hier terecht zijn gekomen,' vroeg hij zich af, 'want ze kunnen hier niet op eigen kracht komen, en geen van alle komen ze op het [Amerikaanse] vasteland voor.'

Beide waarnemingen stelden de traditionele wetenschappelijke opvattingen op de proef. De bewering over oude vulkanen wees op een geologische ontwikkeling in de loop van de tijd. Het commentaar op de vraag omtrent de landschildpadden duidde erop dat hij zijn gezonde verstand gebruikte met betrekking tot de oorsprong en verspreiding van landdieren. In beide opzichten liep Rogers vooruit op ontwikkelingen in het wetenschappelijk denken waarin geloof in het voldongen feit van een schepping plaatsmaakte voor ideeën over veranderingen in de loop van de tijd.

Zowel Cooke als Rogers liet zich minachtend uit over de dieren van de Galápagoseilanden. De landschildpadden, schreef Rogers, 'zijn de lelijkste in de natuur, het schild doet denken aan het dak van een huurrijtuig, pikzwart, en voor het buitenste vel geldt hetzelfde, maar het is ineengeschrompeld en erg ruw; [...] een kleine kop, met een kleine snuit, als een slang, en erg oud en zwart om te zien'. Cooke schreef over de Galápagosleguanen: 'We schieten ze tussen de rotsen, ze worden gegeten door de zeelui, en die vinden het goed vlees, hoewel ik ze vol walging at omdat ze zo mismaakt zijn.' Beide schrijvers verachtten de plaatselijke vogels, die Rogers beschreef als 'zo vreselijk tam dat we ze vaak met stokken neerknuppelden'. Zeer veelbetekenend voegde hij eraan toe: 'Ik zag helemaal geen beesten,' waarmee hij landzoogdieren bedoelde. Europese natuurwetenschappers hadden zulke 'beesten' allang aan de top van de geschapen rangorde geplaatst in een grote keten van leven. Daarin namen koudbloedige reptielen (waaronder landschildpadden, zeeschildpadden en leguanen) een veel lagere plaats in. Door de afwezigheid van hogere dieren en de dominantie van lagere kwam een gebied in een kwade reuk te staan.

De verachting voor de fauna paste in een groter patroon. Europese ontdekkingsreizigers en natuurvorsers trokken de verwantschap tussen dieren van de Oude en Nieuwe Wereld al in twijfel sinds hun eerste ontmoeting met Amerika. Toen Columbus zich verwonderde over het ontbreken van grote landzoogdieren, nam hij gewoon aan dat het vasteland van Azië nog niet bereikt was. De verwondering werd nog groter nadat op volgende ontdekkingsreizen kwam vast te staan dat Amerika een afzonderlijke landmassa was met minder typen grote zoogdieren dan de met elkaar verbonden continenten van de Oude Wereld. Zouden beide dierpopulaties uit één bron afkomstig kunnen zijn en zo ja, waarom verschilden ze van elkaar? Zolang op elk halfrond vertegenwoordigers van alle niveaus van de grote keten van levende wezens aanwezig waren, deed hun relatieve verspreiding er weinig toe. In Amerika leek de reeks echter incompleet, waardoor nieuwe vormen van hiërarchisch denken werden ontwikkeld.

Het denkbeeld ontstond dat Amerika inferieur was. Biologische soorten waren of niet overeenkomstig hun totale potentieel in de Nieuwe Wereld tot ontwikkeling gekomen, redeneerden Europese natuurvorsers, of ze waren daar de vitaliteit kwijtgeraakt die ze in de Oude Wereld bezaten. Al in de zestiende eeuw was Oviedo tot het oordeel gekomen dat de Nieuwe Wereld te nat was voor zoogdieren, terwijl Acosta eraan toevoegde dat deze omstandigheid Amerika in hoge mate onbewoonbaar maakte voor mensen en hogere dieren. Destijds associeerden veel natuurvorsers buitensporige natheid met het verrotten van hogere dieren en de spontane generatie van lagere; en zoals het Amerika zelf verging, zo verging het de inheemse Amerikanen: Bacon kenschetste ze als 'een jong volk... anders dan [de bijbelse] Noach en zijn zonen', wier nazaten de Oude Wereld bevolkten. In een poëtische verwijzing naar het onlangs ontdekte halfrond, dichtte John Donne over 'De onrijpe kant van de aarde met het zware klimaat/ Die ons thans mensen uit de tijd van Adam zien laat'.

De opkomende Europese opvatting dat Amerika inferieur was, bereikte het hoogtepunt van verachting in de geschriften van de grote achttiende-eeuwse Franse natuurvorser Georges Louis Leclerc de Buffon, die een bijzonder hoge dunk had van viervoeters uit de Oude Wereld en slechts minachting koesterde voor reptielen uit de Nieuwe Wereld. 'Laten we nu eens kijken waarom er in de Nieuwe Wereld zulke grote reptielen voorkomen, zulke grote insecten, zulke kleine viervoeters, en zulke koude mensen,' schreef hij in een hem typerende passage. 'Dit is toe te schrijven aan de kwaliteit van de aarde, de toestand van de hemel, de mate van warmte en vochtigheid, de ligging, de hoogte van de bergen, de hoeveelheid stromend of stilstaand water, de oppervlakte aan bos, en vooral de wilde staat waarin de natuur wordt aangetroffen.' De meeste van deze factoren hadden in extreme mate betrekking op de Galápagos, waar reptielen een monsterlijke omvang bereikten, insecten floreerden, viervoetige zoogdieren nauwelijks bestonden en nooit mensen hadden gewoond.

Te beginnen met Thomas Jefferson in zijn *Notes on the State of Virgina* van 1784, hebben Europees-Amerikaanse natuuronderzoekers de eer van hun inheemse soorten verdedigd. Bij hun verdediging gingen ze echter impliciet uit van de biologische hiërarchieën van de Oude Wereld en kwamen ze slechts met tegenvoorbeelden van grote Amerikaanse landzoogdieren, zoals de bison, de wapiti, de grizzlybeer en (in Jeffersons geval) de fossielen van een wolharige neushoorn uit West-Virginia. De Galápagos profiteerden niet van dergelijke voorbeelden. Zolang Europese hiërarchieën de dienst uitmaakten, waren de Galápagos, waar reptielen, vogels, insecten en zeedieren de dienst uitmaakten, van weinig betekenis voor natuuronderzoekers. Buffons milieukundige verklaring voor de bedroevende staat van de lokale fauna veroorzaakte dat de belangstelling ervoor nog verder werd weggedrukt, omdat deze een naturalistische reden gaf voor de schijnbare nutteloosheid van de eilanden. Of de archipel nu vervloekt was door God of door de natuur, in predarwinistische Europese ogen was hij verdoemd.

Jan Brokken

De grote verzoener

Soms vraag ik me af of ik de enige ben die zich die dag nog herinnert waarop iedereen hem als een broer of een zoon of een minnaar in de armen had willen sluiten.

Een regenachtige novemberdag, kort na de finale van de US Open.

Tweeduizend bewonderaars stonden hem in de dampende hitte op te wachten toen hij met een toestel van PanAm op de luchthaven Hato arriveerde. Tweeduizend bewonderaars, plus de minister-president. Weet hij het zelf nog?

Populairder was hij nooit geweest; populairder kon hij nauwelijks meer worden. Niet op dit eiland althans, niet op de Antillen. De kranten noemden hem The Parera Kid. Wie weleens in Parera is geweest, begrijpt de vertedering. Een joch uit Parera kon eigenlijk maar één ding in het leven. Mislukken. Hij daarentegen, hij werd zo luidruchtig toegekrijst toen hij de vliegtuigtrap afdaalde en voet op Curaçaose bodem zette dat hij zijn vingers in zijn oren moest stoppen.

Ik was de eerste die hem onder aan de vliegtuigtrap mocht zoenen. Persfotografen duwden me weg; ik ontnam het zicht op de Miss Universe en de Miss Deportivo, met wie hij samen op de foto moest. Het gedrang irriteerde hem; hij trok me naar zich toe en liet de schoonheidskoninginnen wachten. Op alle foto's die toen genomen zijn, kijk ik hem aan alsof hij niet alleen mijn eer redt maar die van een half continent.

Ik had alle reden om trots op hem te zijn. Hij, mijn maatje, had in de Verenigde Staten op het hoogste podium mogen klimmen. Maar als ik hem toen niet zo opgehemeld had, zou hij zichzelf later niet zo hartgrondig zijn gaan haten. Het was verbijsterend: van de ene op de andere dag deed niemand meer normaal tegen hem.

Onder aan de vliegtuigtrap kon ik niet uit mijn woorden komen. Ik kende hem een jaar of zeven; als hij op het eiland was, zag ik hem om de andere dag. Het was alsof dat er plotseling niet meer toe deed. Door het gejuich van tweeduizend fans veranderde hij voor mijn ogen.

Ik stamelde dat de overgang wel erg groot was. De vorige keer dat ik hem op het vliegveld kwam afhalen, was ik de enige geweest. Hij grijnsde: 'Ja, dat was na Nicaragua. Toen had je trouwens wel een cadeautje bij je.'

Hij hoefde me niet te vertellen wat ik op die bewuste dag had meegenomen. Ik vond het nog steeds te pijnlijk voor woorden. Hoe had ik me zo kunnen aanstellen? Het eigenaardige was dat ik, vrijwel meteen nadat ik het hem gegeven had, spijt voelde. Zo zou het steeds gaan; van alles wat ik voor hem deed, zou ik vroeg of laat spijt krijgen.

Ik moest plaatsmaken voor de gezaghebber. De gezaghebber moest plaatsmaken voor de voorzitter van de sportfederatie, de voorzitter van de sportfederatie voor een kluwen stewardessen. Hij kwam handen te kort; iedereen wilde hem aanraken. Geen wonder, hij zag er aantrekkelijk uit, en de pas verworven roem maakte hem met de minuut zelfverzekerder.

Nadat hij door de schoonheidskoninginnen was afgelebberd – de fotografen wisten van geen ophouden, tot vijf keer toe moest hij zich laten zoenen – trok ik zijn stropdas recht. Hij bedankte me door zijn kin heel even in mijn hals te drukken.

Drieëntwintig jaren zijn voorbijgegaan, en als ik eraan terugdenk, krijg ik opnieuw kippenvel.

Onder alle omstandigheden bleef hij hartelijk; misschien was dat wel het ware geheim van zijn populariteit. Successen boeken is niet het allermoeilijkste, men moet je die successen ook gunnen. Hem wilde iedereen als vriend. Het eigenaardige was dat hij in het dagelijkse leven juist alle mogelijke moeite deed om zich aan niemand te binden.

'Ik wil winnen,' zei hij een keer tegen me. 'Wanneer je werkelijk wilt winnen, ben je alleen.' Hij leed daar niet bovenmatig onder; hij beschouwde zichzelf als een eenling, als iemand die zijn eigen weg moest gaan om het hoogste te bereiken.

Buiten zijn ambities interesseerde hem bitter weinig; wanneer het moest, zette hij alle gevoelens opzij. Achter die warme glimlach van hem ging een kille doorzetter schuil. Hij was in veel opzichten dubbel... maar wie is dat niet?

Over een rode loper liep hij naar de aankomsthal. Aan weerszijden stonden de jeugdspelers opgesteld van de club waarvoor we beiden uitkwamen. Hij gaf ze allemaal een hand. Een jochie viel flauw. Achter de hekken rond de landingsbaan yelden honderden tienermeisjes: 'Riki, Riki, yeahh, yeahh, yeahh.'

In de viproom sprak de minister-president hem als een volksheld toe. 'Een diarree van stereotypieën,' zou hij er later over zeggen. De minister van Onderwijs noemde hem een voorbeeld voor de jeugd; gedeputeerden informeerden hoe ze voor het volgende grote toernooi in de States aan vrijkaarten konden komen. Hij was uitgebreid op de Amerikaanse televisie geweest, en dat verhief je onmiddellijk tot fenomeen in die tijd.

Op de persconferentie vroeg een radioreporter of hij zich ook inderdaad een voorbeeld voelde. Hij reageerde met een afwezig knikje. Volgende vraag: welke raad hij zijn leeftijdgenoten kon geven? Hij verschoot niet van kleur toen hij zei: 'Maak je school af. Stay in school. Stay out of drugs.' Hij wist het perfect te brengen.

Op weg naar de open auto die hem naar het huis van zijn grootmoeder zou rijden, moest hij met een viltstift handtekeningen op armen, schouders, ruggen en dijen zetten. Vrouwen van de leeftijd van mijn moeder schreeuwden: 'We love you Riki, we love you kid.' Een enkele moeder profiteerde van het gedrang en kneep hem stiekem in de billen.

Op het parkeerterrein speelde een orkest de inderhaast gecomponeerde tumba The Kid from Parera, waarvan midden in de nacht een bandje was gemaakt. De tape was de hele morgen door de verschillende radiostations uitgezonden. Als je de tumba twee keer had gehoord, kende je de tekst uit je hoofd. Het zou de hit van december worden, en de meezinger van het carnaval.

In de cabriolet moest ik links van Riki plaatsnemen. Mike Kirindongo kreeg de rechterplaats toegewezen. Mike had nooit van Riki kunnen winnen en zou tien jaar lang de onverbeterlijke nummer twee blijven. Toch kon je hem alleen kwaad krijgen door Riki openlijk af te vallen. Ze waren samen naar een trainingskamp in Nederland gestuurd, ze hadden samen in China gespeeld, in Hongarije, in Peru, in Sarajevo. Mike beschouwde Riki zo'n beetje als zijn grote broer.

In de auto zei Riki tegen Mike: 'Het was klote in de States. Volgende keer gaan we samen. Kan ik tenminste tegen iemand kankeren.' Na zo'n opmerking leek Mike alle nederlagen op slag te zijn vergeten. Het ontbrak hem aan rancune, hij slaagde er nooit in de rivaal van Riki te worden. En Riki maakte daar handig gebruik van. Want Riki was altijd met strategie bezig.

Op de voorbank nam mevrouw d'Olivieira plaats, de eerste trainer van Riki. Ze wilde natuurlijk weer héél gewoon doen, en wanneer zij gewoon deed, werd het om de een of andere reden parmantig. Ik heb nooit goed begrepen waarom iedereen zo dol op haar was. Riki vereerde mevrouw d'Olivieira alsof hij zijn successen alleen aan haar te danken had, en tegelijkertijd werd hij kregelig wanneer ze zich alweer met hem bemoeide. Toch kroop hij voor haar, als voor een meedogenloze moeder.

De tweede broer van Riki, Len, wilde als laatste in de auto klimmen, maar als het om zijn broers ging, was Riki onverbiddelijk. Hij riep: 'Alle familie in de volgauto's.' Ik was denk ik de enige die het niet als een grap opvatte.

Achter onze auto formeerde zich een karavaan van sportauto's en motoren. De stoet kwam onder het geloei van sirenes in beweging. In de verte klonk nog vaag het volkslied dat die middag wel vijf of zes keer door de harmonie van Santa Martha werd geblazen.

Het duurde uren voor we in Cornet waren, de wijk waar de grootmoeder van Riki woonde. Overal stonden bewonderaars langs de kant van de weg, overal werd Riki toegezongen, overal werden blauwe en gele ballonnen opgelaten, de kleuren van onze vlag. De optocht had veel weg van de grote carnavalsparade.

Mevrouw d'Olivieira drukte het op de voorbank plechtiger uit.

‘Dit is,’ zei ze, ‘dan eindelijk het feest van de verzoening.’

Voor deze ene keer had ze gelijk. De 30ste mei leek vergeten, voor het eerst sinds de opstand van ’69 hadden we weer een held. Een held die we allemaal konden toejuichen, of we nou van slaven, koelies of heren afstamden. Je zag het aan degenen die in de auto zaten; ikzelf had een bruingele huid, Riki een bruinzwarte, Mike een donkerzwarte. En mevrouw d’Olivieira was wit. Joods wit, welteverstaan.

Aan alle lantaarnpalen van Cornet hingen vlaggen. De meeste bewoners van de wijk waren die morgen om vier uur opgestaan om de dofste schuttingen een lik verf te geven en de podia voor de orkesten te timmeren. De grootmoeder van Riki zat in een met bloemen afgezette fauteuil op de voorporch.

Bij het hek nam Tonio Lezama Lima, de fameuze dubbelkampioen, zijn neef in de armen. Het was het enige moment dat ik Riki ontroerd zag. Hij had de hele middag gelachen, soms uitbundig, meestal met een hand voor zijn mond, een enkele keer achter zijn kiezen. Ik kende hem goed genoeg om te weten wat hij dacht. ‘Vandaag hosanna, morgen hoon.’ Hij analyseerde zijn roem zoals anderen zich afvragen hoe ze verkouden zijn geworden. Maar toen zijn oom Tonio hem in de armen nam, haalde hij zijn neus een paar keer op en schudde het hoofd, alsof hij niet goed geloven kon wat hem overkwam. Hij duwde zijn oom ten slotte weg, liep op zijn grootmoeder af en gaf een smakkende pakkerd op de duizenden rimpels van haar wang.

Welita Flora bleef waardig. ‘Ik ben het gewend met kampioenen om te gaan,’ riep ze met haar rondborstige Venezolaanse trots tegen de buren. ‘Je moet ze alleen met eten verwennen. Voor de rest willen ze straf.’

Het feest duurde tot het de volgende morgen licht werd. De enige die er niet van genoot was Riki Marchena. Hij had een uitgesproken hekel aan dansen, een bizarre afwijking voor een Antilliaan.

Halverwege de nacht viel hij op de bank in de zijkamer in slaap. Niemand miste hem. Het feest ging even luidruchtig door; op het erf en de verschillende straten van Cornet speelden vijf salsa-orkesten.

Ik ging tegenover hem zitten. Misschien had ik hem wakker moeten maken. Misschien had ik hem toen moeten opbiechten hoeveel ik van hem hield. Maar ik bleef stil voor me uit zitten kijken, en het enige wat ik deed was zijn geur opsnuiven.

Zijn geur.

Soms, tegen het eind van een gemengd dubbel, legde ik mijn hand even op zijn klamme arm. Na afloop van de wedstrijd rook ik in de kleedkamer aan mijn vingers. Zo zal hij ruiken, dacht ik dan, als hij me op een warme vochtige middag de kleren van het lijf rukt.

Na zoveel jaren wil ik het best toegeven. Alleen al van zijn zweetlucht raakte ik opgewonden.

Simon Winchester

Toen de bergen bewogen

Er was een teken van de zon zoals we dat nog nooit eerder hadden gezien of besproken. De zon werd duister en zijn duisternis duurde achttien maanden. Elke dag scheen hij ongeveer vier uur en dan was zijn licht nog maar een zwakke schaduw. Iedereen beweerde dat de zon nooit meer zijn volle licht terug zou krijgen. Het fruit werd niet rijp en de wijn proefde als zure druiven.

– Plagiaat uit de elfde eeuw van een Antiocheense patriarch genaamd Michaël de Syriër, van een document dat naar alle waarschijnlijkheid geschreven werd door de zesde-eeuwse historicus Johannes van Efese, waarin hij de heftige klimatologische effecten beschrijft van wat sommigen menen dat het een vroege uitbarsting van Krakatau geweest moet zijn.

De mens registreert al zo'n dertigduizend jaar zijn herinneringen, in grottekeningen of liederen, in gravures of geschriften, en in die tijd is de kleine groep vulkanen en eilanden voor de kust die we de laatste driehonderd jaar Krakatau hebben genoemd, een, twee, vier of elf keer uitgebarsten, afhankelijk van de lezing die gegeven wordt van de geologische runen, de mythen en de omstandigheden waaronder ze worden gezien en geïnterpreteerd.

Vier van deze erupties zijn aan het mistige rijk van de vage geschiedenis ontkomen en zijn toegetreden tot het rijk van de redelijke zekerheden. Toch wordt er van een van deze vier explosies tegenwoordig algemeen beweerd dat zij waarschijnlijk nooit heeft plaatsgevonden; de datum van een tweede wordt met de nodige tegenzin geaccepteerd; van een derde is bekend dat die zeer slecht gedocumenteerd is en onderwerp was van buitensporige overdrijving; alleen de vierde en meest recente blijft over – men is het er volledig over eens dat die heeft plaatsgevonden.

Er is enig bewijs dat er eens, heel lang geleden – misschien wel zestigduizend jaar of langer – een veel grotere berg heeft bestaan die sommige geologen graag Oud Krakatau noemen, waarvan zij geloven dat hij zo'n achttienhonderd meter hoog was en het middelpunt vormde van een bijna volkomen rond eiland met een doorsnede van vijftien kilometer. Mogelijk heeft een gigantische eruptie, waar slechts brabbelende hominiden en Neanderthalers bij aanwezig waren (als die er al waren), het eiland en zijn piek volledig verwoest en alles aan gruzelementen geslagen.

Toen het stof eenmaal was neergedaald was er van Oud Krakatau nog een groepje van vier kleine en stabiel ogende eilanden over. Aan de noordzijde van de groep bevonden zich twee lage, halvemaanvormige rotsige eilandjes – het eilandje in het oosten werd Panjang genoemd en was ongeveer vijf kilometer lang; ten westen ervan lag met zesenhalve kilometer lengte zijn grotere collega Sertung.* Omarmd

* Geografische plaatsnamen vormen een probleem bij de vele

door de haken die door deze tweeling werden gevormd lag de Polish Hat, een stukje land bestaand uit fijnkorrelig vulkanisch gesteente dat bekendstaat als andesiet, en tevens het noordelijke deel van het eiland dat eens beschouwd werd als het eigenlijke Krakatau. In die tijd was het een langgerekt geheel van bijna tien kilometer lang en ruim drie kilometer breed, en op de hoogste zuidelijkste punt zevenhonderdvijftig meter hoog. De zuidelijke top heette Rakata en ten noorden ervan bevonden zich een paar kleinere kraterpieken. De eerste van deze pieken, ruwweg in het midden van het eiland, heette Danan, en op de noordelijke uitloper bevond zich de tweede, die bekendstond als Perbuwatan.

De eerste bezoekers vertelden over het grote eiland dat er veel bomen op stonden en dat het een overvloed aan vers uitziende lavastromen had, stomende warmwaterbronnen en aardlagen met zwavel die ooit gedolven werden door Bataafse dynamietmakers. Door de eeuwen heen werd het afwisselend gebruikt als maritiem verkenningsstation van de voc, als plek om kleine schepen te bouwen, als basis voor de kleine vissersvloot van de noordelijke Straat Sunda, en, in 1809 en het decennium erna, als een afgelegen en nauwe-

plaatsen die in het verleden hebben geleden onder een van de verschillende koloniale jukken. Het komt er meestal op neer dat die plaatsen uiteindelijk drie namen hebben: de vroege inheemse naam, de koloniale naam en vervolgens zijn postkoloniale opvolger. De eilanden die deel uitmaakten van de Krakataugroep vertonen dit probleem ook: Panjang – de oernaam – werd Lang eiland en heet nu Rakata Kecil; Sertung werd tijdens het Nederlandse tijdperk Verlaten Eiland, en wordt nu weer Sertung genoemd. Gelukkig voor deze voetnoot, die anders nog uitgebreider zou zijn, bestaat de groep die de Engelse naam 'Polish Hat' droeg niet meer; zij verdween als slachtoffer van de uitbarsting.

lijks toegankelijk Alcatraz voor inheemse gevangenen die zo opstandig waren dat de Nederlanders hen op het vasteland niet in bedwang konden houden.

Sommigen zeiden dat het een eiland met een slechte reputatie was, een piratennest, een plek die bezoekers van Java en Sumatra, die er in hun *prahus* naar toe zeilden om er hout en wilde vruchten te verzamelen, zo onaangenaam vonden dat ze geen offers achterlieten voor de plaatselijke goden van Krakatau. In werkelijkheid is er maar weinig bewijs voor deze bewering, hoe mooi de symboliek en symmetrie ook zijn: het eiland met de verachtelijke reputatie dat explodeerde en duizenden doodde. Uit de meeste betrouwbare bronnen blijkt dat de reputatie van Krakatau eerder tegenovergesteld was.

Volgens de verslagen van de westerse bezoekers waren er van tijd tot tijd een aantal aangename, zij het nogal armoedige, kleine nederzettingen op het eiland. De grote Engelse ontdekkingsreiziger kapitein James Cook bijvoorbeeld, legde twee keer bij het grote eiland Krakatau aan. In januari 1771 schreef zijn collega Joseph Banks, de beroemde botanist en polyhistor: ‘Des avonds gooiden wij het anker uit bij een hoog eiland dat in onze rapporten Cracatoa heet en door de Indische bevolking Pulo Racatta wordt genoemd [...] deze ochtend toen wij ontwaakten zagen wij dat er zich vele huizen en ontginning op Cracatoa bevinden, dus dat een schip dat hier verkiest aan te leggen mogelijk verversingen aantreft.’ Zes jaar later, toen Cook er weer was, kon men er nog steeds een dorp en bewerkte velden aantreffen – er werd peper verbouwd en geoogst, net als andere marktgewassen.

Drie jaar later meerden de Resolution en de Discovery nogmaals voor Krakatau af, maar bij die gelegenheid, in februari 1780, was James Cook er zelf niet bij omdat hij in november van het jaar ervoor op Hawaï was doodgeknuppeld. Ze verbleven vijf dagen in de halvemaanvormige zeestraten tussen Krakatau en Panjang, waardoor de vloottekenaar John Webber de tijd kreeg om uitgebreid tekeningen te maken van de dorpshuizen en de weelderige vegetatie – palmen, hoge grassoorten en varens – in de vallei op Krakatau tussen de twee meer zuidelijk gelegen pieken Danan en Rakata. In het dagboek van de expeditie staat een uitgebreid verslag van het verblijf op het eiland:

> De Resolution vulde de vaten bij in een stroom die op de zuidpunt van het kleine eiland ligt, op geringe afstand van de kustlijn. Nog iets zuidelijker treft men een heetwaterbron aan, waarin de eilanders baden. Terwijl wij op dezelfde hoogte lagen als de zuidpunt van het eiland vertrok de Meester om een *aiguade* te zoeken, maar hij ging moeizaam aan wal en keerde terug zonder dat hij zoet water had gevonden.
> Het eiland Cracatoa wordt beschouwd als heel gezond in vergelijking met de omliggende eilanden. Het biedt verhoogde gronden die aan alle kanten heel geleidelijk vanuit de kustlijn omhoog lopen; het is bedekt met bomen, op de enkele plaatsen na waar de eilanders ze hebben gekapt om rijst te verbouwen. Er is geen grote populatie. Het hoofd is ondergeschikt aan de koning van Bantam, net als alle anderen in de Straat. Op het koraalrif treft men grote hoeveelheden kleine schildpadden aan, verversingen die elders zeer zeldzaam zijn en een vermogen kosten.

De peperbosjes waren er tien jaar later nog steeds, toen de Nederlandse administrateur er op bezoek kwam; de mensen die toen op Krakatau woonden, hielden kippen en geiten en verdienden een beetje geld met de verkoop van brandhout, water en eten aan de passerende schepen. Het is mogelijk dat er mensen op het eiland woonden ten tijde van elk van die vroege uitbarstingen, maar op het moment van het grote cataclysme was Krakatau gelukkig helemaal onbewoond. Er is verder geen indicatie dat het een slechte naam zou hebben.

De drie eerste gebeurtenissen die, volgens de meeste moderne geschiedenisboeken, mogelijk echte erupties waren (volgens de westerse kalender, die nog maar pas op Java wordt gebruikt), vonden plaats anno Domini 416, 535 en 1680. Er zijn een paar vage aanwijzingen dat er tussen de negende en zestiende eeuw niet minder dan zeven uitbarstingen zijn geweest, en dat Krakatau zo angstaanjagend actief was in de enkele eeuw dat er boeddhistische koningen van de Cailendradynastie op Midden-Java op de troon zaten, dat het eiland vol ontzag 'de vuurberg' werd genoemd.* Het aantal van zeven geeft, als je dat optelt bij de drie mogelijke erupties en de enige zekere catastrofe, een score van elf – een aantal dat nogal twijfelachtig is, dat moet gezegd.

De keer dat Krakatau uit zijn voegen barstte in het enige jaar dat absoluut vaststaat, is in 1883. Van de eerdere drie uitbarstingen (wegens volledig gebrek aan bewijs laat ik de Zeven van Cailendra buiten beschouwing – in een boeddhistisch manuscript wordt alleen melding gemaakt van een weinig verhelderende 'vuurberg') weten we min-

* Zij bouwden naast andere monumenten de immense en rijk versierde tempel Borobudur, 's werelds grootste boeddhistische bouwwerk.

der goed wanneer en wat er plaatsvond, als er al iets plaatsvond.

In het belang van de volledigheid is het echter toch wel de moeite waard om iets van de schemerige wereld van Java te ontdekken, om te zien of het mogelijk is om de vroege vulkanische geschiedenis van het eiland met enige zekerheid vast te stellen – al zou het alleen maar zijn om door de vaststelling van het eruptieve verleden van Krakatau een beter zicht te krijgen op zijn mogelijke toekomst.

De mogelijke uitbarsting in A.D. 416

De meest geciteerde bron voor de eerste (en misschien ook wel de tweede) van deze drie nogal twijfelachtige datums is een monumentale moderne geschiedenis die in de negentiende eeuw is geschreven en bekendstaat als het Javaanse *Boek der Koningen*. De auteur ervan, een Javaanse hofdichter genaamd Raden Ngabahi Ronggowarsito, had goede connecties met het toenmalige Nederlandse bewind en was tevens een sleutelfiguur in de hoogste traditionele kringen. Hij werkte in de *kraton*, het sultanaat, van Solo, dat zonder twijfel het meest verfijnde hof van alle Javaanse hoven was – een plaats waar weinigen aan konden tippen in de zin van elegantie, stijl en culturele oorspronkelijkheid bij het bespelen van de gamelans, de *wayang kulit*-poppenspelen en de dichtkunst.

Maar Ronggowarsito, die intellectueel gezien net zoveel wetenschapper als dichter was en de Europese historische achtergronden goed kende, vond niet genoeg voldoening in het leven aan het hof. Zijn primaire ambitie lag op een ander vlak dan het maken van lyrische gedichten om belangrijke momenten in het leven van de sultan van Solo te markeren. In plaats daarvan wilde hij iets creëren met grotere en meer blijvende waarde: een waarlijk uitgebreide geschiedschrijving van het hele eiland Java; een document dat zich kon meten met de grote Europese traktaten die handelden over de eigen landen en volken. Hij werkte de meeste jaren van zijn volwassen leven aan dat project, en in 1860, na tientallen jaren werk die uiterst ondankbaar moeten hebben geleken, bereikte hij eindelijk zijn doel; hij maakte een serie fascinerende, maar ongeordende en breedvoerige passages gereed voor publicatie, die tezamen mogelijk 's werelds grootste boek vormen.* Helaas had hij, volgens het merendeel van zijn critici, het meeste van wat hij schreef verzonnen.

Met die kennis in het achterhoofd waren wetenschappers die geprobeerd hebben om Ronggowarsito's dikke boek als basis te gebruiken voor serieus wetenschappelijk onderzoek begrijpelijkerwijs op hun hoede. Wetenschappers die het hebben gelezen waren nog sceptischer dan andere lezers – en dan met name vulkanologen, die zowel aangetrokken als afgestoten werden en verward raakten door één zeer verleidelijke passage:

> de hele wereld schudde hevig, en er was zwaar onweer dat vergezeld ging van hevige regenval en stormen,

* Door dertig jaar lang elke dag drie bladzijden te schrijven schreef hij zes miljoen woorden in de ingewikkelde taal die bekendstaat als Javaanse hoftaal. De veronderstelde verwijzing naar een mogelijke eruptie van Krakatau in de vijfde eeuw staat in een van de eerste delen van de geschiedenis van Ronggowarsito, genaamd 'Het boek van de oude koningen', de *Pustaka Raja Purwah*.

> maar deze hevige regenval doofde niet alleen niet het vuur van de berg Kapi, maar wakkerde het vuur aan; het geluid was angstaanjagend, en ten slotte barstte de berg Kapi met een geweldig gebrul uit elkaar en zonk hij naar het diepste van de aarde. Het water van de zee rees en overspoelde het land, het land ten oosten van de berg Batuwara, tot de berg Raja Basa, werd overspoeld door de zee; de inwoners van het noordelijke deel van het land Sunda tot aan de berg Raja Basa verdronken en werden met al hun bezit weggevaagd [...]

Wat betekent dit? Over welke berg – want 'Kapi' is tegenwoordig geen bekende naam – gaat deze passage?* En wanneer vond die gebeurtenis dan plaats? Geologen, voor wie het gewoner is om met microscopen naar fossielen te kijken, hebben deze ene paragraaf van het elegante Javaanse proza met een stofkam bewerkt.

Het zou de zaak zeker helpen en wat duidelijker maken als Ronggowarsito een keer over de grote uitbarsting had geschreven. In feite doet hij dat twee keer. De paragraaf die hierboven staat komt uit de versie van 1869 van het boek. Tegen de tijd dat er een tweede druk uitkwam, in 1885, besloot hij de zaken (wat, waar en wanneer het was) anders te bekijken, en schreef hij er het volgende over**:

* Toen Ronggowarsito zijn verhaal schreef werd Krakatoa, of in elk geval Krakatau de algemeen gebruikte naam. Het is daarom nogal verwarrend dat hij de naam Kapi gebruikte, tenzij het natuurlijk een rechtstreekse transliteratie was van de originele documenten die hij voor zijn onderzoek gebruikte.

** Volgens een Engelse vertaling die in augustus 1889 in *Nature* – dat toen overspoeld werd met verhalen uit de eerste hand van de eruptie van Krakatau in 1883 – werd gepubliceerd.

[...] in het jaar Shaka 338 [d.w.z. A.D. 416] kwam er vanaf de berg Batuwara een donderend geluid, dat werd beantwoord door eenzelfde geluid vanaf de berg Kapi, die ten westen ligt van het tegenwoordige Bantam. Een groot verblindend vuur dat tot hoog in de hemel reikte, steeg op vanaf laatstgenoemde berg. De hele wereld was erg ontdaan en er was een intens onweer dat vergezeld ging van hevige regenval en stormen.
Maar deze hevige regenval doofde niet alleen niet het vuur van de berg Kapi, maar wakkerde het vuur aan. Het geluid was angstaanjagend. Ten slotte barstte de berg Kapi met een geweldig gebrul uit elkaar en zonk hij naar het diepste van de aarde. Het water van de zee rees en overspoelde het land.
Het land ten oosten van de berg genaamd Batuwara, tot de berg Kamula, en naar het westen tot de berg Raja Basa werd overspoeld door de zee.
De inwoners van het noordelijke deel van het land Sunda tot aan de berg Raja Basa verdronken en werden met al hun bezit weggevaagd.
Nadat het water was gezakt werd de berg Kapi, die in stukken was gebarsten, en het omliggende land zee, en het op zichzelf staande eiland [van Java-Sumatra] werd in tweeën gedeeld. De stad Samaskuta, die in het midden van Sumatra lag, werd een zee waarvan het water heel helder was, en die later het Sinkarameer werd genoemd. In deze gebeurtenis lag de oorsprong van de scheiding van Sumatra en Java.

In de tweede van de twee passages worden veel meer geografische details gegeven: de verwijzing naar Sumatra en Java die worden opgesplitst, de vaststelling van het bestaan van 'het land Sunda' en van vulkanen als Kamula –

waarvan we nu via andere bronnen weten dat het de vulkaan Gede is, die op West-Java ligt, ten zuiden van het hedendaagse Jakarta – Batuwara, in West-Bantam, en Raja Basa, een twaalfhonderd meter hoge piek op de zuidelijke punt van Sumatra die nog steeds dezelfde naam draagt. Gezien al deze bijkomende cartografische informatie lijkt het meer dan waarschijnlijk dat 'de berg Kapi' in werkelijkheid Krakatau is.

Maar er is een klein probleem. De tweede beschrijving, die zo journalistiek gekleurd is – een verblindend vuur, angstaanjagende geluiden, overstromingen, de verwoeste dorpen –, werd ongeveer twee jaar na de uitbarsting van 1883 van Krakatau geschreven. En sinds het eerste verhaal uit 1869 is het heel wat uitgebreider geworden. Voor een sceptisch lezer lijkt het alsof Ronggowarsito – nadat hij alle krantenartikelen had gelezen en misschien met een paar aardige Nederlandse ambtenaren uit Bantam (waar in 1883 de overstroming de meeste schade veroorzaakte) had gesproken en misschien ook wel met een paar vriendelijke wetenschappers – zijn eerste verslag uit 1869 er weer bij heeft gepakt en het vijftien jaar later gewoon mooier heeft gemaakt, om het maar cru te zeggen. Het lijkt alsof hij details uit 1883 als confetti over zijn nogal saaie beschrijving van die eerdere gebeurtenis heeft gestrooid.

En door zo te handelen, als hij dat inderdaad heeft gedaan, krijgt de dichter het onverbiddelijke lot toebedeeld dat alle non-fictieschrijvers toevalt die ook maar iets verzinnen, en hij merkt dat lezers alles wat hij schrijft in kwestie zullen trekken. Zijn hele verhaal wordt hierdoor verdacht en de lezers kijken zelfs kritisch naar zijn eerste beschrijving van de explosie van 'Kapi' en de overstromingen en doden die daarvan het gevolg waren, en vragen zich niet alleen af wanneer die heeft plaatsgevonden, maar of die überhaupt heeft plaatsgevonden.

Het blijft natuurlijk een feit (en hier schiet ik Ronggowarsito te hulp) dat hij op het moment dat hij de eerste versie schreef, in 1869, nog geen materiaal had om zijn epistels te verfraaien. Het is mogelijk dat hij de verhalen over de vermeende uitbarsting in mei 1860 in de geschiedenisboeken heeft gelezen. Maar zou hij dan alles verzonnen hebben? Waarschijnlijk niet. Hoogstwaarschijnlijk zijn de eerste geschriften voor het *Boek der Koningen* gebaseerd op zijn eigen onderzoek van de originele bronnen. Het probleem is: welke bronnen? We weten maar weinig van zijn geschiedschrijving; we kunnen slechts vermoeden dat zijn beschrijving van een eruptie in Straat Sunda waarschijnlijk afkomstig was van de oude, uitzonderlijk mooie en zeer fragiele, op palmbladeren geschreven Javaanse manuscripten, waarvan de bibliotheek van de kraton in Solo er vele bezat.

Vanaf hier wordt de informatie nogal vaag. Van de ongeveer tienduizend overgebleven teksten op palmbladeren – die geschreven zijn in allerlei manuscriptstijlen, waaronder Balinees, de Javaanse hoftaal en een merkwaardige ingewikkelde kalligrafie die *Mountain Script* heet, en waarmee Ronggowarsito (met maar een handjevol anderen) bekend was – verhaalt er maar een heel klein aantal over de oude geschiedenis van Java. De meeste lijken ongeveer in de negende eeuw op te houden (of te beginnen). Uit de tijd ervoor lijkt maar weinig over Java bekend te zijn waarover zekerheid bestaat.

Om een idee te geven van die onzekerheid: in het werk van Ronggowarsito staan verwijzingen naar een mysterieuze koning genaamd Jayabaya, die zogezegd toezicht hield op de verslagen van de eruptie, die op sommige oude teksten op palmbladeren te vinden zijn. Jayabaya wordt verondersteld het verhaal van de eruptie van een hindoegod genaamd Naraddha te hebben gehoord, die was neergedaald uit de hemel en fantastische verhalen vertelde die, zo drukte hij de koning op het hart, in alle vertellingen over de geschiedenis van Java opgenomen moesten worden.

En daar hebben we dus het probleem: we hebben een verslag dat komt van een god uit de oudheid, via een raadselachtige koning uit de tiende eeuw die zijn materiaal aan scribenten doorgaf die het op bladeren noteerden, waarna het werd doorgegeven door een negentiende-eeuwse hofdichter die, inderdaad, die bladeren kon lezen, maar duidelijk ook een man was met waanideeën. Het is geen wonder dat de wetenschappelijke wereld dit simpele verhaal van de eerste geregistreerde uitbarsting van Krakatau met een gezonde dosis scepsis bekeek.

Op twee zaken na. Ten eerste kloppen de details (zelfs de betrekkelijk onopgesmukte eerste versie van 1869) en is het uit geologisch oogpunt behoorlijk overtuigend. Ten tweede bestaat er voor deze gebeurtenis een vaststaand tijdstip: A.D. 416. Daarover twijfelt Ronggowarsito geen moment: de hindoegod vertelde Jayabaya klaarblijkelijk dat het gebeurde plaatsvond in het 338ste jaar van de Shaka-kalender. Dit is een breed geaccepteerd hindoestaans dateringsysteem dat alleen op deze eilanden wordt gebruikt en volgens de westerse jaartelling in het jaar A.D. 78 begon, toen het hindoeïsme naar verluidt vanuit het Champa Koninkrijk, het tegenwoordige Vietnam, naar het zuiden kwam. Om de moderne datum van 416 van onze jaartelling te krijgen, maak je gewoon een rekensommetje.

Maar er is geen enkel stukje onafhankelijk bewijs uit

die tijd – nog geen stofje in een van de ijsboorkernen die van de beide poolijskappen werden genomen, geen millimeter inkrimping in de afmetingen van de jaarringen van de bomen* die afkomstig zijn uit een van 's werelds oude bossen – dat erop wijst dat er zich in het begin van de vijfde eeuw ergens ter wereld een vulkanische eruptie heeft voorgedaan. De foutmarges van deze technieken liggen rond de plus of min vijfentwintig jaar. Dus uit wetenschappelijk bewijs lijkt aantoonbaar dat er zich in de eerste vijfentwintig jaar van de vijfde eeuw geen belangrijke vulkaanuitbarsting heeft voorgedaan; zoveel lijkt zeker, ongeacht het Shaka-tijdstip, het verblindende vuur, de overstromingen door de zee en de explosie van de berg Kapi. Zonder vaststaand wetenschappelijk bewijs en met historisch bewijs dat niet veel meer is dan een levendig verteld verhaal van een zeer conventionele dichter-fantast, moet je je ernstig afvragen of er überhaupt een eruptie in de vijfde eeuw heeft plaatsgevonden.

* Vulkanen die enorme hoeveelheden stof in de atmosfeer spuiten, laten twee soorten, gemakkelijk te herkennen handtekeningen achter. Dunne banden van het afgezette stof kunnen in ijsboorkernen worden aangetroffen. En omdat het stof als een filter voor de zon werkt en wereldwijd een lagere omgevingstemperatuur veroorzaakt, is er ook bewijs voor een gelijktijdige kortstondige vermindering van de groei van bomen. In de koudere jaren, als de groei trager is, verschijnen er drie ringen veel dichter bij elkaar. De jaarringen verschaffen een mooie en gemakkelijke manier (natuurlijk ervan uitgaand dat er een omgelegde boom van de juiste leeftijd voorhanden is) om de klimatologische gegevens over honderden voorgaande jaren vast te stellen.

Er is echter in ruime mate bewijs voorhanden dat zich ongeveer een eeuw later een buitengewoon voorval heeft voorgedaan. Door middel van zeer uitgebreide jaarringen, ijsboorkernen en wereldwijd anekdotisch bewijs kan worden aangetoond dat er ergens in de regio van Java en Sumatra hoogstwaarschijnlijk een enorme vulkanische eruptie heeft plaatsgevonden rond A.D. 535. Is dit misschien ook Krakatau geweest? Is de Shaka-datum in het geschiedenisverhaal van Ronggowarsito misschien een fout – maar waren alle andere veronderstelde waarnemingen, in elk geval in zijn eerste verslag, in grote lijnen wel correct?

Een magere en nogal slappe bewijsvoering duidt erop dat er een fout is gemaakt. Dit bewijs is ontstaan via de waarneming dat vulkanische uitbarstingen, met name de werkelijk zware die zich bij grote bewoonde plaatsen voordoen, algemene sociale ontregeling tot gevolg hebben. Mensen gaan met honderden tegelijk dood, communicatiemiddelen zijn er niet meer, er heerst ziekte, verwoesting, een ineenstorting van de sociale orde. En een nauwelijks onderkende consequentie van deze narigheid is dat de historische geschiedschrijving eronder te lijden heeft. Deze wordt fragmentarisch en incompleet. Historici zijn, net als ieder ander, met weinig anders bezig dan overleven.

En het Javaanse *Boek der Koningen* laat deze fragmentarische werkwijze duidelijk zien, en precies op het goede tijdstip. Gedurende de gehele vijfde eeuw toont het boek een routinematige keuze van beschreven onderwerpen – er lijkt geen onderbreking te zijn geweest, geen trauma dat een historicus er tijdens langere tijd toe heeft gebracht op te houden met schrijven over de onbelangrijke zaken op Java in die uitgebreide tijdspanne tussen A.D. 400 en A.D. 500. Het lijkt alsof Java in die eeuw gezegend was door het ontbreken van ellende. Het jaar A.D. 416 verschijnt met het verslag van de explosie, maar die lijkt, heel opmerkelijk, niet te zijn gevolgd door jaren van ontwrichting, waarbij historici zich onttrekken aan hun plichten en zich geheel aan hun persoonlijke behoeften wijden. In het decennium van 420 tot 430 komen net zoveel ongerijmdheden in de Javaanse verhalen op de palmbladeren voor als tussen 400 en 410.

Maar in de volgende eeuw, de zesde, is dat helemaal niet meer het geval. Want tijdens de eerste dertig jaar van die zesde eeuw zijn er verslagen gemaakt van ruim driekwart van al die jaren – een mooi gemiddelde, zou je kunnen zeggen. Maar tijdens de achttien jaar na het cruciale jaar A.D. 535 zijn er echter minder dan een vijfde van die jaren beschreven. Vervolgens werden er in de dertig jaren erna minder dan driekwart van het gemiddelde percentage aan gewone dagelijkse zaken op schrift gesteld. Dus lijkt het er verdacht veel op dat er iets gebeurd is in of rond A.D. 535 – iets wat de palmbladscribenten van Java in verwarring bracht, als het ware verlamde, gedurende bijna twee decennia erna.

Daarbij komt nog dat er volop bewijs is van ijsboorkernen en jaarringen uit de wereld eromheen. Het dateren van boorkernen en van jaarringen is tegenwoordig uiterst nauwkeurig, en inmiddels lijkt het erop dat er zeker (zelfs als rekening wordt gehouden met de foutmarge van vijfentwintig jaar) een belangrijke gebeurtenis plaatsvond ergens tussen A.D. 510 en 560 die stof rondom de wereld deed waaien, waardoor de zon aan kracht verminderde en de omstandigheden voor de bomengroei vertraagd werden. Er is tevens een Chinees verslag waarin wordt vermeld dat er rond die tijd een enorme ontploffing werd gehoord – een verslag waaraan bovendien de intrigerende opmerking is toegevoegd dat het geluid uit het zuiden afkomstig was – dat wil zeggen, vanaf een plek ten zuiden van China. En Krakatau ligt natuurlijk pal ten zuiden van China.

Het zou te ver voeren om te zeggen dat iets van dit bewijs volledig overtuigend is. Maar het lijkt redelijk om te beweren dat van die twee vroege erupties alleen de latere – die van 535 – waarschijnlijk te maken heeft gehad met Krakatau. Het andere verslag zou, als het niet alleen om een verkeerde datum gaat, betrekking kunnen hebben op een van de twintig andere actieve vulkanen van Java – of het is eenvoudigweg een mengeling van mythe, verwarring, legendes en verfraaiingen, en heeft misschien helemaal nooit plaatsgevonden.

De waarschijnlijke uitbarsting in A.D. 535

Als we aannemen dat de eerste eruptie van Krakatau werkelijk in 535 plaatsvond en niet een eeuw eerder, dan kunnen we redelijkerwijs zeggen dat er, aan de hand van het weinige dat we van West-Java uit die tijd weten, maar bar weinig mensen in de buurt waren die het daadwerkelijk hebben meegemaakt. Er lijkt binnen een straal van honderdvijftig kilometer van de uitbarsting zelfs geen noemenswaardige stad te zijn geweest. Chinese kooplieden (scheepskapiteins die langs de noordelijke en oostelijke kusten van Java en Sumatra reisden) lijken de meest uitgebreide verslagen van de regio te hebben nagelaten. Een paar van hen spreekt over een samenleving die in die tijd bekendstond als Si-tiao, en die hoogstwaarschijnlijk op Java lag en bestond uit 'vruchtbare gronden en gemeenschappen met straten'.

Een ander rijk, dat in de annalen van het Mandarijnse Peking P'u-tei werd genoemd – waarschijnlijk op Zuid-Sumatra –, werd bevolkt door een ras dat omschreven werd als 'zo zwart als chinalak'; de leden van dat ras roeiden graag vanuit hun nederzettingen naar de keizerlijke passerende zeiljonken om kippen en fruit te verkopen. Er zijn ook verslagen van een nogal grimmig klinkende gemeenschap genaamd Holotan, waarvan de leden tegen de Chinezen gromden dat ze voortdurend werden aangevallen door hun buren. Kannibalen 'met staarten' – waarschijnlijk vroege versies van de ceremoniële lange haardracht die nog steeds op zuidelijk Borneo voorkomt – trokken ook de aandacht van de nauwgezette Chinese hofschrijvers.

Maar noch de Indische noch de Chinese kooplieden die er met hun goud, jade, sandelhout en kruidnagels voorbijtrokken maakten melding van een grote stad of een andere vorm van een geciviliseerde stedelijke gemeenschap op Java of Sumatra. Mogelijk verlichtten grote vuren de hemel en sloegen wolken as en gruis uit de wolken neer, maar de volken van *Nusantara* (het oude Maleise woord dat 'de eilanden ertussenin' betekent) die het zagen en hoorden en naar behoren verbaasd en geschokt waren of gewond raakten, waren slechts eenvoudige dorpelingen, niet-kunstzinnige plattelandsbewoners, wier beschrijvingen van die vroege en verrassende gebeurtenissen natuurlijk vaag en zonder verbeelding waren.

In 1999 werd er in een Britse televisiedocumentaire, gebaseerd op het opmerkelijke boek *Catastrophe* van de Londense auteur David Keys, vol overtuiging beweerd dat een uitbarsting van Krakatau in A.D. 535 niet alleen heeft plaatsgevonden, maar zelfs de belangrijkste aanleiding vormde voor een uitzonderlijk aantal, op het eerste oog niet met elkaar in verband staande voorvallen die de wereld veranderden.

De klimaatveranderingen die door de eruptie – als het dat was – in gang werden gezet, droegen bij aan een verbazingwekkende serie volslagen apocalyptische gebeurtenissen: daartoe behoorden, zoals het tv-programma suggereerde, niets minder dan de val van het Romeinse Rijk, de uitbraak van de door ratten veroorzaakte grote pestepidemie, de eindeloze misère in de Middeleeuwen, de geboorte van de islam, de invasie van Europa door barbaren, de ineenstorting van de Mayacultuur in Midden-Amerika en het ontstaan van ten minste vier nieuwe mediterrane staten – de lijst gaat maar door en door. En hoewel de argumenten die deze ideeën moeten staven bij tijd en wijle nogal speculatief zijn, komt het uiteindelijk op één ding neer: in de eerste helft van de zesde eeuw A.D. vond er ergens in de wereld een enorme gebeurtenis plaats die een onthutsend effect heeft gehad op het klimaat in de hele wereld. Maar wat was die gebeurtenis dan precies?

Een vulkaanuitbarsting, naar ieders mening. Het bewijs dat gebruikt wordt om aan te tonen dat er in het jaar A.D. 416 niets is gebeurd, is hetzelfde bewijs dat erop duidt dat er 119 jaar later wel degelijk iets is gebeurd. Stofafzettingen in de ijsboorkernen, zure sneeuw op Groenland en Antarctica, overtuigende gegevens van duizenden monsters van jaarringen – ze wijzen allemaal op een voorval, ergens in de eerste helft van de zesde eeuw. En in eerste instantie dankzij de geschriften van Ronggowarsito, die, hoe onbetrouwbaar ook, een verleidelijke vinger uitsteekt naar Krakatau als de plek waar welk voorval dan ook heeft plaatsgevonden.

Verrassend genoeg zijn er slechts een paar niet erg betrouwbare wetenschappelijke tests uitgevoerd om de tijdstippen van de eerdere uitbarstingen van Krakatau vast te stellen. Het is moeilijk te geloven dat de wetenschap er in haar algemeenheid tevreden mee zou zijn dat historici het verleden van Krakatau vaststellen, terwijl meer accurate methodes – met radiometrische datering voorop – de antwoorden kunnen geven met een nauwkeurigheid die dichters aan het hof van Solo natuurlijk niet konden evenaren. De makers van het televisieprogramma zorgden ervoor dat deze treurige gang van zaken werd rechtgezet.

Als reactie op de brede belangstelling die de opmerkelijke suggesties in *Catastrophe* teweegbrachten, ging de vaste specialist op het gebied van Krakatau aan de Universiteit van Rhode Island, Haraldur Sigurdsson, in 1999 op expeditie naar Krakatau* om met de magische krachten van de moderne wetenschap het definitieve antwoord te vinden op de puzzel die Ronggowarsito had gemaakt. Hij probeerde dat door monsters te nemen van steenkool uit een aantal verschillende en duidelijk erg oude lavastromen die hij op Rakata vond, de overgebleven berg van de eruptie in 1883. Hij voerde dateringtests uit op de monsters met gebruikmaking van de bekende halveringstijd van isotoop koolstof-14.

De resultaten waren echter niet helemaal doorslaggevend. De gebeurtenis die voor de verbranding van de houtskool had gezorgd, wist professor Sigurdsson te vertellen, had plaatsgevonden tussen A.D. 1 en A.D. 1200. Met andere woorden: in de eerste twaalfhonderd jaar van

* Gefinancierd door de Britse televisiezender Channel Four.

de christelijke jaartelling had zich een heel grote vulkanische uitbarsting voorgedaan – en die is mogelijk groot genoeg geweest om zelfs de klimaatveranderingen in gang te zetten die op hun beurt verantwoordelijk waren voor de economische en sociale ontwrichting (en de migratie van ratten die de pest overbrachten) die de ernstige gebeurtenissen veroorzaakten die centraal staan in *Catastrophe.*

Maar de vraag of dat ene voorval vast te pinnen is op een bepaald jaar – en of dat dan plaatsvond in A.D. 416 of in A.D. 535 – is nog steeds niet beantwoord. Misschien had alleen Ronggowarsito daar echt weet van.

De vrijwel zekere uitbarsting in A.D. 1680

Toen Krakatau elfhonderd jaar later waarschijnlijk nog eens van zich liet horen, was fantasie echter niet zozeer de kwestie. 'Waarschijnlijk' dat is hier het meest relevante woord. We hebben al gezien hoe vaag en fantasierijk de beschrijvingen van de veronderstelde gebeurtenissen in 416 en 535 waren. Er bestaat helemaal geen bewijs voor uitbarstingen tijdens de boeddhistische Cailendradynastie, en de beschrijvingen van wat er ook gebeurd mag zijn in 1680 blinken ook niet uit door duidelijkheid.

Zoals we al hebben gezien waren er maar drie Europese getuigen van wat er zich mogelijk heeft afgespeeld: de zilverkeurmeester Johan Wilhelm Vogel, die als eerste het bewijs van de kale resten op het eiland zag; de schrijver Elias Hesse, die een al te levendig verslag schreef van een gebeurtenis die, volgens hem, meer dan een jaar later nog steeds bezig was; en een niet nader genoemde kapitein van de Bengaalse kotter Aardenburgh.

De twee eerste getuigen schreven verslagen van een vulkanische gebeurtenis die op z'n minst zwaar gekleurde weergaven lijken. En terwijl het heel goed mogelijk is dat de meester van de Aardenburgh stoer over een eruptie heeft gesproken tegenover zijn oplettende en goed geolie-de publiek in de cafés langs de haven in Batavia, blijkt hij niets in zijn logboek te hebben geschreven dat de heren in het kasteel voldoende leek te interesseren om ze te alarme-ren – in de officiële verslagen, uitgebreid in elk opzicht, wordt niets vermeld. Er heeft absoluut iets plaatsgevon-den op Krakatau, daar bestaat geen twijfel over, maar wat het ook was, het was waarschijnlijk veel onbelangrij-ker dan de eruptie die in de zesde eeuw lijkt te hebben plaatsgehad; om nog maar te zwijgen over wat er twee eeuwen later, in de negentiende eeuw, zou gebeuren.

Niettemin vond er een gebeurtenis plaats op behoorlij-ke afstand van de pas gevestigde stedelijke bevolking. Want Batavia, de belangrijkste ondernemingsstad van de VOC, was in 1680 een volle acht decennia oud en de stad had een soort gesettelde rijpheid bereikt. Batavia bestond uit een ommuurd stadsdeel, administratiekantoren met torentjes, een Chinatown en een verzameling pakhuizen, taveernes en een paar kleine rijtjeshuizen aan straten en kanalen, die een dromerig, stomend schijnbeeld vormden van de zo gemiste huizen in het verre Amsterdam of Lei-den, Delft of Utrecht van de VOC-medewerkers.

De Nederlanders die zich in de zeventiende eeuw in Ba-tavia vestigden, waren naar men zei geen vrolijk volkje. Hun leven was een aaneenschakeling van onaangename beproevingen. Ze voelden zich maar zelden echt gezond: ze bezweken vaak aan een verscheidenheid van tropische ziekten – malaria, cholera, knokkelkoorts – en ze waren onvoorstelbaar bang voor de lucht; zij dachten dat daarin de verantwoordelijke ziektekiemen ontstonden. De vieze lucht die van de kust kwam* en door de zeewind werd meegebracht en gewoonlijk rond de tijd van het ontbijt begon te waaien, noopte iedereen in de stad de ramen en deuren tot de schemer stevig gesloten te houden, om ze kort daarna weer goed dicht te doen om 's avonds de muggen buiten te houden. Iedereen baadde in de kanalen van de stad. 'De dames doken onbeschaamd in deze publieke badkuipen,' schreef ene Bernard Vlekke, 'een gewoonte die eigenlijk verboden was [...] omdat de kanalen als riolen werden gebruikt en dus "nogal" vuil waren.'

En dan was er het drinken, feesten en roken, en de lichtelijk wanhopige vrolijkheid van het koloniale leven. Niemand minder dan de eerwaarde Jan Pieterszoon Coen zelf, de stichter van dat alles, had de weldadige werking van spiritualiën als het ware bevolen: 'Onze natie moet drinken of sterven,' is het citaat dat hij ooit gebruikte – een opmerking die de Nederlandse distilleerderijen tegenwoordig nog graag in herinnering roepen. De gemiddelde zeventiende-eeuwse Hollander in Batavia nam meestal een glas pure jenever voor het ontbijt en bracht dan de dag door terwijl hij glas na glas arak consumeerde en zat te broeien in zijn luchtledige huis. En met de kleine Nederlandse sigaren die maar een paar gulden per duizend stuks kostten, grote havannasigaren die maar een paar gulden duurder waren en een pluk donkere tabak die groot genoeg was om er een meerschuimen pijpenkop mee te vullen en waar men maar een paar cent voor kwijt was, zag de Bataafse lucht altijd blauw van de tabaksrook.

Aan de waterkant in Jakarta bij Sunda Kelapa is nog een heel vage herinnering aan die tijd te vinden, armzalig

* De lokale bevolking gebruikte de stranden graag voor hun rituele wassing.

geconserveerd in een stad die eeuwig druk is, eindeloos en onstuimig verandert, en (gezien de overstelpende mengeling van rassen en religies) maar al te vaak in gevecht is met zichzelf, en soms op erg gewelddadige wijze. Daar waar het olieachtige water van de dokken tegen de splinterende houten pieren slaat, staan nog de oude Nederlandse specerijpakhuizen, ingeklemd tussen de onderkomens van de vismarkt. Er is een gigantisch scheepsreparatiedok, met vloeren van flagstones en teakhouten balken, dat nu veranderd is in een restaurant waar men rijsttafel kan eten en ijskoud Bintang-bier kan drinken. Er staat nog een gedeelte van de oude stadsmuur, met een poortwachtershuisje met een koepeldak dat nodig gerestaureerd moet worden. En dan is er nog Bastion Culemborg, met een negentiende-eeuwse wachttoren en douanekantoor, Chinese karakters die in de vloer zijn gekerfd en, zoals wordt beweerd, een pen die het middaguur toont als het centrale punt van de Javatijd (Bali ligt zo ver naar het oosten dat het er een uur later is; op Atjeh op Sumatra, naar het westen, is het een uur vroeger).

Maar het allermooiste in Sunda Kelapa heeft helemaal niets te maken met de Nederlanders, de voc of, zo lijkt het, met Krakatau. Het is een veel eenvoudiger en tijdlozer aanblik: het gezicht van de opeengepakte rijen enorme en prachtig geschilderde houten zeilschepen – op een drukke dag misschien wel vijftig – die je vastgebonden langs de lange kade kunt vinden. Het zijn een soort schoeners die bekendstaan als *pinisi* en bemand worden door de eenvoudige en onvervaarde Bugi van Sulawesi, of door matrozen van Kalimantan en de andere buitenste eilanden van de archipel. Ze brengen hout mee – dat heel vaak illegaal gekapt is in de grote bossen van Borneo en Sulawesi – en verkopen dat op de markt van Jakarta, waarna ze terugvaren naar huis met televisies, wasmachines en andere apparaten die op de verre eilanden veel moeilijker te verkrijgen zijn.

In een van de plaatselijke cafés aan de waterkant liep ik een houtvester tegen het lijf, die zo vriendelijk was mij onder het genot van een paar biertjes het een en ander uit te leggen over de verspreiding van kaprijpe en beschermde hardhoutbomen in het hele eilandenrijk.* Later die middag, toen het nog steeds ondraaglijk heet was, nam hij me mee naar de koelte van de havendokken, en om de bewering over de vernietiging van de Indonesische regenwouden kracht bij te zetten, liepen we langs de rijen handelsschepen die allemaal afgemeerd lagen op een helling, met hun enorme voorstevens hangend over de kade, en jongemannen en straathonden die lagen te slapen in hun welkome schaduw.

De houtvester had gemengde gevoelens over de handelaren die de schepen bezaten en ze in de vaart hadden. Hij bewonderde hen om hun moed, hun zeemanskunst en hun durf. Hij wist dat ze grote afstanden aflegden zonder goede navigatieapparatuur; hij hield van hun liederen en gedichten en wilde liefdesavonturen; hij wist dat ze maar zelden een vrouw op hun schepen mee wilden nemen, dat hun zeevaarttraditie hun alles waard was. Hij verwonder-

* De bomen in het westen – veelal *Dipterocarpaceae*, met vleugelachtige kelkbladeren – zijn heel anders dan de gom- en eucalyptusbomen die in de bossen op de oostelijke eilanden groeien. Eerstgenoemde zijn duidelijk Aziatische soorten, de tweede Australische. Ze worden gescheiden door een eigen Wallacelijn die, zoals men kan verwachten, een weerspiegeling is van de verspreiding van de andere levende wezens op de eilanden, zoals de kasuarissen, kaketoes, lijsters, kangoeroes en apen.

de zich over de fysieke kracht van de zeelieden – hij was nog steeds verbaasd (hoewel hij al twintig jaar op Java woonde) over de manier waarop de nietige en pezige Bugi-zeemannen op blote voeten gigantische mahoniehouten balken losten; stukken die twee keer zoveel wogen als een mens, en die ze over de smalle, glibberige loopplanken droegen. Maar het was het hout dat ze droegen dat hem irriteerde: deze zeelieden maakten onbewust deel uit van de verspreidingsketen die de zeldzame Javaanse teak in snuisterijen voor westerse woonkamers veranderde, en in zijn ogen moest dat worden gestopt.

We keerden terug naar zijn flat, in een miniatuurwolkenkrabber aan de rand van de vismarkt. Hij woonde op de twintigste verdieping met zijn Chinese vrouw en drie kinderen. Hij had kortgeleden een tien centimeter dikke stalen voordeur geplaatst, met grendels die de indruk gaven dat we een bankkluis betraden. Die deur was een gevolg van de anti-Chinese rellen van 1998, vertelde hij, waarvan de gewelddadige sporen in heel Glodok, de Chinese wijk ten zuiden van de haven, nog altijd te zien waren. Bendes Javanen waren op die verschrikkelijke dag zijn flat binnengedrongen, hadden zijn vrouw en kinderen de straat op gejaagd en hadden alles gestolen wat ze bezaten. Ze hadden zijn vrouw alleen met rust gelaten omdat hij een westerling, een buitenlander, was.

Hoewel dit alles natuurlijk heel fascinerend was en ik zijn mening over de regenwouden en de Bugi-handelaren bewonderenswaardig vond, raakte ik vooral geboeid door een schilderij dat aan de muur in de woonkamer hing. Het was een mooie achttiende-eeuwse ets door de beroemde Nederlandse cartograaf Jan van Schley. Er stonden twee zwaarbeladen schepen van de Compagnie op afgebeeld, die beide licht helden in een flinke bries en voor een eiland met een puntige berg langs zeilden. Er was een rij bomen afgebeeld op een paar meter afstand van de kust, maar verder bestond het eiland helemaal uit kaal gesteente. Uit de top krulden grote vuurtongen en een wervelende, kolkende massa donkere rook die hoog boven de twee galjoenen uittorende en zich bijna mengde met de wolken erboven. Het schilderij heette simpelweg *Het Brandende Eiland* en was zonder twijfel een weergave van de anderszins zo weinig beschreven eruptie die vermoedelijk in 1680 had plaatsgevonden.

Hij had de ets een paar jaar eerder in een antiekwinkeltje in Jogjakarta gekocht. Hij vond dat het er nogal bizar uitzag en hij beschouwde het meer als een verzinsel van Van Schleys normaal nogal beperkte verbeeldingskracht dan als een nauwgezette afbeelding van een werkelijke gebeurtenis. Het was niettemin een krachtig beeld – een herinnering aan de verschrikkelijke kracht van de vulkaan waar ze allemaal bij in de buurt woonden. En een meer algemeen en symbolisch geheugensteuntje, gezien zijn eigen omstandigheden, aan de zeer precaire en vaak zeer gespannen manier van leven in Oost-Indië.

Voorafgaand aan de onbetwistbare uitbarsting van A.D. 1883

Twee eeuwen na de uitbarsting van 1680, die door Van Schley werd afgebeeld of verbeeld, toen Krakatau er eindelijk zeker van was dat hij ging exploderen en dat ook op catastrofale wijze deed, was de stad Batavia qua uiterlijk een heel andere plaats geworden.

In de jaren tussen 1880 en 1890 was het in de eerste plaats niet langer een eenvoudig compagniestadje. Door de oorlog met Groot-Brittannië een eeuw eerder was daar voorgoed een eind aan gekomen. De zeeblokkades die tijdens de oorlog waren opgeworpen hadden de contanten van de voc doen opdrogen en hadden duizenden tonnen van de beste exportwaar van Java in de pakhuizen in Batavia laten wachten. Daarna verbrak de Vrede van Parijs van 1782, waardoor de gevechten in 1784 werden beëindigd*, het Nederlandse handelsmonopolie in het gebied en zorgde voor enorme financiële lasten voor de eens zo grootse, eerder zo betrouwbare onderneming. Het Nederlandse aandeel in 's werelds specerijhandel daalde prompt en de plantageopbrengsten van de pas ingevoerde koffie, thee en kinine waren op geen enkel moment voldoende om de gigantische uitgaven van de voc te dekken – na twee arbeidzame eeuwen werd de vermoeide oude onderneming bankroet verklaard. In 1799 verliep haar bevoegdheid om officieel te regeren, en de Nederlandse regering nam Oost-Indië onder haar hoede als een zuiver koloniaal bezit.

Zes jaar later werd Holland onder de voet gelopen door legers van een Franse keizer met wereldaspiraties, Napoleon I, die zijn broer Louis onmiddellijk op de Nederlandse troon posteerde. Daarna volgde de oorlog met Engeland, die tien jaar duurde en in heel Europa het leven beheerste. Dat veranderde leven was ook merkbaar in Indië, en dan vooral in Batavia, dat een nieuwe rol had als hoofdstad van wat nu Nederlands-Indië werd genoemd. De Britten snuffelden rond in de oostelijke wateren; de

* Frankrijk en de pas opgerichte Verenigde Staten van Amerika sloten beide hun eigen vrede met Groot-Brittannië; Holland ging echter nog even door met vechten en trok daarmee een steeds zwaardere wissel op haar kolonialen in den verre.

napoleontische oorlogen die over Europa raasden, drukten een duidelijk stempel (dat tegenwoordig nog merkbaar is) op de manier waarop Batavia en de regering die er zetelde zich mochten ontwikkelen.

Het was zelfs een napoleontische *maréchal*, ene Herman Willem Daendels, die de belangrijkste veranderingen zou doorvoeren en die de vorm van de stad bepaalde zoals die nog steeds was tijdens de grote en laatste explosie van Krakatau. Zijn orders, die hij bij zijn aantreden als gouverneur-generaal in 1808 meteen uitvaardigde, waren simpel: Batavia moest op alle mogelijke manieren en tegen elke prijs beschermd worden tegen elke mogelijke Britse militaire aanval.

Hij deed dit door alle kastelen, pakhuizen en fortificaties langs zee te verlaten, en het gedeelte dat minachtend de 'benedenstad' werd genoemd – het lager gelegen stadsdeel, het oude Batavia – in feite op te heffen, en op acht kilometer landinwaarts een volledig nieuwe hoofdstad te bouwen die door zijn geografische ligging veilig was voor mogelijke verrassingsaanvallen uit zee.

Oud Batavia, de nu zo smerige, volgepakte en verlopen creatie van Jan Pieterszoon Coen, was in de achttiende eeuw in de hele Oriënt berucht als een van pokken vergeven kerkhof voor haar Europese bewoners. Het nieuwe Batavia ten zuiden ervan zou, zo besliste hij, de naam 'Koningin van het Oosten' waardig zijn, iets wat lang niet zo was geweest. Met dat idee in zijn achterhoofd noemde hij de nieuwe stad 'Weltevreden', want hij verwachtte dat de dankbare Nederlandse bewoners dat zouden zijn.

Hij liet het kasteel in Batavia afbreken en bouwde voor zichzelf op een grote vlakte een paleis met keurig gemaaide gazons, waar de gouverneurs-generaal van Oost-Indië nog tientallen jaren hun hoofdkwartier zouden hebben. En toen hij het epicentrum van het bewind verplaatste, verplaatste de deftige gemeenschap zich met hem mee, en wel zodanig dat er in het midden van de negentiende eeuw in de oude stad een vacuüm was overgebleven, zoals de beroemde Britse kolonist Thomas Stamford Raffles* in 1817 noteerde:

> De straten zijn verwoest, de kanalen nog maar voor de helft gevuld, de forten zijn vernietigd en de paleizen zijn met de grond gelijk gemaakt. Het Stadhuis, waar het hooggerechtshof en de magistratuur nog steeds zetelt, blijft over; kooplieden doen overdag handel in de stad en in de pakhuizen bevindt zich nog steeds de rijkste oogst van het eiland, maar binnen de stadsgrenzen slapen nog maar weinig Europeanen.

* Hoewel Raffles vooral bekend is geworden als eigenlijke stichter van Singapore, was hij tussen 1811 en 1816 tevens vice-gouverneur van Oost-Indië – de korte periode dat de Britten het op Java voor het zeggen hadden tijdens de napoleontische oorlogen. De Nederlanders berusten al sinds lang in het feit van de vijfjarige overheersing van hun territorium vanuit het Britse Calcutta: tegenwoordig hangt er zonder verder commentaar een portret van Lord Minto – de superieur van Raffles – tussen andere Nederlandse gouverneurs-generaal in de regentenkamer van het oude Koloniaal Instituut te Den Haag. Lady Raffles ligt begraven in een mooie Griekse tombe in de botanische tuinen van Bogor, ten zuiden van Jakarta. Haar man wordt op vele manieren herdacht: als ontdekker en restaurateur van de schitterende boeddhistische tempel te Borobudur, op Midden-Java; als schrijver van de gezaghebbende *History of Java*; en als naamgever van de grootste bloem ter wereld, de *Rafflesia arnoldii*, met bloemen die een doorsnede hebben van een meter, een gewicht van acht kilo en die een onvergetelijke, afschuwelijke stank afgeven.

In 1858 weidde een passerende Nederlander, A.W.P. Weitzel, verder uit over dit thema:

> Na zonsondergang is Batavia stil en leeg; niet alleen de kantoren en grote pakhuizen, maar ook de winkels zijn gesloten; er is geen koets meer te horen en de paar inlandse mensen die zich over straat bewegen, maken op hun blote voeten helemaal geen lawaai; als de politie ze niet had bevolen fakkels te dragen, zouden ze er als donkere schaduwen rondwaren.

En hoewel de eerste Thomas Cook-gids pas in 1903 werd geschreven, twintig jaar na de uitbarsting, was men erin geslaagd iets van de sfeer weer te geven van de nieuwe stad die Daendels uit de puinhopen van de oude ondernemingsstad had gevormd en die tegen het eind van die eeuw in volle bloei was:

> Terwijl het eigenlijke Batavia – de laag gelegen stad met kantoren en winkels, de inlandse en Chinese bevolking, de kanalen en grachten, het stof en vuil en de ouderwetse herenhuizen – allesbehalve een bekoorlijke indruk achterlaat, herinnert de hoger gelegen stad, waar alle Europeanen 's avonds naar terugkeren, aan een gigantisch park, waarin villa's in rijen zijn gebouwd en grote bomen de grindpaden overschaduwen, en uitgestrekte pleinen lucht en wind brengen.

De jaren vlak voor de eruptie waren stabiel en brachten welvaart en groei. De tegenslagen die de stad na de teloorgang van de VOC aan het eind van de achttiende eeuw had meegemaakt, waren meer dan volledig gecompenseerd met kosmopolitische en avontuurlijke jaren met vrije handel, die de tweede helft van de negentiende eeuw domineerden. Het Suezkanaal werd in 1869 geopend: de begeerte naar goederen uit de Oost – die door de kortere weg door de woestijn en de steeds snellere schepen veel dichter bij de Europese markten waren gekomen – hield in dat nieuwe handelshuizen als paddestoelen uit de grond schoten, en aan alle kanten ontstonden er nieuwe markten voor tropische grondstoffen en waren. De bevolking van Batavia begon, net als die van andere bevoordeelde steden in het oosten, te groeien, en snel: ze sprong van een half miljoen in 1866 naar meer dan een miljoen tegen de tijd van de uitbarsting (waaronder slechts 12.000 Europeanen, 80.000 Chinezen en de rest autochtone Oost-Indiërs, die natuurlijk graag gebruik wilden maken van de groeiende welvaart die ze rondom zich heen zagen). Al in 1832 waren er volgens een verslag, dat geschreven werd door de beroemde Nederlandse professor in de Javaanse geschiedenis P.P. Roorda van Eysinga, overal tekenen aanwezig van een snel toenemende welvaart:

> [...] honderden koetsen van Europese beambten en winkeliers werpen stofwolken op in de straten, terwijl de Chinezen, met hun herkenbare en onplezierige gelaatstrekken, hun lange vlechten en zijden hoeden, overal actief zijn met timmeren, zagen, verven, naaien, bouwen enzovoort. Rijke Arabieren en Chinezen rijden door de straten, halfbloed Javanen dragen zware lasten, sjofele Indo-Europese klerken wandelen onder een parasol naar hun kantoor, oude vrouwen verkopen koeken, een Indiër zit rustig zijn rijst van een bananenblad te eten, en groente-, melk- en fruitverkopers, slagers en bergbewoners die apen en vogels te koop aanbieden, vormen samen één grote massa.

Deze verzamelde mensenmenigte en de almaar toenemende drukte en het stijgende tempo van het leven in Batavia had nog een uitwerking: net als in Brits India vertrokken de rijkere en meer invloedrijke Europese stedelingen van de broeierige straten van de hoofdstad naar de heuvels, naar een koele en groene stad die de overheid alert 'Buitenzorg' noemde, het equivalent van het Franse *sans souci* (tegenwoordig heeft de stad weer haar oorspronkelijke naam, de beduidend minder zorgeloos klinkende naam Bogor).

Aan het begin van de eeuw was Buitenzorg, net als haar overeenkomstige Britse regeringsposten in Simla, Murree en Ootacamund in India, al een populaire plaats geworden. De reputatie van de plaats werd in één klap gevestigd toen Daendels in 1808 besloot om zijn eigen hoofdkantoor naar een groot landhuis te verhuizen dat daar door een achttiende-eeuwse commandant van de VOC was gebouwd. Zijn ambtenaren waarschuwden hem voor de reis ernaar toe: in de winterse stortregens, zeiden ze, zou het hem dertig spannen paarden kosten om er te komen. 'Ik zal er eenendertig gebruiken,' zo snoof hij minachtend – en hij verhuisde prompt naar de plek die het belangrijkste paleis zou zijn voor alle gouverneurs-generaal die nog zouden volgen, inclusief Raffles.

Het huis staat er tegenwoordig nog en is grotendeels hetzelfde gebleven: een uitgestrekt, één verdieping hoog, glanzend wit paleis, waarvan de immense, frisse kamers tegenwoordig behangen zijn met schilderijen van weelderig geschapen en schaars geklede jonge vrouwen – de schilderijen en hun onderwerpen zijn beide vlijtig verzameld, zo wordt beweerd, door Sukarno*, die het moderne

* Het privékantoor van Sukarno wordt gedomineerd door een

Indonesië naar de onafhankelijkheid heeft geleid. De parken rondom de *istana* worden bevolkt door duizenden reeën, die er een eeuw geleden door de Nederlanders werden geïmporteerd om ervoor te zorgen dat er goedkoop en goed vlees beschikbaar was tijdens de officiële banketten die ze zo graag gaven.

Plotseling arriveerde de moderne wereld met een onverwachte heftigheid in de door de Nederlanders gecreëerde wereld van koloniaal Java.

Op 24 mei 1844 verzond Samuel Morse vanuit het Hooggerechtshof in Washington de beroemde bijbelse boodschap 'Wat heeft God gewrocht!' naar zijn collega Alfred Vail, die zestig kilometer verderop in Baltimore zat. Twaalf jaar later, in 1856, werd de elektrische telegraaf – die zo'n belangrijke rol zou spelen bij de verspreiding van het verhaal over Krakatau – over bijna dezelfde afstand officieel in Indië geïntroduceerd, met een verbinding tussen het grote paleis in Buitenzorg en de koloniale kantoren in Batavia. Vanaf die tijd versnelde het tempo van technologische vernieuwing op Java. Het eiland kreeg in 1859 een internationale verbinding met een onderzeese lijn naar Singapore (hoewel die al na een paar dagen uitviel) en vervolgens, in 1870, verbindingen naar zowel de Maleise Staten als Australië. Deze bleken volledig betrouwbaar te zijn: zo kwam het dat rond de tijd van de

gigantisch olieverfschilderij van vrolijk kijkende arbeiders die in een Russische sovjet zwoegen. Het was een geschenk van een bezoekende politbureauchef, en een indicatie van de duidelijk linkse ideeën van de man die uiteindelijk vervangen zou worden door generaal Suharto tijdens een door de Amerikanen gesteunde staatsgreep, die tot de corruptie en burgertwisten leidde die Indonesië tot op de dag van vandaag nog teisteren.

uitbarsting van Krakatau de plaatsen waar de explosie gezien, gevoeld, gehoord en beleefd werd, door de stippen en strepen van de code van Morse allemaal in verbinding stonden met de wereld verderop.

De eruptie van Krakatau was zelfs de eerste echte catastrofe ter wereld die zich voordeed nadat er een wereldwijd netwerk van telegraafkabels was gelegd – een netwerk dat het mogelijk maakte dat nieuws over rampen vliegensvlug over de planeet werd verspreid. De consequenties van deze snelle en bijna alomtegenwoordige verspreiding van informatie waren groot – en zodanig dat deze een apart hoofdstuk verdienen, maar dat volgt later.

De huizen in Batavia waren vanaf 1882 onderling via een telefoonlijn verbonden; roddels werden beter verspreid, net als nieuws, waarschuwingen en uitnodigingen. De stad beschikte over een gasfabriek en kende sinds 1862 de luxe van gaspijpleidingen voor koken en straatverlichting (de tegenwoordige gasfabriek heeft nog steeds één oude straatlantaarn die op gas brandt en die van tijd tot tijd tot leven sputtert). Er was een tram die vanaf 1869 door paarden werd voortgetrokken (waarbij elke week tien Sumbawanese trampony's stierven) en vervolgens door de luidruchtige, vieze, altijd puffende stoomlocomotieven die reden vanaf 1882 (de armen – lees de Indonesiërs – moesten in aparte wagons, gescheiden van de Europeanen, reizen). In 1869 zorgde de Nederlandse overheid voor de eerste spoorwegtreinen in Batavia, en de eerste spoorweglijn – naar Buitenzorg natuurlijk – was in 1873 gereed.

In 1870 werd het meest overtuigende symbool van de westerse beschaving die naar de Oriënt was gebracht, in Batavia verwezenlijkt: er werd een ijsfabriek gebouwd. De jenever drinkende Hollanders hoefden niet langer met hun vingers op de teakhouten bar van De Harmonie of de militaire sociëteit Concordia te trommelen, wachtend totdat de ijsschepen uit Boston, de vaartuigen van wat de Amerikanen de 'handel in bevroren water' noemden, aan de horizon bij Sunda Kelapa zouden verschijnen. Nu konden ze dagelijks het plaatselijk geproduceerde ijs afleveren op de stoep van de kunstig uitgesneden toegangspoorten in Weltevreden, of het naar de *Indischen* sturen die achter de bar werkten. Ze konden tevreden zijn met de wetenschap dat als een dineetje te onstuimig zou worden of het aantal gasten in de club groter werd dan verwacht, de gastheren gewoon iemand voor meer ijs op pad konden sturen, en het er ook gewoon zou zijn, klaar om geleverd te worden, vers en steenkoud, elke dag van elk volgend jaar. 'Alles in Batavia,' zo schreef een zeer tevreden reiziger genaamd W.A. van Rees in 1881, 'is ruim, koel en elegant.'

Dus toen het kritieke jaar 1883 naderde, had Batavia de zaken goed voor elkaar. In het land heerste een atmosfeer van kalme tevredenheid (een langdurige guerrillaoorlog tussen de Nederlanders en door islamieten geleide troepen in Atjeh, op Noord-Sumatra, bleek nogal kostbaar te zijn voor de Bataafse overheid, maar dat had verder geen enkele invloed op het stadse leven). De handelaren in Batavia boerden goed. Net als in Kansas City was alles er heel modern: voor de Europeanen werden eigentijdse openbare toiletten aangelegd, en alleen al de dagelijkse toestroom van autochtonen was een bewijs van de steeds toenemende rijkdom van de stad.

De planters op het platteland waren ook rijk, maar hun tevredenheid werd getint door de eeuwige voorzichtigheid van de boeren, die van zoveel meer zaken afhankelijk waren dan van hun eigen inspanningen. De kranten uit die tijd laten tussen 1880 en 1890 een toenemende bezorgdheid zien, bijvoorbeeld dat ziekten en bladluis de oogsten mogelijk zouden verwoesten; en de planters op Java begonnen aan een programma met experimenten en risicospreiding – ze haalden Robusta-koffieplanten uit Kongo bijvoorbeeld, om de tijd door te komen waarin bladluis hun Arabica- of Liberia-struiken had aangetast.

Goudzoekers vonden tin en begonnen met de bewerking ervan op de eilanden Bangka en Billiton (met de broer van de toenmalige Nederlandse koning, Willem III, als belangrijkste beschermheer van de Billiton Tin Maatschappij). Mannen die op eigen houtje ondiepe proefboringen deden vonden olie op Borneo, hoewel het nog enige jaren zou duren alvorens ze het de moeite waard vonden om het op te pompen, en nog heel veel jaren voordat het enorme economische syndicaat zou worden opgericht dat op een bepaald moment Koninklijke Nederlandse Olie zou worden. Plantenimporteurs, die al verrukt waren over het succes van kinabomen die wel een zevende van hun gewicht aan pure kinine opleverden, haalden nieuwe rubberbomen uit Brazilië (een van de schepen die de kostbare zaden vervoerden, dat op weg was naar de botanische tuinen van Buitenzorg, passeerde Straat Sunda op de dag van de uitbarsting).

In Nederland zat de humeurige en diplomatiek onhandige koning Willem III op de troon. In november 1880 kondigde hij een verrassende aanstelling aan: Frederik s'Jacob, een achtenvijftig jaar oude voormalige zeeman, kaartenmaker en suikerproducent die in de tien jaar ervoor directeur van de Nederlandse Spoorwegen was geweest, zou naar Batavia gaan als gouverneur-generaal. In april erna bracht hij zijn benoeming in praktijk en hij gedroeg zich in de eerste jaren in die functie met bescheiden efficiëntie.

Tot de taken van een Nederlandse koloniale gouverneur-generaal behoorden veel ceremoniële zaken – en het was in het geheel niet ongewoon om de heer s'Jacob in een officieel uniform te zien lopen dat was versierd (om zowel de inboorlingen te imponeren als het moraal van de kolonisten hoog te houden) met meters sierlijke goudbrokaten biezen, zilveren en geëmailleerde sterren, strikken en linten in rood, wit en blauw, een kniebroek en een grote vilthoed met een rand met veren en een grote kokarde. Hij droeg dit bij zijn eerste officiële plichtpleging in 1883, op 19 februari, toen de officiële verjaardag van zijn Nederlandse koning in den verre werd gevierd.

Hoewel het verjaardagsfeest in Batavia een verfijnde en formele aangelegenheid was die alleen verstoord werd door een generaal die te veel had gedronken, rommelde er iets, op honderdvijftig kilometer afstand in een rechte westelijke lijn van het paleis, ergens diep onder de grond, diep binnen in een van de gevaarlijk duistere en met bomen begroeide pieken in het noordwestelijke deel van Straat Sunda. Het eiland met zijn puntige berg, dat vrijwel precies driehonderd jaar eerder voor het eerst was opgemerkt en beschreven, en dat zo ontzettend lang vreedzaam en mooi was geweest, werd langzamerhand weer rusteloos.

Johnny Frisbie

Cowboys in de jungle

Als ik aan het verleden denk, zie ik mezelf vaak als een soort juffrouw Odysseus die van eiland naar eiland in de Egeïsche Zee trekt, en dat komt doordat de twee boeken van Homerus zoveel voor mij betekend hebben.

Ik merk dat ik dingen uitleg aan de hand van een of ander verhaal van Homerus. Op het eiland waar we nu wonen is er bijvoorbeeld een strandzwerver met een beeldschone vrouw die de ogen van een heks heeft. Zij voert haar man, de strandzwerver, naar een jungle van waanzin, waar alleen maar verwarring heerst en waar geen uitweg is. Elke keer dat ik hem zie, zijn zijn kleren weer een beetje vuiler, is zijn baard een beetje langer, zijn zijn hersens een beetje meer in de war van het inheemse bier en maakt hij meer een luie en onbeschofte indruk... En ik kan er niets aan doen, maar dan denk ik dat een Circe van de Zuidzee weer een van haar minnaars in een varken heeft veranderd. En er zijn zes of acht blanke mannen die in een van de clubs van Apia wonen. Ze hebben allemaal geld. Ze hebben niets anders te doen dan rondhangen en bier drinken, genieten van de heerlijke maaltijden die mevrouw Dinges voor hen kookt, naar de bioscoop gaan en slapen. Dat is het enige wat ze sinds jaren doen, sinds ik hier voor het eerst was, want ze zijn net als die vreemde mensen in de *Odyssee*, de lotuseters.

En nu hoop ik dus dat u begrijpt wat ik voelde toen we vroeg in de ochtend de lagune van Suvorov binnen voeren, en ook later, toen we het oerwoud in trokken om het mysterie van een onbewoond eiland te voelen. In het oerwoud zou zich een beeldschone heks als Circe kunnen schuilhouden, of reuzen als de Cyclopen, of een tweede Calypso – maar het voelde daar eerder naar sirenen of de oude koning Aeolus.

We lieten de Panikiniki in het water zakken en peddelden naar de stenen pier, waar wij cowboys uit de kano sprongen en mijn vader achterlieten die met de kano zou terugvaren naar de Taipi.

'Toveren jullie wat *kai-kai* te voorschijn!' riep hij. 'Ik wil nooit meer havermoutpap eten zolang ik leef – en ook geen meelballen! Kijk eens of jullie een heleboel vette jonge vogels kunnen vangen, en een paar kokoskrabben, en een massa kokosnoten om uit te drinken, en *uto*'s. En als jullie tijd hebben, bouw dan een wigwam om vannacht in te slapen. De kapitein en ik brengen straks een pan bonito en wat zoete aardappels aan wal.'

Alsof hij ons nog moest vertellen dat we wat te eten moesten zoeken! Misschien vindt u het een vreemd idee dat vier jonge kinderen – Nga was pas vier en Elaine zes – alleen werden achtergelaten om een onbewoond eiland te verkennen, om eten te zoeken en te koken en om een wigwam te bouwen; maar u moet bedenken dat we nooit anders hadden gekend. Het was voor ons even vanzelfsprekend als kippen voeren en koeien naar huis brengen voor een kind op een boerderij in Amerika. Ik weet dat wij vieren, als we een jaar of langer alleen waren achtergebleven op Suvorov, vreselijk eenzaam en bang voor spoken zouden zijn geweest, maar we zouden ruimschoots voldoende te eten hebben gehad, en een gerieflijk huis om in te slapen, terwijl een man uit de beschaving van honger zou zijn omgekomen.

We zochten onze weg over de oude stenen pier, vol verbazing en eerbied. Aan de ene kant bevond zich een school van zo'n honderd blauw-geel-en-rode papegaaivissen, ze zwommen vlak tegen elkaar aan, langzaam in het rond. Ze leken niet bang voor ons, evenmin als die schattige witte sterns die als vlinders zo'n dertig centimeter boven ons hoofd fladderden om nieuwsgierig naar ons te staren, waarbij ze hun kop naar alle kanten draaiden, of de grote geelvinhaai die lui aan de andere kant van de pier zwom. Alleen de heremietkreeften schrokken. Die trokken zich terug in hun schelpen zodra we het strand bereikten. Jakeys ogen glinsterden toen hij zag dat het zand overal sporen van heremietkreeften vertoonde, want dat betekende een overvloed aan aas, dat zonder moeite te vinden zou zijn. En de ogen van Elaine schitterden toen ze de sporen van een zeeschildpad zag die van de lagune naar de bush en weer terug leidden, want dat betekende schildpadsoep met grote brokken groen vet erin, alles wat haar hartje begeerde.

Een onbewoond eiland! Ik heb u al verteld hoe opgewonden ik me voel als ik aan wal stap in een vreemde havenplaats; maar dat is niets vergeleken met het gevoel als je voor het eerst op het strand van een onbewoond eiland staat, met het oerwoud voor je, en als je je afvraagt wat voor avonturen je te wachten staan! En als je tot het eiland doordringt, zoals wij deden, betreed je het onbekende, waar van alles kan gebeuren!

'Jullie kleintjes moeten maar op het strand blijven,' zei grote Jakey tegen kleine Elaine en Nga.

'Wie is hier klein?' vroeg Elaine pruilend, plotseling bijna in tranen, want zo is Elaine – Jantje huilt en Jantje lacht. 'Ik ga mee!'

'Ik ook!' piepte Nga, en dus verdwenen we alle vier uit de alledaagse wereld naar sprookjesland.

Er was een pad dat landinwaarts leidde, en hoewel het begroeid was met jonge kokospalmen die boven onze hoofden uitstaken, konden we het over driehonderd meter naar de 'open plek' volgen door naar de rechtopstaande stukken koraal die erlangs waren geplaatst te kijken. Nooit hadden we zo'n dichte jungle gezien. We duwden de jonge palmtakken opzij, deden twee stappen naar voren, en toen werd de hele wereld onzichtbaar. De stilte was griezelig; we vonden het zo eng dat we hard gingen praten. In plaats van de scherpe, zilte geur van de zee roken we hier de vochtige stank van rottende boomstammen, van bladeren, schimmel en vogelpoep. Landkrabben scharrelden allerlei kanten op, heremietkreeften en geelgroene hagedissen kropen en sprongen tussen de takken, duizendpoten kronkelden in de bladaarde; soms zagen we een enorme kokoskrab die met uitgestoken klauwen achteruitdeinsde. Die beesten waren de enige echt gevaarlijke in de jungle, want hun klauwen waren scherp genoeg om de teen van een volwassen man af te haken. Wij doodden er vier door de bovenkant van hun kop af te breken, bonden ze aan hun klauwen vast met stroken bast van palmtakken en namen ze mee.

Op de open plek waren alle grote bomen omgehakt, behalve een paar kokospalmen, wat jonge broodbomen en vijf enorme *tamanu's* die op een rij stonden, dicht bij elkaar. Onder die bomen zagen we de resten van de oude handelspost die Hartley Sterndale zo'n zestig jaar eerder had gebouwd, een parelvissersboot vol gaten en een bakstenen ondergrondse watertank, afgedekt met een dak van golfijzer dat het regenwater opving. Binnen in de tank stonden vier takken schuin tegen de zijden, daar geplaatst, zo dachten we, om ratten en krabben die in de tank vielen een kans te geven er weer uit te kruipen. We vonden dat een slim idee; zonder die takken had het water kunnen bederven door dode beesten.

De broodbomen hingen vol rijpe vruchten, en er waren bananen die je zo kon kappen, en paar mummy-appels... En dat alles lag verborgen in het ondoordringbare oerwoud van een onbewoond eiland! Voor een schipbreukeling zou het een wonder zijn geweest, en zelfs voor ons was het een verrassing, hoewel we wisten dat bewoners van Manihiki en de Palmerston Eilanden hier zo om de twee, drie jaar kwamen om naar parelmoer te duiken.

Op de open plek konden we de zeevogels weer horen, en we zagen hoe ze neerdoken naar hun jongen in de bomen, en soms vlogen ze over ons heen, met zoveel tegelijk dat ze leken op een wolk die de zon verduisterde. En we konden horen hoe de branding tegen het rif sloeg.

'Kom mee!' zei Jakey. 'Er zijn vast heel veel vogels op het buitenstrand!' En met die woorden dook hij het oerwoud weer in, ditmaal aan de zeezijde van de open plek.

'Laten we een indianenspoor maken,' zei Jakey. Hij brak een takje af naast zijn hoofd, greep een lang stuk blad en legde er een knoop in, propte een handvol blad in de vork van een boom enzovoort, zodat hij een spoor achterliet dat zelfs een stadsbewoner had kunnen volgen.

Aan de zeekant van het eiland was het oerwoud dichter. Ons spoor moet zigzagpatronen, spiralen en achtjes hebben vertoond, want onze voeten raakten zelden de aarde. We bewogen ons voort als apen en slingerden van tak naar tak; als boomslangen, kronkelend tussen de takken; als ratten, kruipend over de grond. De lucht was zo warm en benauwd dat we dreven van het zweet. Op sommige plaatsen, als we onder dikke pollen vogelnestvarens, verwarde lianen, trossen pandanus- en cordiabladeren door kropen, was het donker als de nacht.

Vervolgens werd de jungle wat minder dicht, en we rustten uit tussen de steunwortels van een grote hernandiaboom. Achter ons leidde een gat naar een hol van twee meter doorsnede, waarvan de bodem bedekt was met de vezels die een kokoskrab uit de dop van menige kokosnoot had getrokken. Elaine en Nga kropen in het hol en deden of ze grizzlyberen of indianen waren; Jakey klom in een kokospalm en ik raapte de noten op die hij naar beneden gooide.

We maakten de groene noten open door vierkante gaten te snijden in de zachte, witte *mokomoko* op de plaats waar de stengel had gezeten, we hielden ze schuin en lieten het vocht in onze mond lopen. Daarna spleten we ze open door ze tegen de rand van een van de steunwortels te slaan, en met de achterkant van onze duimnagels schraapten we het zachte, geleiachtige vlees eruit, en aten dat op.

Later voelde Jakey in zijn broekzak en haalde hij een Capstan-blikje te voorschijn. Daarin vonden we een paar sigarettenpeukjes, lucifers en vloeitjes van pandanusblad, dus rolden we elk een snuifje tabak in een reepje blad en rookten dat op. Jakey had die peuken op Puka-Puka bewaard voor arme oude mannen die altijd naar tabak snakten.

We werden er niet misselijk van, hoewel we zelden rookten. We hadden namelijk sinds we heel klein waren weleens een trekje genomen van de sigaretten van onze vader, gewoon voor de grap; maar nu dacht ik even dat ik misselijk werd, want de jungle leek opeens donkerder te worden, en ik hoorde een zoemend geluid dat nergens vandaan leek te komen en toch de lucht vervulde. Ik gooide mijn sigaret weg en greep Jakey bij zijn arm. Nga fronste haar wenkbrauwen; Elaine giechelde paniekerig. De jungle werd nog donkerder; het zoemende geluid werd oorverdovend! Regen begon te vallen, en we lachten van opluchting, want nu begrepen we dat er een bui was overgetrokken, hoog in de andere wereld, ver boven de jungle.

Een windvlaag gromde naar ons uit de boomtoppen. We kropen in de holle boom, en daar zaten we tegen elkaar aan te wachten tot het ophield met regenen, en toen we weer naar buiten kropen, zagen we voor het eerst een grafsteen, maar een meter van de plaats vandaan waar we hadden gezeten.

JACK BUCKLAND
October 1914

Wat een eenzame plaats om begraven te zijn! We vroegen ons af wat voor familieleden hij had gehad en of ze wisten dat hij op zo'n ver eiland was begraven. En toen gingen we, heel stilletjes voor een bende cowboys van Puka-Puka, weer op weg naar het buitenstrand.

Dat was niet ver, maar toch haastten we ons, vanwege dat graf daar achter ons, maar ook omdat wij, als kinderen van de atollen, wisten wat voor opwinding ons wachtte. Eerst zagen we stukjes blauwe hemel tussen de bladeren door, toen werd het lage struikgewas wat dunner en we staken een stuk grond met koraalkeien over, wat pijnlijk was om blootsvoets overheen te lopen. Een paar pandanusbomen stonden hier en daar tussen de keien; en daarachter stonden de struiken die langs het buitenstrand groeiden. Geen zuchtje wind kwam ons tegemoet; de zon scheen op ons neer, heet en droog, en de stijve takken scheurden onze kleren en schramden ons vel. Het was een meter of vijftig lang heel zwaar, we klommen over of worstelden onder de verwarde struiken, en de hitte werd zo vreselijk dat het zweet in onze ogen prikte, tot we ons eindelijk tussen twee pemphisstruiken door wurmden en plotseling op het buitenstrand stonden.

'Plotseling' is het juiste woord, want zo voelde het toen we door het struikgewas heen braken en op het schone, witte, brede strand uitkwamen. Het was of je vanuit een stoombad in een koud zwembad sprong. De fonkelende zee, het schuimende rif, de helderblauwe hemel, ze raakten onze ogen als iets massiefs. De frisse passaat woei over onze bezwete lijven, koel en geurig. Het gedempte dreunen van de branding, de kreten van talloze vogels, samen maakten ze een enorm gedruis.

Vanaf de plaats waar we stonden, met de zee voor ons en de doorvaart rechts, konden we zien hoe het langgerekte, gekromde rif zich ver naar het noorden uitstrekte, waar we veel kleine eilandjes zagen. Jakey dacht dat je op dit rif geweldig veel vis zou kunnen vangen, en dat is later ook gebleken. Waar het rif zich naar binnen kromde, langs de doorvaart, was bijna geen branding, en we merkten dat we met een hengel op de buitenste rand konden staan en onze haak in diep water konden laten zinken, zodat we enorme zeebaarzen, van tien tot twintig pond, konden vangen. Maar vissen in de kleine getijdepoelen, met een handlijn en een kleine haak, met heremietkreeft als aas, was het leukst. Als we onze vishaken in die poelen lieten zinken, vingen we een kleine rode vis, de *malau*, die op andere eilanden alleen 's nachts te vangen was. Murenen beten ook in het aas, en die trokken onze lijn altijd mee.

We liepen langs het strand om de vette jongen van nody's en sterns uit de struiken te plukken. Het was doodeenvoudig, alsof je aardbeien plukte, maar mij kostte het moeite die schattige donzige beestjes dood te maken. Dat liet ik Jakey doen, terwijl ik de andere kant uitkeek.

Toen we zo'n dertig of veertig jongen hadden verzameld, namen we ze mee naar de donkere schaduw van een guettardaboom om ze te plukken; en toen liepen we, elk met een jonge, levende stern op de schouder, terug over ons indianenpad, naar de open plek, waar we wat broodvruchten plukten, en toen liepen we door naar het strand aan de lagune. Daar verzamelden we uto's en kokosnoten om uit te drinken, en die legden we samen met het andere voedsel in een met gras begroeid dalletje tussen twee jonge kokospalmen. Toen papa, kapitein Cambridge, Bruce Robertson en de matrozen aan land kwamen, met een pan gekookte bonito en een pan zoete aardappels, waren onze vogeltjes en kokoskrabben geroosterd, en de uto's en kokosnoten opengemaakt, dus maakten we er een geweldig en glorieus feestmaal van op dat eenzame, afgelegen onbewoonde eiland ergens in de Zee van het Niets.

Paul Theroux

De veerboot Ichnusa naar Sardinië

Na alle drukte en na al dat wachten voordat ik de haven van Bonifacio binnen mocht, werd ik beloond door een klassiek uitzicht op de haven zelf, de bleke kalksteen vol spleten, de grotten op zeeniveau, terwijl de Ichnusa voorbij de laatste wallen van de citadel voer, en toen verschenen, alsof ze tussen de ritmische klanken van twee regels uit Homerus opdoken, twee dolfijnen die doken en lucht uitbliezen, met dat lichte gegrom en gehijg dat alle dolfijnen van redelijke omvang laten horen, als om te bewijzen dat ze bezorgde, overwerkte zoogdiertjes zijn, net als jij.

Door de triomfantelijke verschijning van die mediterrane dolfijnen leek de hele binnenzee oeroud en onbedorven, bevolkt door helden, geterroriseerd door Laestrygonische reuzen en alle godinnen en krijgers die Odysseus had ontmoet. Het was de zee van triremen en zeemonsters en grote goden met dikke gezichten, zoals je die ziet in de hoeken van oude kaarten, met getuite lippen en bolle wangen, die hevige wind veroorzaakten.

Bonifacio was de eerste door mij bereikte plaats die in de *Odyssee* te identificeren was. De baai en de haven van Bonifacio worden beschreven in Boek 10, met de directheid die kenmerkend is voor het hele epos, en de vertaling van Robert Ditzgerald beschrijft het duidelijk:

... a curious bay, with mountain walls of stone
to left and right, and reaching far inland, –
a narrow entrance opening from the sea
where cliffs converged as though to touch and close.

[... een vreemde baai, met steile stenen wanden/ ter linker- en ter rechterhand, ver naar het binnenland, –/ een smalle toegang vanuit de zee/ waar kliffen samenkwamen als om elkaar te raken en dicht te gaan.]

Odysseus is nieuwsgierig naar dat eiland (Lamos), en hij meert zijn zwarte schip aan een rots en beklimt het klif om zich te oriënteren. Hij en zijn mannen ontmoeten een jong meisje dat water draagt, en zij wijst hun de weg naar de koningin ('een vrouw als een bergpiek') en de bloeddorstige koning van de Laestrygonen, Antifates. De rest is kannibalisme en vlucht, wanneer de bemanning tegenover een complete brullende stam Laestrygonen komt te staan, 'meer dan mannen leken ze,/ gigantisch wanneer ze zich verzamelden tegen de horizon/ om grote rotsblokken neer te werpen met slingers'.

En het water waar die woedende rotsblokken waren neergeplonsd, werd nu bewogen door dolfijnen die zich spoedden naar de rotsachtige eilandjes Lavezzi en Cavallo, die van de zuidoostkust van Corsica af druipen. In een oude steengroeve op Cavallo is een oeroud borstbeeld van Hercules in de zijkant van een grote rots gegrift, misschien door Romeinen, maar waarschijnlijk door oeroude holbewoners van het eiland die een god nodig hadden.

In Ajaccio, bij onze laatste ontmoeting, had Dorothy Carrington me verteld over een ervaring die zij en haar man bijna vijftig jaar eerder op Sardinië hadden gehad.

'We voeren met een boot van Bonifacio naar Sardinië,

enkel en alleen om te picknicken,' had ze gezegd. 'We gaven al het geld dat we hadden aan een visser, en toen we daar waren aangekomen, gingen we op het strand zitten om onze sandwiches op te eten. Toen zagen we een hele rij jammerende vrouwen, en een jongen die in het zand zat. Die vrouwen gooiden zand op zijn hoofd en krijsten. Ze deden dat omdat zijn vader had besloten naar Corsica te gaan. Dat was hun manier van rouwbetoon.'

Destijds was er geen werk op Sardinië en de Sarden – zoals zij ze noemde – werden geminacht omdat ze naar Corsica kwamen en daar werk aannamen en voor heel weinig loon werkten.

'Die man kwam met ons mee naar onze boot, en toen hij de lichten van Bonifacio zag, werd hij helemaal gek, en om te voorkomen dat hij de boot liet kapseizen, drukten we hem tegen het dek door op hem te gaan zitten.'

Dat was weer een van die verbijsterende tableaus van Dorothy: sir Francis en lady Rose die een waanzinnige Sardiniër gevangenhielden door hem tegen het dek van een vissersboot te drukken met het gezamenlijk gewicht van hun aristocratische zitvlakken.

'Een paar dagen later zag ik die Sard in een café in Ajaccio,' had ze verteld. 'Daar zat hij wat te drinken met twee nonnen!'

De Ichnusa was niet groter dan de veerboot Great Point naar Martha's Vineyard, misschien zelfs kleiner. De afstand die de boot moest afleggen, was niet meer dan die van Cape Cod naar de Vineyard – de Bocche de Bonifacio zijn maar tien kilometer breed tussen kaap Pertusato en Punta Falcone. Er waren ongeveer tien passagiers aan boord, allemaal terugkerende Sardiniërs, en twee middelgrote vrachtauto's met ladingen kurkbast van bomen ergens aan de oostkust van Corsica. Corsica was een eiland zonder zware industrie. Men kweekte en exporteerde fruit en wijn, en wat hout, en die kurk. Maar eigenlijk was Corsica voor zijn inkomsten afhankelijk van het toerisme. Gedurende een maand of acht was Corsica het plechtstatige bolwerk van de Corsicanen zelf; in de zonnige maanden deelden ze het met op koopjes jagende vakantiegangers uit heel Europa, maar vooral verachte Fransen en alomtegenwoordige Duitsers, die de preutse inheemsen choqueerden met hun kleinzielige vrekkigheid en hun assertieve naaktheid.

'De mensen zijn in sommige opzichten heel anders dan Italianen: ze missen de levendigheid – maar beschikken wel degelijk over de Italiaanse intelligentie en sluwheid,' had Edward Lear over de Corsicanen geschreven. Hetzelfde leek te gelden voor de Sardiniërs. (Of was het Sardijnen? Of was het Sarden?)

De passagiers waren allemaal terugkerende Sardiniërs, niet erg vrolijk, maar best vriendelijk. De oversteek duurde maar een uur, maar doordat er zo weinig mensen aan boord waren, en door de geringe frequentie waarmee de boot voer – één keer per dag, 's middags – werd het een belevenis. Ook speelde mee dat je daar van Frankrijk naar Italië reisde. Dat was alleen in technisch opzicht het geval. Corsica was evenmin Frankrijk als Sardinië Italië was. Het waren allebei vreemde kleine eilanden in de Tyrrheense Zee, waarvan de bewoners meer geïnteresseerd waren in verschillen dan in overeenkomsten. Geen van beide eilanden was gesteld op het vasteland, en ze hadden ook nogal een hekel aan elkaar.

'Ik voel me niet op mijn gemak met die lui,' zei een Sardinische vrouw tegen me in Santa Teresa di Gallura, het haventje boven aan Sardinië waar de veerboot aanlegde. Ze wees met haar vinger naar Corsica, vlak over de zee-engte. 'Ik merk dat ik – eh – geen relatie met hen heb. Dus?'

Het was een vrij lange wandeling geweest van de haven naar het plaatsje – zo lang dat het net donker was geworden toen ik de piazza van Santa Teresa bereikte. Met het vallen van de duisternis begon het stadje zijn luiken te sluiten en een punt te zetten achter de handel van die dag. Maar zelfs bij daglicht konden er niet veel transacties zijn geweest. Santa Teresa, de haven in de smalle Baai van Longo Sardo, was een klein plaatsje, nauwelijks groter dan een dorp, boven aan de kliffen, maar de sfeer was er opgewekter dan in de tegenhanger in Corsica. De mensen wandelden op het plein en deden hun laatste boodschappen; men sprak op luide toon en er klonk zelfs wat geschater.

Ik wilde naar Olbia, vanwaar een trein naar het zuiden voerde. Er was een bus naar Olbia, maar geen busstation. De bus stopte ergens op een achtererf, niemand wist precies waar. En de buskaartjes – ach ja, dat had ik moeten weten. Die werden verkocht in een cafeetje drie straten verderop. Toen ik dat allemaal had ontdekt, kreeg ik te horen dat de bus weg was. Ik had trouwens toch geen kaartje kunnen kopen. De eigenaar van het café accepteerde alleen Italiaans geld, en ik had alleen francs, en de banken waren gesloten. Dus at ik een pizza en zocht een hotel. De hotelier zei: 'De Corsicanen in Bonifacio spreken net zo'n soort dialect als wij, maar ze zijn niet Frans, en ook niet Italiaans. En zal ik u eens wat vertellen? Wij verstaan ze eigenlijk helemaal niet.'

Ik legde me neer bij het uitstel en ging tevreden naar bed. Ik werd goedgemutst wakker. Het weer leek hier zachter dan op Corsica, en ik was blij dat ik ergens was waar ik de taal redelijk goed sprak – de lingua franca dan, want er waren vier verschillende Sardinische dialecten, waarvan een paar dichter bij het Latijn en het Spaans stonden dan bij het Italiaans (*yanno* – van Janus – voor 'deur'; *mannu* – van magnus – voor 'heel groot'; *mesa* voor 'tafel'). Een Sardiniër vertelde me dat er een organisatie bestaat om Corsica en Sardinië dichter bij elkaar te brengen door stedenbanden te organiseren, schoolkinderen heen en weer te sturen en culturele uitwisselingen te regelen. Nadat hij me dat idealistische plan had geopenbaard, barstte hij in lachten uit, alsof hij zojuist iets had beschreven wat krankzinnig vergezocht was, iets als een plan om honden leren op hun achterpoten te lopen.

Santa Teresa bestond alleen vanwege de haven en de landingsplaats voor de veerboot; voor het overige werd het plaatsje genegeerd, en toch was dit het soort provincieplaatsje waar ik van hield. Het had een heuvel en een aardig kerkje en een dramatisch uitzicht over zee; en iedereen kende iedereen. Het plaatselijke gerecht, zo vertelde een man me, was wild zwijn (*cinghiale*, zei hij, met grote *zanne* – slagtanden), en dat werd op allerlei manieren toebereid.

'Maar ik ben vegetariër,' zei ik.

'Wilt u groenten hebben? Dan bent u naar de juiste plaats gekomen.' En toen herinnerde hij zich dat hij een oom in Vermont had.

Bij daglicht was alles eenvoudig: ik wisselde mijn geld, ik kocht een kaartje voor de bus, ik ontdekte wanneer de bussen vertrokken, en toen was ik op weg, in oostelijke richting, dwars over het noorden van het eiland, naar Olbia.

In Palau stopte de bus om passagiers op te nemen en voor een koffiepauze.

'Er is in de Stille Oceaan ook een plaats die Palau heet,' zei ik tegen de chauffeur.

'Nog een! Verbijsterend.'

Nadat we een tijdje over koetjes en kalfjes hadden gepraat, vatte ik moed en zei ik: 'Vroeger waren er veel ontvoeringen op Sardinië.'

'Lang geleden, bedoelt u?'

'Nee, vijftien jaar geleden, misschien iets langer,' zei ik.

'Ja, ik heb gehoord dat er toen een paar ontvoeringen zijn geweest.'

Een paar! In de jaren zeventig was het kidnappen van buitenlanders bijna een huisindustrie geworden, en van Sardinië wist men dat het ontvoeren van mensen daar een hele cultuur was geworden. Deze vorm van criminaliteit had diepe wortels in de bergachtige streken van het eiland. Bijna iedereen met wat geld op zak die een bezoek aan Sardinië bracht, werd opgepakt en in een boerenhut in de bergen opgesloten door halfgeletterde lieden, die vervolgens miljoenen eisten van zijn wanhopige familie.

'Ontvoering is een arbeidsintensieve bezigheid,' had een Sardiniër, Questore Pazzi, verteld aan Robert Fox, die dit gesprek heeft opgenomen in zijn kroniek van het moderne Middellandse-Zeegebied, *The Inner Sea*: 'Een bende heeft minstens twaalf man nodig als wachtposten, boodschappers en onderhandelaars, en voor het oppakken en bewaken van het slachtoffer. Anders dan de maffiafamilies van Sicilië en Calabrië werkt zo'n bende voor maar één misdrijf samen, en dan gaan ze uiteen.'

'Dus dat is lang geleden?' vroeg ik aan de chauffeur. 'Wie waren daarvoor verantwoordelijk?'

'Bandieten.'

'Ik heb gelezen dat het schapendieven waren' – ik wist niet wat het Italiaanse woord voor veedieven was – 'en dat er geen schapen meer waren om te stelen, en dat ze toen maar hadden besloten mensen te kidnappen.'

'Wie kan dat weten, met die bergbewoners?'

Zijn trots had een deuk opgelopen en hij deed nu wat koeler tegen me, want ik had een aanval gedaan op een verschijnsel van zijn beschaving.

'In Amerika worden meer mensen gedood,' zei hij.

'Daar hebt u volkomen gelijk in,' zei ik.

'Laten we gaan.'

Het was maar een goed uur naar Olbia. Na onze aankomst liep ik door de straten als een rat in een doolhof, op zoek naar een geschikte plaats om te slapen: rustig, niet duur. In de meeste stadjes die ik sinds Spanje had bezocht, gingen de zaken heel slecht, en in dit winterse laagseizoen waren er kamers in overvloed.

Het weer was aangenaam, heldere zon, milde temperaturen, citroenen aan de bomen, en over een paar dagen zou het maart zijn. Olbia ligt aan een baai, maar de bijbehorende haven ligt ongeveer negentien kilometer verderop, in Golfo Aranci, het eindpunt van de spoorlijn. Alleen om te zien waar die Italiaanse veerboten vertrokken, nam ik die trein en wandelde ik rond in Aranci, en ik stond versteld, zo gemakkelijk als het was – over het geheel genomen – om te reizen in dit deel van de Middellandse Zee. Er vertrokken dagelijks enkele veerboten naar verschillende delen van Italië. Ik was echter van plan een trein te nemen over de volle lengte van Sardinië en dan op een veerboot naar Sicilië te stappen.

De vrouw van mijn pension in Olbia raadde me aan die avond naar een speciaal restaurant te gaan waar ze Sardinische specialiteiten serveerden.

'Geen wild zwijn, dank u.'

'Veel lekkere dingen,' zei ze.

Het eerste gerecht dat ze me opdienden, bestond – heel toepasselijk – uit sardientjes. De wortel van het woord is dezelfde, verwant met Sardinië, zoals ook het woord voor een Sardinische plant ('die indien gegeten, leidde tot krampachtig lachen, eindigend met de dood') ons het woord 'sardonisch' had geschonken – minachtend, snerend – omdat *sardonios* in het Grieks betekende 'van Sardinië'.

'Mensen in het gebied hier in de buurt eten ze voortdurend,' zei de kelner.

Inktvis met selderij en tomaten; kikkererwten en bonensoep; geitenkaas bedekt met gedroogde oregano; zeewierbeignets; dan vis, gegrilde *triglia* (zeebarbeel), en gebak toe.

Normaal vond ik eten in mijn eentje afschuwelijk, maar ik was hier in Italië, de kelner was spraakzaam, en na de leegte en de algemene plechtstatigheid van Corsicaanse restaurants was het hier luidruchtig en gezellig. Het was geen chique tent, en toch waren er een paar grijnzende mannen van middelbare leeftijd die onder het eten draadloze telefoons gebruikten. Het waren geen zakelijke gesprekken, het was gewoon maar wat geleuter in het Italiaans. *O, en wat zei zij toen? O ja? Heb je tegen haar gezegd dat je het geld had? Idioot!*

Na het eten maakte ik een wandeling door de stad, en Olbia leek, als veel stadjes wanneer de lichtjes in het donker twinkelen, een magisch oord – en ik was blij dat ik hiernaar toe was gereisd. Bij klaarlichte dag bleek de realiteit: het was een grove plaats, en hoe meer ik er wandelde, des te ellendiger was mijn indruk, groepjes akelige huisjes, of anders flatgebouwen, en daarachter velden vol stenen en schapen en geiten. Door de armoede en al dat gepraat over emigratie om werk te zoeken, leek Sardinië op Ierland, een eiland buitengaats, cultuur in overvloed, maar geen geld. Afgezien van de toeristenstreken, de Costa Smeralda van de speculerende Aga Khan, was er weinig nieuwbouw. Dit was een afgelegen Italiaanse provincie vol nauwe dorpjes, met een achterland van schapen en leegte.

Een van de Sardinische gewoonten die je wel moest opvallen was dat men in de hele stad een sterfgeval of de jaardag van een overlijden afficheerde door op elk verticaal vlak aanplakbiljetten met een afbeelding van de dode te bevestigen. Veel van die papieren waren zo groot als een badhanddoek, en zonder die zwarte randen had je ze kunnen aanzien voor verkiezingsaffiches. Naast de foto, vaak in kleur, stond een naam in vette letters – PADRE of FRANCESCO of MARIOLINA of PIERO of SALVATORE. Het is een variatie op de lugubere manier om rouw tentoon te spreiden zoals je die in Ierse kranten vindt, maar die affiches maakten een bizarre indruk doordat ze op hekken en muren waren geplakt, al waren die begrafenisgezichten merkwaardig toepasselijk op zijmuren van vervallen of onbewoonbare bouwsels.

Ik was een paar namen en bewoordingen van deze rouwbiljetten aan het overschrijven, toen ik opkeek en zag dat een Afrikaan naar me stond te staren. Ik had meer van die Afrikanen, heel zwart en zwijgend, gezien in Palau en ook in Santa Teresa. Ze waren ook in Marseille geweest, en in een paar van de grote steden aan de Rivièra, en ik had aangenomen dat ze afkomstig waren uit de voormalige Franse koloniën in West-Afrika. Ze waren lang, met strakke gezichten, hun ogen waren opgezet en hun haar was pluizig en zat vol klitten, hun wangen vertoonden klauw- en kerfsporen, en ze hingen rond in de buurt van lappen plastic waarop ze verschillende dingen te koop aanboden, zonnebrillen, horloges, riemen, portemonnees, portefeuilles, speelgoed – over het geheel genomen goedkope rommel, en de rommel van de ene strakke Afrikaan onderscheidde zich niet van die van de andere. Ik had het niet vreemd gevonden ze te zien in het zuiden van Frankrijk – het was de moderne versie van de wraak op het imperialisme; per slot van rekening hadden ontelbare Fransen zich honderden jaren ingedrongen in Afrika, waar ze ook allerlei twijfelachtige waren aan de man hadden gebracht. Maar wat deden die Afrikanen in een stadje op Sardinië?

'Hallo – goedemorgen,' zei ik in het Italiaans tegen die starende man. 'Kijk je naar mij?'

'Nee,' zei hij, terwijl zijn rooddoorlopen ogen, met donkere vlekjes in het wit, zich aan mij vastzogen.

Hij was bijna donkerpaars, met stoffig haar, hij had een wollen jas om zich heen geslagen, zijn benen waren lang, zijn tanden waren verkleurd en afgebroken, en hij staarde naar me met die vlekkerige ogen; ik kon me geen vreemdere verschijning voorstellen in deze kleine stad met haar onvriendelijke, provinciale sfeer.

'Wat verkoop je?'

'Wat u maar wilt.'

'Volgens mij is dat allemaal Chinees spul.'

'Nee. Het zijn goede dingen.'

Zijn Italiaans was nogal zwak, hij vulde het aan met Frans dat beter was dan het mijne. Hij heette Omar.

'Chinese horloges. Chinese brillen. Chinese portretlijstjes. Aanstekers uit China.'

'Wat wilt u kopen?'

'Een kilo hasjiesj.'

Omar glimlachte niet.

'Het was maar een grapje,' zei ik.

Twee van zijn vrienden, die dachten dat hij moeilijkheden had met een politieman in burger, kwamen naar ons toe om te luisteren. Zij heetten, zo vertelden ze me, Yusuf en Ahmed.

'Drie moslims in een katholiek stadje.'

Ze staarden me aan.

'Uit welk land komen jullie?'

'Senegal,' zei Omar. Hij was ouder en langer dan de anderen. 'Ik kom uit een plaats die tien kilometer van Dakar ligt. Mijn stadje heet Tuba.'

'Hoe lang ben je al hier?'

'Meer dan tien jaar,' zei Omar.

Met 'hier' bedoelde hij het Middellandse-Zeegebied in het algemeen – weg uit Afrika. Hij legde uit dat hij zes jaar in Cannes had gewoond, en ook in Livorno en Florence. In Olbia was hij nu twee jaar.

'En zij?' Ik knikte met mijn hoofd in de richting van Yusuf en Ahmed.

'Een paar maanden.'

'En waarom zijn jullie juist hier?'

'Olbia is een goeie stek – niet duur,' zei Omar. 'We hebben twee kamers. We wonen allemaal bij elkaar.'

'Heb je ook Italiaanse vrienden?'

'Nee – nou ja, misschien een paar.'

'En hoe zit het met Noord-Afrika? Er zijn een heleboel moslims in Algerije en Marokko, misschien zouden jullie daar betere zaken kunnen doen dan hier.'

De zaken zouden misschien overal beter zijn geweest dan hier in Olbia, waar ze nu stonden, genegeerd en passief, terwijl de stedelingen langs hen heen liepen, met een enigszins nerveuze uitdrukking op hun gezicht. In Olbia waren geen toeristen.

'Daar kunnen we niet heen. Geen papieren. Maar hier

heb ik een document. Dus ik kan komen en gaan. De politie valt ons nooit lastig.'

'Als je zegt: "Ik kan komen en gaan", bedoel je dan dat je van tijd tot tijd teruggaat naar Afrika?'

'Ja. Ik ben van plan over een paar maanden terug te gaan. Daar woont mijn familie. Vrouwen. Kinderen. U weet wel.'

Hij sprak zijn Italiaans onhandig uit, een beetje klakkend, en ik dacht dat ik hem verkeerd had verstaan. 'Zei je "vrouwen"?'

'Ja.'

'Meer dan één?'

'Ik heb er maar twee.'

'En kinderen?'

'Ook niet zoveel,' zei hij. 'Zes.'

Deze jonge, voddige man en zijn leerjongens fascineerden me, ze leken een volkomen nieuwe vorm van penetratie in het Middellandse-Zeegebied, een streek die in de loop van duizenden jaren al zoveel immigranten had gezien. Het was een armoedig stadje op een eiland dat zo arm was dat de inwoners het verlieten om werk te zoeken. Maar het was ook een stadje dat nooit eerder Afrikanen had gezien.

Er waren nog een paar Afrikanen bij het station. Ik stelde hun de vraag die ik vergeten had aan Omar te stellen. Waarom zochten ze geen werk?

'Er is geen werk. We willen best in een fabriek werken als we er een konden vinden. Maar er zijn geen fabrieken.'

'Wat zijn jullie dan van plan?'

'Geen plan. We blijven hier.'

Ik reisde naar het zuiden, met een trein naar een plaatsje in het noordelijke binnenland van het eiland, Chilivani, een spoorwegknooppunt. Buiten Olbia bestond het rotsachtige, door schapen aangeknaagde binnenland uit struikgewas en lage heuvels, allemaal rommelig door elkaar en door de wind geteisterd, als de Schotse *lowlands*. Er waren scherpe bergtoppen in de verte, waar de *nuraghi*-bouwers van Sardinië, net als de Corsicanen, hun woonplaatsen hadden gehad, ver van de kust, en vanwaar ze talrijke aanvallers hadden afgeslagen. Voorbij Chilivani hadden de bewoners van het berggebied Barbagia ('extreme voorbeelden van het inheemse Sardische karakter') nimmer enige bezetter erkend en nooit belasting betaald. De Romeinen waren er niet in geslaagd hen tot burgers te maken (en daarom hadden ze de mensen Barbagiërs genoemd – barbaren). Sardinië was geannexeerd, maar speelde zo'n geringe rol in de plannen van Rome dat het gebruikt werd voor de deportatie van joden onder keizer Tiberius (14-37 n.C.). Ook in later eeuwen hadden de Italianen geen succes gehad met de overheersing van de Sardiniërs, zelfs niet toen ze er enorme aantallen politietroepen heen stuurden om de afgelegen streken te pacificeren. Ook nu nog was de plattelandscriminaliteit – moord, schapendiefstal, afpersing – ongewoon hoog op Sardinië. De Barbagiërs waren al tweeduizend jaar Barbagiërs.

Overal langs de spoorlijn waren stenen muurtjes, en zo ver mijn blik reikte was elke kilometer van het landschap gemarkeerd. Ik zat in een treintje met twee wagons, vol schreeuwende jongelui op de terugweg van school. Ze moesten twintig tot dertig kilometer reizen, en ze waren erg luidruchtig, maakten flink kabaal, en praatten druk in hun onverstaanbare dialect, maar toen een dame rechtop ging zitten en zei: 'Neem me niet kwalijk, maar willen jullie alsjeblieft dat raampje sluiten?' deden twee van hen onmiddellijk wat ze vroeg.

Er lag een naargeestige, rommelige schoonheid over dit

dunbevolkte eiland. We reden tussen wijngaarden, voorbij een bergrug met granieten pieken. Schapen graasden binnen de muurtjes op de voorgrond, en hier en daar zag ik, net als op Corsica, kurkeiken die van hun schors waren ontdaan.

De lawaaiigste jongelui stapten uit bij een stationnetje dat Berchidda heette, waar een kleine nederzetting was, en anderen bij Fraigas, dat eruitzag als een strafkolonie. Veel Sardinische stadjes zagen er zo uit, andere maakten een oeroude indruk, en een paar stonden vol prefabs, zodat het was of ze vorige week waren opgetrokken.

Chilivani was niet meer dan een kruising van twee spoorlijnen, en het woei er hard. Ik wachtte er een tijdje, en stapte toen over in een trein die uit Sassari kwam, een grotere, snellere trein die zich voorthaastte langs een aanhoudend landschap van ommuurde weidegronden, overal op de hellingen, onder een wijde hemel van voortdrijvende pluizige wolken die enige gelijkenis vertoonden met de ongeschoren schapen in het gras.

We waren nog geen dertig kilometer van de westkust verwijderd, maar er was zo weinig verband tussen deze schapenboerderijen en de kust dat de zee evengoed duizenden kilometers verderop had kunnen zijn. Dat was kenmerkend voor het Middellandse-Zeegebied. Weg van de kust was het leven anders. Tien, vijftien kilometer van de zee vandaan, overal, kwam je in een andere wereld.

Veel van wat ik zag was puur rotsgesteente, lange hellingen van geaderde en gerimpelde steen, en ook weilanden van steen; het leek op een oeroud lavaveld, alleen was het gesteente hier niet vruchtbaar en vulkanisch – het bestond uit keiharde lagen graniet. Ook enkele van die gladde stenen hellingen waren verdeeld door muurtjes van keien. Ik had nooit eerder zo'n landschap gezien, ik had me zoiets zelfs nooit voorgesteld, behalve op een verre planeet.

Bij het stadje Bonorva waren alle nieuwere huizen gebouwd van grijze sintelblokken. Voorbij het plaatsje een uitgestrekt steenachtig landschap met pollen gras en donkere, kromgegroeide bomen, met een weidse hemel vol rookgrijze wolken. Ik maakte een aantekening, *het landschap ziet er mishandeld uit*, en pas later ontdekte ik dat veel mijnbouwmaatschappijen, zowel buitenlandse als Italiaanse, hier waren geweest om het land van zijn bodemschatten te beroven, antimoon, steenkool, lood, zilver en zink.

Verder naar het zuiden zag ik een man met een snor midden in het niets lopen – hij bracht schapen van het ene veld via een pad naar een ander. Schapen hoeden is in het Middellandse-Zeegebied net zo'n oud beroep als vissen, en deze man met zijn platte pet en zijn staf en zijn hond was voor mij het symbool van een tijdloosheid die zowel melancholiek was als onverwoestbaar.

Om een uur of vier keek ik op mijn kaart, zag dat we in de buurt van het plaatsje Oristano waren, en besloot daar uit te stappen en er een nacht en een dag door te brengen, wat kon het mij verdommen.

Oristano leek een havenplaats op de kaart, maar mijn kaart was niet zo nauwkeurig. Oristano ligt acht kilometer van de zee vandaan, maar het hadden er ook honderdvijftig kunnen zijn, want het plaatsje staat eigenlijk niet in verbinding met zee. Het was gewoon weer zo'n klein, pruttelend plaatsje midden in een hete vlakte, onvoorstelbaar provinciaal, heel ver weg van de wereld. Het verre fluiten van mijn vertrekkende trein bezorgde me even een gevoel van spijt, maar toen dacht ik: Nee, dit is ook het Middellandse-Zeegebied! Alles is van belang! en ik troostte me een beetje met de gedachte aan al het geld dat ik bespaarde door hier te blijven logeren, en niet in het grote, levendige Cagliari.

Oristano leek op sterven na dood, dat was bijna tastbaar; de hitte was vermoeiend, en er hing een hoorbare monotonie die leek op het slaperige zoemen van één nutteloze hommel. Ik voelde een zekere gruwelijke lichtzinnigheid bij de gedachte dat ik me, door zonder duidelijk plan uit de trein te springen, zinloos indrong in een klein Sardinisch stadje dat buiten de toeristenroutes lag – niet omdat het onbekend en moeilijk te bereiken was, maar omdat het er zo ontzettend saai was.

Het was het marktstadje voor de boerderijen in de buurt, en de stedelingen vergeleken zich met de boeren die hun groenten of vlees op de markt kwamen verkopen. Die boeren, Barbagiërs tot in hun knokige vingertoppen, waren tandeloze en magere en in hun groei achtergebleven mensen. De vrouwen droegen hoofddoeken en vier rokken en gebreide kniekousen en hadden meer baardharen dan hun mannen, die op kapotte pijpenstelen kauwden en een onderdrukte indruk maakten. Ik stelde me voor dat ze zich, wanneer de markt in Oristano afgelopen was, haastig zouden terugtrekken naar de bergen om een toevlucht te zoeken onder paddestoelen. Maar ze stonden ook bekend om hun taaiheid – *ferrigno* werden ze genoemd, van ijzer.

De enige aspecten van de buitenwereld die hier waren doorgedrongen, waren uiterst gewelddadige Amerikaanse video's en Disney-stripboeken – per slot van rekening staan wij aan het hoofd van alle cultuur, en we zijn gespecialiseerd in alles wat misdadig en infantiel is. De Italiaanse cultuur in Oristano werd vertegenwoordigd door de Kerk, pornoblaadjes, kettingroken en een overvloed aan schoenwinkels. Voor het overige was het onschuldige bezetenheid, in dit geval Italiaans – maar het gold eigenlijk voor het hele Middellandse-Zeegebied –, de zachtaardige pronkzucht van vrouwen uit de middenklasse die een goed figuur wilden slaan, en de mannelijke hartstocht voor sport, die aan homo-erotiek grensde.

Italië had Sardinië zelfbestuur toegestaan en het eiland een zekere autonomie verleend die voorkwam dat men hier de politieke grieven koesterde die je op Corsica zo vaak tegenkwam. Op Sardinië gooide niemand met bommen. Het was er ruig – niks geen Franse poedels en schoothondjes, alleen functionele beesten die moesten werken om te eten te krijgen – herdershonden en waakhonden.

De pensionhoudster in Oristano, Regina, was een spraakzame Italiaanse, met een echtgenoot die in Cagliari werkte. 'Ik wil dat u gelukkig bent. Ik wil dat het hier is als uw eigen huis.' Haar diensters en schoonmaaksters waren Sardinische vrouwen uit het binnenland, en ze waren niet erg mededeelzaam toen ik informeerde naar hun eigen taal en cultuur. Het leek een tikje een koloniale situatie, de memsahib en haar inheemse bedienden, maar ze konden het allemaal goed met elkaar vinden en gingen naar dezelfde kerk.

Hoe meer ik van Oristano zag, des te sterker drong tot me door dat mijn hoofdbezwaar was dat het net zo'n inteeltplaatsje was, met eigen voorschriften en snobistische trekjes, als het stadje waar ik was opgegroeid. Het zat er vol ongeletterden, maar men was niet onvriendelijk. Vreemden in het pension groetten elkaar altijd, en als iemand een restaurant binnenkwam, zei iedereen hallo, men riep: 'Hoe gaat het?' vanaf de plaats waar men zat. Het was misschien niet zoveel anders dan Medford, Massachusetts, vriendelijk en angstaanjagend, ongeveer in gelijke mate. Uitzonderlijke vriendelijkheid is misschien een platburgerlijk trekje; in een plaats waar niemand leest, hecht niemand waarde aan contemplatieve eenzaamheid, daar snapt men niets van – en dus hebben ze elkaar nodig om vriendelijk en spraakzaam te kunnen zijn.

Ik was op weg naar het station van Oristano toen ik werd aangesproken door een oosterling. Hij zei in het Italiaans: 'Honderd lire,' en knipte een aansteker aan voor mijn gezicht.

'Waar kom je vandaan?'

'China.'

Er verscheen nog een Chinees.

'Wil je een aansteker?' vroeg hij in het Engels.

'Hoe zijn jullie hier gekomen?'

'Vrachtschip.'

'Wonen jullie hier?'

Er kwam nog een Chinees bij, en die mompelde wat tegen zijn vrienden. Ze waren allemaal in de dertig en keurig gekleed. Ze spraken weinig Italiaans, en nog minder Engels. Ze hadden een weinig belovend oord uitgekozen om aanstekers aan de man te brengen. Misschien was dit een stadje dat niet overheerst werd door Afrikaanse venters. Mijn vragen en mijn gebrek aan belangstelling voor hun aanstekers van twintig dollarcent leken hen op de vlucht te jagen, maar waarheen?

Afrikanen die een scharrelend bestaan leidden in Olbia, Chineze zeelui die aanstekers pushten in Oristano. Wat was dit allemaal? Mensen die in het Middellandse-Zeegebied woonden, kwamen altijd weer terug op het verleden, dat zo glorieus was; maar het heden was veel merkwaardiger, en verbijsterend.

De trein naar Cagliari rammelde door een lang, vlak dal dat Campidano heet. Ik zat te dommelen, en ik maakte aantekeningen, en ik stond versteld, zo warm als het was – het was een heerlijke zonnige dag in het begin van maart.

Behalve de katholieke kapel midden in het station van Cagliari, met de heilige eucharistie aanwezig in de tabernakel (elke maandag om halfelf een mis, en om tien uur op alle feestdagen) was er ook een pornoboekwinkel, een kopieerapparaat, een kapperszaak, een café en drie telefooncellen. Dit was per slot van rekening het nieuwe Italië.

De stad zelf, die gebouwd was op een helling en bestond uit oude bruine huizen en kantoren, leek op Marseille, maar zonder die criminele sfeer. Cagliari leek enorm na die Sardinische provincieplaatsjes die ik bezocht had, maar na een dag werd het weer erg klein. Ik had de indruk dat niemand de stad ooit bezocht, maar toen ik dat ter sprake bracht, zeiden de mensen van de stad: 'Het is hier vol in de zomers. U zou Spiaggia de Poetto eens moeten zien!'

Daar ging ik heen, naar het strand, en ik wandelde er en zag de flamingo's in de lagunes in de buurt. Op deze werkdag in de winter was het strand vrijwel verlaten, maar dat deed er nauwelijks toe. Ik ging in de zon zitten, las een tijdje, en wandelde toen terug naar de stad.

In een restaurant in Cagliari bleef ik die avond in mijn dagboek schrijven nadat ik klaar was met eten, toen me opviel dat de zaal leeg was – alle gasten waren vertrokken. De kelners, de kassier en de kok stonden op het punt zelf te gaan eten, nadat ze een bordje GESLOTEN voor het raam hadden gehangen.

Ik wenkte een kelner. 'Kan ik betalen?'

'Maar u bent nog niet klaar,' zei hij.

'Jawel, het eten was goed.'

'Uw werk,' zei hij, en gebaarde naar mijn schrift, mijn

papieren en schrijfbenodigdheden. 'Ik kan zien dat u bezig bent. Maakt u uw werk af. Voor ons is het geen probleem. Wij eten alleen maar.'

Toen ik klaar was, nodigden ze me uit bij hen te komen zitten. Ik vroeg hun naar Sardinië, maar ze zeiden dat het hier verschrikkelijk saai was, er gebeurde nooit wat, dus knoopten ze een gesprek met me aan over hun lievelingsonderwerp, Amerikaans basketbal. *En hoe zit het met die Michael Jordan...*

Er waren Afrikanen in de straten van Cagliari. De volgende dag, toen ik op weg was om een kaartje voor de veerboot te kopen, vroeg ik een man op straat naar hen.

'Het zijn Afrikanen,' zei hij, en hij haalde zijn schouders op, het Italiaanse gebaar voor: 'Wie kan dat wat schelen?' 'Die zijn hier 's zomers, een heleboel. Ze verkopen kleine dingetjes.'

'En ze komen uit?'

'Wie kan dat weten? Afrika. Ghana, daar ergens in het zuiden.' Hij haalde nogmaals zijn schouders op.

'Wat vinden de Sardiniërs van hen?'

Opnieuw gaf hij een rukje aan zijn schouders en hij gromde, het fatalistische Eh! Zijn verdraagzaamheid was een vorm van onverschilligheid. Italianen voelen zich niet bedreigd door abstracties, en tenzij men ze rechtstreeks provoceert, zijn ze heel goed in leven-en-laten-leven. Ondanks hun manische stereotypieën is hun weigering te zeuren een van hun aardigste trekjes; bestand zijn tegen wanorde is een onderdeel van het Italiaanse bestaan; en omdat ze zich daarvan bewust zijn, doen ze vaak hun best zich nooit op te winden.

De engste personen op Sardinië waren niet de Barbagiërs, de Senegalezen, de tandeloze herders, de schapendieven, ontvoerders en zigeuners, maar eerder de punkers van Cagliari. Die waren jong, bijzonder vuil, met vettig haar en dreadlocks, ringen door neus en lippen, ze snoven aceton, bedronken zich aan wijn en schreeuwden schuttingtaal naar voorbijgangers.

Er hingen heel wat van die rare jongelui rond in groepjes bij het kasteel, waar ik heen was gegaan voor een goed uitzicht over de haven.

'Wat zijn dat eigenlijk voor lui?' vroeg ik aan een man, terwijl zes punkers ruzieden over een fles. Ze droegen leren halsbanden met scherpe metalen punten-kettingen, en een van hen had een blikken bekertje dat rinkelde aan zijn riem.

'Het is een schande,' zei de man.

'Zijn het anarchisten?'

'Nee. Ze geloven nergens in.'

'Nihilisten dan.'

'Nee. Het zijn zwervers.'

'Zulke jonge mensen zie je ook in Engeland en Amerika.'

'Ik heb ze in Zuid-Amerika gezien,' zei de man.

We liepen met elkaar op, over een steil straatje met kinderhoofdjes.

'In Brazilië,' zei hij. 'Ik heb drie jaar in Brazilië gewoond. Ik had nooit gedacht dat ik hier zulke lui zou zien. Daar was het heel vreemd. Het was eigenlijk lachwekkend. Brazilië is een enorm groot land – en rijk ook.'

Hij lachte hardop.

'En daar zaten die paupers dus, op een berg van goud!'

Die uitdrukking maakte me aan het lachen, mijn lach was weer een aanmoediging voor hem.

'Hier is het precies omgekeerd. Wij zijn rijk, maar we zitten op een berg van ruïnes.'

Ik vroeg of hij ooit naar Sicilië reisde.

‘Waarom zou ik daarheen willen?’ zei hij, en gaf me een tikje op mijn schouder. ‘Dat was maar een grapje. Het is daar vast heel aardig. Maar als ik hier wegga, dan wil ik naar het continent’ – waarmee hij het vasteland van Italië bedoelde.

In het reisbureau waar ik mijn kaartje voor de veerboot naar Palermo kocht, zei de man: ‘U kunt beter het vliegtuig nemen. Kost evenveel.’

De boot van Cagliari naar Palermo kostte zevenenzestig dollar, maar dan kreeg ik een eersteklashut, en omdat ik de nachtboot nam, was dat bedrag zowel voor mijn reis naar Sicilië als voor mijn logies. En het was een extra genoegen om ’s avonds uit Cagliari te vertrekken en te zien hoe de lichten van de stad in de verte verdwenen; en om na een goede nachtrust op te staan en de kust van Sicilië te zien opdoemen in de eerste ochtendzon.

Alex Garland

De heenreis

Afval

De motorboot van de zwendelaar was wit geschilderd tot de waterlijn, en daaronder was hij geel, of eigenlijk geel als hij boven het water uitkwam, lichtgroen als hij erin terugzakte. Ooit moet de boot rood zijn geweest. Het wit was hier en daar afgebladderd of afgekrabd, waardoor er rode strepen zichtbaar waren die op wonden leken. In combinatie met de slingerende beweging en de brullende motor waren de wonden voldoende om me het gevoel te geven dat de boot leefde. Hij wist naar welke kant ik verwachtte dat hij zou overhellen en verraste me stelselmatig.

Naast ons, waar het water in beroering was gebracht, had de ochtendzon een vreemd effect op het zeeoppervlak. Goudkleurige wezens schoten als een school vissen onder het wateroppervlak door, even snel als wij. Ik boog me voorover, liet mijn hand in het water hangen en ving een vis op mijn handpalm. Daar zwom hij verder, flitste over mijn levenslijn heen, toen balde ik mijn vuist. De vis glipte weg en zwom over mijn gesloten vingers.

'Je moet niet naar beneden kijken,' zei Françoise, die zich naar me toe boog vanaf de andere kant van de boot. 'Als je naar beneden kijkt, word je misselijk. Kijk naar het eiland. Het eiland beweegt niet.'

Ik keek waar ze naar wees. Vreemd genoeg leek Ko Samui kilometers ver achter ons te liggen, maar het eiland waar we zouden worden afgezet leek nog net zo ver weg als een uur geleden.

'Ik ben niet misselijk,' zei ik en ik boog mijn hoofd weer over de rand.

Gefascineerd door de goudkleurige vis verroerde ik me niet meer tot het water blauw werd en ik een koraalrif onder me zag opduiken. De zwendelaar zette de motor af. Ik drukte mijn handen tegen mijn oren, verrast door de stilte, en dacht even dat ik misschien doof was geworden. 'Nu jullie betalen,' zei de zwendelaar tot mijn geruststelling, terwijl we naar de kust dreven.

Het zand was eerder grijs dan geel en was bezaaid met gedroogd zeewier dat er door het tij in overlappende kringen was gerangschikt. Ik ging op de stam van een omgevallen kokospalm zitten en zag onze boot ronkend in de verte verdwijnen. Al gauw was het moeilijk om af en toe een wit vlekje te onderscheiden dat op de kam van een hoge golf verscheen. Toen er vijf minuten waren verstreken zonder dat ik hem kon zien, besefte ik dat hij weg was en dat ons isolement volledig was.

Een paar meter verderop leunden Etienne en Françoise tegen hun rugzakken. Etienne was de kaart aan het bestuderen en probeerde erachter te komen naar welk van de talrijke eilanden die ons omringden we moesten zwemmen. Daar had hij mijn hulp niet bij nodig, dus riep ik dat ik een eindje ging lopen. Ik was nooit eerder op een onbewoond eiland geweest – een echt onbewoond eiland – en ik vond dat ik op onderzoek moest uitgaan.

'Waarnaar toe?' vroeg hij, terwijl hij opkeek en zijn ogen dichtkneep tegen de zon.

'Zomaar een stukje. Ik blijf niet lang weg.'

'Een halfuur?'

'Een uur.'

'Ja, maar we moeten na het middageten weg. We moeten hier de nacht niet doorbrengen.'

Ik zwaaide bij wijze van antwoord, maar liep al bij ze weg.

Ruim een halve kilometer volgde ik de kust, op zoek naar een plek waar ik landinwaarts zou kunnen gaan, en ik vond uiteindelijk een struik waarvan het groen een donkere tunnel tussen de bomen vormde. Ik meende dat ik daardoorheen groen blad en zonlicht kon zien, dus kroop ik naar binnen, de spinnenwebben van mijn gezicht vegend. Ik kwam uit bij een open plek met varens die tot mijn middel reikten. Boven me was een kring van lucht, doorbroken door een tak die uitstak als de wijzer van een klok. Aan de andere kant van de open plek begon het bos weer, maar mijn impuls om verder te gaan werd afgeremd door de angst te verdwalen. De tunnel waar ik doorheen was gekropen was vanaf deze kant moeilijker te onderscheiden, omdat hij schuilging achter hoog gras, en ik kon me alleen oriënteren door het geluid van brekende golven. Ik gaf mijn halfslachtige verkenningstocht op en waadde door de varens naar het midden van de open plek. Toen ging ik zitten en rookte een sigaret.

Als ik aan Thailand denk, word ik meestal kwaad, en tot ik dit boek ging schrijven, probeerde ik dat te vermijden. Ik had liever dat het weggestopt bleef achter in mijn hoofd. Maar ik dacht soms wel aan Thailand. Meestal 's avonds laat, als ik lang genoeg wakker lag om in het donker het gordijnpatroon te kunnen zien en de vorm van de boeken op mijn planken.

Die keren probeerde ik me voor de geest te halen dat ik op die open plek zat met de schaduw van de wijzertak die over de varens lag, terwijl ik een sigaret rookte. Ik koos dat moment omdat het de laatste keer was dat ik precies wist dat ik mezelf was. Normaal. Er ging niet veel door mijn hoofd, behalve hoe mooi het eiland was en hoe stil.

Niet dat vanaf dat moment elke seconde in Thailand slecht was. Er gebeurden ook goede dingen. Heel veel goede dingen. En ook doodgewone dingen: 's ochtends mijn gezicht wassen, zwemmen, iets te eten maken, en dergelijke. Maar achteraf bezien werden al die momenten gekleurd door wat eromheen gebeurde. Soms voelt het alsof ik naar die open plek ben gelopen en de sigaret opstak, en er iemand anders kwam die hem oprookte. Oprookte, uitdrukte, in de bosjes gooide, en toen Etienne en Françoise is gaan zoeken. Het is een uitvlucht, omdat het weer iets anders is waardoor ik afstand houd van wat er gebeurd is, maar zo voelt het.

Die ander deed dingen die ik niet zou doen. Niet alleen verschilde onze moraal; er waren ook kleine karakterverschillen. De sigarettenpeuk – het was de ander die hem in de bosjes gooide. Ik zou er iets anders mee gedaan hebben. Hem misschien hebben begraven. Ik heb er een hekel aan om rommel achter te laten, en al helemaal in een beschermd natuurgebied.

Het is moeilijk uit te leggen. Ik geloof niet in bezeten worden of het bovennatuurlijke. Ik weet dat in werkelijkheid ik degene was die de sigarettenpeuk weggooide.

Verdomme.

Ik vertrouwde op de gedachte dat deze dingen me duidelijk zouden worden als ik ze opschreef, maar dat blijkt niet het geval te zijn.

Toen ik terugkwam op het strand, trof ik Etienne voorovergebogen aan bij een klein campinggasje. Naast hem lagen drie pakjes instantpasta uitgestald: geel, bruin en roze.

'Lekker,' zei ik. 'Ik verga van de honger. Wat staat er op het menu?'

'Je kunt kiezen uit kip, rundvlees of...' Hij hield het roze pakje omhoog. 'Wat is dit?'

'Garnalen. Ik kies voor kip.'

Etienne glimlachte. 'Ik ook. En als toetje kunnen we chocoladerepen nemen. Heb jij die?'

'Ja hoor.' Ik maakte mijn rugzak open en haalde drie repen te voorschijn. De repen, die bovenop hadden gelegen, waren gesmolten en hadden de vorm van mijn veldfles aangenomen, maar de verpakking was niet opengegaan.

'Heb je iets interessants ontdekt tijdens je wandeling?' vroeg Etienne, terwijl hij met een zakmes een van de gele verpakkingen openmaakte.

'Niets speciaals. Ik heb voornamelijk langs het strand gelopen.' Ik keek om me heen. 'Waar is Françoise? Eet ze niet met ons mee?'

'Ze heeft al gegeten.' Hij wees naar het strand. 'Ze is gaan kijken of het ver zwemmen is naar ons eiland.'

'Aha. Je bent erachter welk het was.'

'Ik geloof het wel. Ik weet het niet zeker. De kaart in mijn reisgids en die van je vriend verschillen nogal.'

'Op welke kaart ben je afgegaan?'

'Die van je vriend.'

Ik knikte. 'Goede keus.'

'Ik hoop het,' zei Etienne, die met zijn zakmes een stukje pasta uit het water viste. Het hing slap aan het lemmet. 'Mooi. We kunnen nu eten.'

Françoise zei dat het een kilometer weg was, en Etienne zei twee. Ik kan geen afstand schatten over water, maar ik zei anderhalf. Het zag er voornamelijk uit als een heel eind zwemmen.

Het eiland aan de overkant was breed, met aan beide kanten hoge pieken die verbonden werden door een bergpas die half zo hoog was. Ik vermoedde dat het vroeger twee vulkanen waren geweest, die zo dicht bij elkaar lagen dat ze door hun lavastromen werden verbonden. Wat de oorsprong dan ook geweest mag zijn, het was minstens vijf keer zo groot als het eiland waar we ons op bevonden, en openingen in het groen lieten rotswanden zien die we, naar ik hoopte, niet zouden hoeven beklimmen.

'Weet je zeker dat we het aankunnen?' vroeg ik meer aan mezelf dan aan iemand anders.

'Het lukt ons wel,' zei Françoise.

'We kunnen het proberen,' corrigeerde Etienne, die de rugzak ging halen die hij al had verpakt in vuilniszakken die hij 's ochtends in het restaurant had gekocht.

Het *A-Team*: een televisieserie die populair was toen ik een jaar of veertien was. Het team bestond uit B.A. Barracus, Face-man, Murdoch en Hannibal – vier Vietnamveteranen die beschuldigd werden van een misdaad die ze niet hadden gepleegd, en die nu als huurlingen werkten en de slechteriken aanpakten waar de wet geen vat op had.

Ze lieten ons in de steek. Heel even had het ernaar uitgezien dat Etiennes bedenksel zou drijven. Hij ging even onder, maar bleef toen als een ijsberg met een kwart boven water uitsteken. Maar toen begaven de vuilniszakken het en zonk de rugzak als een baksteen. Drie andere pogingen faalden op precies dezelfde manier.

'Dit lukt nooit,' zei Françoise, die haar badpak tot haar middel had afgerold om egaal bruin te worden en me niet aankeek.

'Uitgesloten,' bevestigde ik. 'De rugzakken zijn veel te zwaar. Weet je, dit hadden we echt in Ko Samui moeten uitproberen.'

'Ja,' zuchtte Etienne. 'Ik weet het.'

We stonden in het water de situatie zwijgend te overwegen. Toen zei Françoise: 'Goed. We nemen ieder een plastic zak. We nemen alleen dingen mee die belangrijk zijn.'

Ik schudde mijn hoofd. 'Dat wil ik niet. Ik kan niet buiten mijn rugzak.'

'Wat is de keus? Dat we het opgeven?'

'Tsja...'

'We hebben wat eten nodig en wat kleren. Het is maar voor drie dagen. Als we dan het strand niet gevonden hebben, zwemmen we terug en wachten op de boot.'

'Paspoorten, tickets, reischeques, geld, malariapillen.'

'Hier heb je geen malaria,' zei Etienne.

'We hebben hoe dan ook geen paspoort nodig om naar dit eiland te gaan,' voegde Françoise eraan toe. Ze glimlachte en streek afwezig met een hand tussen haar borsten. 'Kom op, Richard. We kunnen het hier niet bij laten.'

Ik trok rimpels in mijn voorhoofd; ik begreep haar niet en er kwam een lijst van mogelijkheden in mijn hoofd op.

'We zijn er zo dicht bij.'

'O,' zei ik. 'Ja, ik neem aan dat je gelijk hebt.'

We verstopten onze rugzakken onder dicht struikgewas bij een opvallende palmboom – er groeiden twee stammen uit een stronk. In mijn vuilniszak pakte ik de waterzuiveringstabletten, de chocola, een extra korte broek, Converse-schoenen, de kaart van meneer Duck, mijn veldfles en één slof sigaretten. Ik had ze allebei willen meenemen, maar daar was geen plaats voor. Het campinggasje moesten we ook achterlaten. Dat betekende dat we koude pasta zouden moeten eten, die lang genoeg was geweekt om zacht te worden, maar we zouden in elk geval niet omkomen van de honger. En de malariapillen liet ik ook achter.

Nadat we de vuilniszakken met net zoveel knopen hadden dichtgebonden als het plastic toeliet en ze vervolgens in een tweede vuilniszak hadden verzegeld, testten we de zeewaardigheid ervan. Zonder het gewicht van de rugzak dreven ze beter dan we hadden kunnen hopen. Ze waren zelfs sterk genoeg om op te leunen, zodat we alleen met onze benen hoefden te zwemmen.

Om kwart voor vier waadden we de zee in, eindelijk klaar voor vertrek. 'Misschien meer dan een kilometer,' hoorde ik Françoise achter me zeggen. Etienne antwoordde iets, maar dat ging verloren in het breken van een golf.

De zwemtocht verliep in fasen. De eerste was vol vertrouwen, we kletsten terwijl we een ritme zochten voor onze beenbewegingen en grappen maakten over haaien. Toen onze benen pijn begonnen te doen en het water niet koud genoeg meer voelde om ons af te koelen, deden we er het zwijgen toe. Net als tijdens de boottocht vanuit Ko Samui leek het strand achter ons even ver weg als het eiland dat voor ons lag. Het grappen maken over haaien sloeg om in angst, en ik begon te twijfelen of ik de kracht had om de tocht tot een einde te brengen. Twijfelde, einde citaat. We waren ongeveer halverwege de twee punten. Niet in staat zijn verder te zwemmen zou de dood betekenen.

Als Etienne en Françoise zich ook zorgen maakten, lieten ze daar niets van merken. Het werd niet uitgesproken, maar het was alsof het verwoorden van angsten het alleen erger zou maken. Er was hoe dan ook niets wat we konden doen om het makkelijker te maken. We hadden ons zelf in deze situatie gebracht. We konden niet meer doen dan er iets van maken.

En toen werd alles vreemd genoeg makkelijker. Hoewel mijn benen nog steeds ontzettend pijn deden, ontwikkelden ze een soort trapreflex, bijna als een hartslag. Ik bleef erdoor in beweging en kon mijn gedachten de pijn laten ontstijgen. Een gedachte die me tijdenlang bezighield, was het opstellen van krantenkoppen die de mensen thuis van mijn lot op de hoogte zouden stellen. JONGE AVONTURIERS KOMEN OM BIJ DODELIJKE ZWEMTOCHT – EUROPA ROUWT, dekte alle invalshoeken. Het schrijven van mijn necrologie was moeilijker, aangezien ik nooit iets van enig belang had gedaan, maar mijn begrafenis was een aangename verrassing. Ik stelde een paar goede toespraken op en er kwamen heel wat mensen om ernaar te luisteren.

Vervolgens bedacht ik dat ik mijn rijbewijs moest gaan halen als ik in Engeland terugkwam; toen zag ik drijfhout liggen op het strand voor ons en besefte ik dat we er bijna waren. We hadden er tijdens het grootste deel van de tocht voor gezorgd bij elkaar te blijven, maar de laatste paar honderd meter schoot Etienne ervandoor. Toen hij het strand had bereikt, maakte hij met zijn laatste beetje energie een radslag, want daarna liet hij zich vallen en verroerde zich niet tot ik bij hem kwam.

'Laat me de kaart eens zien,' zei hij, terwijl hij probeerde te gaan zitten.

'Etienne,' antwoordde ik, naar adem snakkend, 'we

hebben genoeg gedaan. We blijven hier vannacht.' En ik duwde hem terug.

'Maar het strand is misschien wel dichtbij. Misschien is het maar een klein stuk verderop.'

'Genoeg.'

'Maar...'

'Ssst.'

Ik ging liggen, drukte mijn wang in het natte zand en het naar adem snakken veranderde in zuchten terwijl de pijn uit mijn spieren wegtrok. Er zat een sliert zeewier in Etiennes haar, een groene dreadlock. 'Wat is dit nou?' mompelde hij, terwijl hij een zwakke poging deed het eruit te trekken. Françoise kwam druipend uit het water, haar vuilniszak achter zich aan slepend.

'Ik hoop maar dat het strand bestaat,' zei ze, naast ons neervallend. 'Ik weet niet of ik dat eind nog een keer kan zwemmen.'

Ik was te uitgeput om dat te beamen.

Dit allemaal

Er zitten honderd oplichtende sterren aan het plafond van mijn slaapkamer. Ik heb maansikkels, manen in de fase tussen halfvol en vol, planeten met Saturnus-ringen, nauwkeurige constellaties, meteorenregens en een kolkende plejade van sterren met een vliegende schotel in haar staart. Ik heb ze gekregen van een vriendin die er verbaasd over was dat ik vaak wakker lag nadat zij in slaap was gevallen. Ze kwam erachter toen ze op een nacht naar de wc ging, en de volgende dag kocht ze die sterren voor me.

Rare dingen, die oplichtende sterren. Het plafond verdwijnt erdoor.

'Kijk,' fluisterde Françoise, zo zacht dat ze Etienne niet wakker zou maken. 'Zie je hem?'

Ik volgde de weg van haar arm, voorbij de tengere pols en de onverklaarde tatoeage, langs haar vinger naar de miljoenen lichtspikkels. 'Nee,' fluisterde ik terug. 'Waar?'

'Daar... Hij beweegt. Zie je die heldere ster?'

'Ja.'

'Iets naar beneden, dan naar links, en...'

'Ik zie hem. Niet te geloven...'

Een satelliet die, wat... de maan of de aarde reflecteerde? Hij schoof snel en soepel door de sterren heen; vannacht bracht zijn baan hem langs de Golf van Thailand, en later misschien langs de hemel boven Dakar of Oxford.

Etienne bewoog in zijn slaap en draaide zich om, waardoor de vuilniszak ritselde die hij onder zich op het zand had gelegd. In het bos achter ons kwetterde even een onzichtbare nachtvogel.

'Hé,' fluisterde ik, steunend op mijn ellebogen. 'Zal ik je iets leuks vertellen?'

'Waarover?'

'Over oneindigheid. Maar het is niet zo ingewikkeld. Ik bedoel, je hebt er geen universitaire opleiding voor nodig.'

Françoise maakte een handbeweging in de lucht, waardoor het uiteinde van haar sigaret een rode baan beschreef.

'Is dat een ja?' fluisterde ik.

'Ja.'

'Goed dan.' Ik kuchte zachtjes. 'Als je aanneemt dat het universum oneindig is, dan brengt dat met zich mee dat er een eindeloos aantal kansen bestaat dat er dingen gebeuren. Mee eens?'

Ze knikte en zoog aan het rode vuurkegeltje dat bij haar vingertoppen zweefde.

'Nou, als er een eindeloos aantal kansen bestaat dat er iets gebeurt, zal dat uiteindelijk ook gebeuren, ongeacht hoe gering de waarschijnlijkheid ervan is.'

'Ah.'

'Dat betekent dat er ergens in de ruimte een andere planeet is die zich door een reeks ongelooflijke toevallen precies hetzelfde heeft ontwikkeld als die van ons. Tot in de kleinste details.'

'Echt waar?'

'Absoluut. En er is er nog een die precies hetzelfde is, alleen staat die palmboom daar een halve meter naar rechts. En er is er nog een waar de boom een halve meter naar links staat. Er zijn zelfs planeten met alleen al een eindeloos aantal variaties op die ene boom, een eindeloos aantal keren...'

Stilte. Ik vroeg me af of ze al sliep. 'Wat vind je ervan?' wilde ik weten.

'Interessant,' fluisterde ze. 'Op die planeten zal alles gebeuren wat er kan gebeuren.'

'Precies.'

'Op een van die planeten ben ik dus misschien een filmster.'

'Daar is geen twijfel aan. Je woont in Beverly Hills en hebt vorig jaar een paar Oscars in de wacht gesleept.'

'O, fantastisch.'

'Ja, maar je moet niet vergeten dat je film ergens anders is geflopt.'

'O ja?'

'Als een baksteen. De critici hebben je afgekraakt, de filmstudio heeft een fortuin verloren en jij bent aan de alcohol en de valium. Dat was niet best.'

Françoise draaide zich op haar zij en keek me aan. 'Vertel eens iets over die andere werelden,' fluisterde ze.

In de maneschijn lichtten haar tanden zilverachtig op als ze glimlachte.

'Nou,' zei ik, 'dat is wel veel om te vertellen.'

Etienne bewoog en draaide zich weer om.

Ik boog me voorover en kuste Françoise. Ze deinsde achteruit, of lachte, of schudde haar hoofd, of sloot haar ogen en kuste me terug. Etienne werd wakker en sloeg van ongeloof zijn hand voor zijn mond. Etienne sliep. Ik sliep, terwijl Françoise Etienne kuste.

Lichtjaren boven onze slaapplaats op vuilniszakken en het aanhoudend ruisen van de branding speelden al deze dingen zich af.

Toen Françoise haar ogen had gesloten en haar ademhaling een kalm slaapritme had aangenomen, sloop ik van mijn plastic zeiltje af en liep naar de zee. Ik stond in het ondiepe water en zakte langzaam weg doordat het tij het zand om mijn voeten wegspoelde. De lichtjes van Ko Samui gloeiden aan de horizon als het laatste licht van een zonsondergang. De sterren strekten zich helemaal uit tot aan mijn plafond thuis.

Landinwaarts

We vertrokken meteen na het ontbijt, dat bestond uit ieder een halve reep en koude pasta, geweekt in bijna al het water uit onze veldflessen. Het had geen zin om langer rond te hangen. We moesten een zoetwaterbron zien te vinden en volgens de kaart van meneer Duck was het strand aan de andere kant van het eiland.

In het begin liepen we over het strand in de hoop langs

de kust te lopen, maar het zand maakte al gauw plaats voor scherpe rotsen, die overgingen in onbegaanbare kliffen en smalle ravijnen. Toen probeerden we het langs de andere kant, verspilden kostbare tijd terwijl de zon hoger aan de hemel kwam te staan en stuitten op dezelfde belemmeringen. De bergpas tussen de pieken was het voor de hand liggende doel, dus hesen we onze vuilniszak over de schouder en zochten een weg door het oerwoud.

De eerste twee- of driehonderd meter vanaf de kust waren het moeilijkst. De ruimte tussen de palmbomen was overgroeid met vreemde, woekerende struiken met kleine blaadjes, zo scherp als een scheermes, en er zat niets anders op dan erdoorheen te lopen. Maar toen we verder landinwaarts liepen en het terrein heuvelachtiger werd, werden palmbomen zeldzamer dan andere boomsoorten – bomen als roestige, door klimop overwoekerde raketten, met meterslange wortels die bij de stam wijd uitstonden als schoepbladen van een ventilator. Omdat er minder zonlicht door het bladerdak viel, dunde de bodemvegetatie van het oerwoud uit. Af en toe werden we tegengehouden door dichte bamboebegroeiing, maar na een korte speurtocht vonden we weer het pad van een dier of een pad dat was vrijgemaakt door een vallende tak.

Na Zephs beschrijving van het oerwoud, met Jurassic Park-achtige planten en uitheems gekleurde vogels, was ik licht teleurgesteld door de werkelijkheid. In veel opzichten was het of ik door een Engels bos liep; ik was alleen gekrompen tot een tiende van mijn ware grootte. Er waren echter een paar dingen die gepast exotisch aandeden. Een aantal keren zagen we kleine bruine aapjes die zich door de bomen repten, boven ons hoofd hingen als stalactieten Tarzan-achtige lianen, en er was het water –

het droop in onze nekken, plette ons haar en deed de T-shirts aan onze borst plakken. Er was zoveel water dat onze halflege veldflessen ons geen zorgen meer baarden. Als je onder een tak stond en eraan schudde, leverde dat een paar flinke slokken op, en tevens een snelle douche. De ironie van het feit dat ik tijdens onze zwemtocht mijn kleren droog had weten te houden en ze nu op het land doorweekt raakten, ontging me niet.

Na twee uur lopen kwamen we bij de voet van een uitzonderlijk steile helling. We moesten er min of meer tegenop klimmen en ons optrekken aan de taaie varenstammen om te voorkomen dat we door de modder en het dode blad zouden wegglijden. Etienne bereikte de top als eerste, verdween over de kam en kwam een paar seconden later weer te voorschijn, enthousiast wenkend.

'Schiet eens op!' riep hij. 'Het is echt niet te geloven!'

'Wat is er dan?' vroeg ik, maar hij was alweer verdwenen.

Ik verdubbelde mijn inspanningen en liet Françoise achter me.

De heuvelrug voerde naar een terras op de berghelling zo groot als een voetbalveld, zo vlak en keurig dat het onnatuurlijk aandeed in die wirwar van de ons omringende jungle. Boven ons liep de berghelling verder naar wat een tweede plateau leek, en daarvoorbij steeg hij verder tot aan de bergpas.

Etienne was het plateau verder op gelopen en stond naast een paar struikachtige planten met zijn handen in zijn zij om zich heen te kijken.

'Wat vind je ervan?' vroeg hij. Ik keek achter me. Ver beneden me kon ik het strand zien waar we vandaan gekomen waren, het eiland waar we onze rugzakken hadden verstopt, en de talrijke eilanden daarvoorbij.

'Ik wist niet dat het natuurgebied zo groot was,' antwoordde ik.

'Ja, ontzettend groot. Maar dat bedoel ik niet.'

Ik draaide me weer om en stak een sigaret tussen mijn lippen. Terwijl ik op mijn zakken klopte, op zoek naar mijn aansteker, viel me iets raars op. Alle planten op het plateau kwamen me enigszins bekend voor.

'Tjezus,' zei ik, en de sigaret viel tussen mijn lippen vandaan, vergeten.

'Ja.'

'Weed?'

Etienne grinnikte. 'Heb je ooit zoveel bij elkaar gezien?'

'Nooit van mijn leven...' Ik trok een paar bladeren van de dichtstbijzijnde plant af en wreef ze tussen mijn handen.

Etienne liep verder het plateau op. 'We zouden er wat van moeten plukken, Richard,' zei hij. 'We kunnen het in de zon drogen en...' Toen zweeg hij. 'Wacht eens even, hier is iets raars aan de hand.'

'Wat?'

'Nou, het is gewoon zo... Die planten...' Hij ging op zijn hurken zitten en wierp toen een snelle blik achterom. Zijn lippen glimlachten bijna, maar hij had zijn ogen wijd opengesperd, en ik kon letterlijk de kleur uit zijn gezicht zien wegtrekken. 'Dit is een plantage,' zei hij.

Ik verstijfde. 'Een plantage?'

'Ja. Kijk maar naar die planten.'

'Maar het kan geen plantage zijn. Ik bedoel, deze eilanden zijn...'

'De planten staan in rijen.'

'Rijen...'

We staarden elkaar aan. 'Jezus Christus,' zei ik langzaam. 'Dan zijn we mooi de lul.'

Etienne kwam naar me terugrennen.

'Françoise.'

'Ze...' Er tolden te veel gedachten door mijn hoofd om de vraag te kunnen beantwoorden.

'... komt eraan,' antwoordde ik uiteindelijk, maar hij was me al voorbij en keek gehurkt naar beneden.

'Ze is er niet!'

'Maar ze was vlak achter me.' Ik rende naar de rand en keek naar beneden. 'Misschien is ze uitgegleden.'

Etienne kwam overeind. 'Ik ga naar beneden. Zoek jij hier.'

'Ja... goed.'

Hij gleed door de modder naar beneden, en toen zag ik een gele flits van haar T-shirt door een paar bomen die meer naar de rand van het plateau stonden. Etienne was al halverwege de helling gegleden en ik gooide een steentje naar hem om zijn aandacht te trekken. Hij vloekte en kwam weer naar boven.

Françoise kwam te voorschijn op het plateau, terwijl ze haar T-shirt in haar korte broek stopte. 'Ik moest even plassen,' riep ze.

Ik zwaaide woest met mijn handen en gebaarde dat ze niet zo hard moest praten. Ze hield haar hand bij haar oor. 'Wat? Hé! Hoger op de berg heb ik mensen gezien. Ze komen deze kant uit. Misschien zijn ze wel van het strand.'

Toen Etienne haar hoorde, riep hij vanaf de helling: 'Richard! Zorg dat ze haar mond houdt!'

Ik rende naar haar toe. 'Wat doe jij nou?' vroeg ze, maar toen was ik bij haar en duwde haar tegen de grond.

'Hou je mond!' zei ik, terwijl ik mijn hand tegen haar mond hield.

Ze probeerde zich los te worstelen, maar ik verstevigde mijn greep en duwde haar hoofd achterover. 'Dit is een weedplantage,' siste ik, elk woord zorgvuldig uitsprekend. 'Begrijp je?'

Haar ogen puilden uit en ze begon door haar neus te snuiven. 'Begrijp je me?' siste ik opnieuw. 'Het is goddomme een weedplantage.'

Toen stond Etienne achter me aan mijn arm te trekken. Ik liet Françoise vallen en terwijl ik nog steeds niet begrijp waarom, dook ik naar zijn nek. Hij wist zich achter me te wringen en sloeg zijn armen om mijn borst.

Ik probeerde me los te maken, maar hij was te sterk. 'Idioot! Laat me los! Er komen mensen aan!'

'Waar zijn die mensen dan?'

'Op de berg,' fluisterde Françoise, over haar mond wrijvend. 'Hoger op de berg.'

Hij keek omhoog naar het tweede plateau. 'Ik zie iemand,' zei hij, en zijn greep verslapte. 'Stil eens. Wat is dat?'

We werden allemaal stil, maar ik hoorde niets anders dan het ruisen van bloed in mijn oren.

'Stemmen,' zei Etienne rustig. 'Horen jullie ze ook?'

Ik luisterde ingespannen. Dit keer hoorde ik ze, ver weg, maar naderend.

'Het is Thais.'

Ik verslikte me. 'Jezus! We moeten rennen!' Ik kwam overeind, maar Etienne trok me weer naar beneden.

'Richard,' zei hij, en door mijn angst heen registreerde een deel van me verrassing over zijn kalme gelaatsuitdrukking, 'als we gaan rennen, zullen ze ons zien.'

'Wat moeten we dan?'

Hij wees op het donkere kreupelhout. 'We kunnen ons daar verstoppen.'

Plat tegen de grond gedrukt, turend door een wirwar van bladeren, wachtten we tot de mensen verschenen.

Eerst zag het ernaar uit dat ze buiten ons gezichtsveld langs zouden lopen, maar toen brak er een tak en stapte er een man de plantage op, vlak bij de plek waar Etienne en ik een paar minuten geleden hadden gestaan. Hij was jong, misschien twintig, en had de bouw van een kickbokser. Zijn borst was bloot en overdekt met spieren, en hij had een legerbroek aan – donkergroen, wijd en met zakken op de pijpen. In zijn hand had hij een lange machete. Over zijn schouder hing een machinegeweer.

Ik voelde dat Françoise haar lichaam tegen me aan drukte – ze trilde. Ik keek om, om de een of andere reden denkend dat ik haar zou kunnen kalmeren, maar ik voelde dat mijn gezicht verstrakt was. Ze staarde me met opgetrokken wenkbrauwen aan, alsof ze wilde dat ik uitleg zou geven. Hulpeloos schudde ik mijn hoofd.

Er verscheen een tweede man, ouder, ook gewapend. Ze bleven staan en wisselden een paar woorden met elkaar. Hoewel ze ruim twintig meter verderop stonden, droeg het merkwaardige zangerige van hun taal perfect over die afstand. Toen riep een andere man iets vanuit het oerwoud en gingen ze weg, ze verdwenen over de bergkam en daalden de helling af waarlangs wij oorspronkelijk gekomen waren.

Twee of drie minuten nadat hun zangerige gepraat was weggestorven, barstte Françoise ineens in tranen uit. Toen begon Etienne ook te huilen. Hij lag op zijn rug en drukte zijn tot vuisten gebalde handen tegen zijn ogen.

Ik keek uitdrukkingsloos naar die twee. Ik stond in tweestrijd. Door de schok van de ontdekking van de weedplantage en de spanning bij het schuilhouden voelde ik me leeg. Ik knielde alleen op de grond, terwijl het zweet uit mijn haar langs mijn gezicht stroomde, en dacht nergens aan.

Na een poos kwam ik tot mezelf. 'Oké,' zei ik. 'Etienne had gelijk. Ze wisten niet dat we er waren, maar daar kunnen ze snel genoeg achter komen.' Ik pakte mijn vuilniszak. 'We moeten hier weg.'

Françoise ging zitten en veegde haar ogen af met een modderig T-shirt. 'Ja,' mompelde ze. 'Kom, Etienne.'

Etienne knikte. 'Richard,' zei hij ernstig, 'ik wil hier niet doodgaan.'

Ik opende mijn mond om iets te zeggen, maar kon niets bedenken.

'Ik wil hier niet doodgaan,' herhaalde hij. 'Jij moet ons hieruit redden.'

De val

Moest ík ze eruit zien te redden? Ik? Ik kon mijn oren niet geloven. Hij was degene geweest die zijn verstand bij elkaar had gehouden toen de plantagebewakers eraan kwamen. Ik was in paniek geraakt. Ik wilde eigenlijk zeggen: 'Red jij ons er verdomme maar uit!'

Maar ik hoefde hem alleen maar aan te kijken om te weten dat hij in deze omstandigheden niet de leiding zou nemen. En Françoise al evenmin. Ze keek me aan met dezelfde angstige, verwachtingsvolle uitdrukking als Etienne.

Aangezien ik geen andere keus had, was ik uiteindelijk degene die het besluit nam verder te gaan. In de ene richting waren de bewapende mannen, die over paden liepen waarvan wij in onze onwetendheid hadden aangenomen dat ze door dieren waren ontstaan. Misschien waren ze zelfs op weg naar het strand en zouden ze de wikkel van de reep vinden of voetstappen die onze aanwezigheid zouden verraden. We hadden geen idee wat we in de andere richting zouden aantreffen. Misschien nog meer velden, misschien nog meer gewapende mannen, misschien een strand vol westerlingen, en misschien helemaal niets.

Van twee kwaden het beste kiezen is een cliché dat ik nu verfoei. Verstopt in het struikgewas, trillend van angst, leerde ik dat als het ene kwaad de bewaker van een weedplantage is, het andere kwaad al gauw het beste lijkt.

Ik kan me vrijwel niets herinneren van de eerste paar uur nadat we het plateau hadden verlaten. Ik denk dat ik me zo op het hier en nu concentreerde dat het mijn hersens geen ruimte liet voor iets anders. Misschien moet je tijd hebben om na te denken – hoe kort dan ook – om je iets te kunnen herinneren, gewoon om de herinnering de kans te geven zich ergens te nestelen.

Ik heb wel een paar fotoachtige beelden: het uitzicht vanaf de bergpas, terugkijkend op de weedvelden achter ons, en een paar surrealistischer beelden – surrealistisch omdat het beelden zijn die ik nooit kan hebben gezien, maar als ik mijn ogen dichtdoe, kan ik ze even duidelijk voor me zien als elk ander mentaal beeld.

Een beeld van ons drieën tijdens de afdaling van de berg via de andere kant van de bergpas. Ik zie het van achteren, zodat ik alleen onze ruggen kan zien, en de aanblik is enigszins van bovenaf, alsof ik hoger op de helling sta. We hebben onze vuilniszakken niet bij ons. Mijn armen zijn leeg en gestrekt, alsof ik mijn evenwicht probeer te bewaren, en Etienne heeft Françoise een hand gegeven.

Het andere merkwaardige is dat ik in de verte de lagune kan zien, en een witte veeg zand boven de boomtoppen. Maar dat is onmogelijk. We zagen de lagune pas toen we bij de waterval waren gekomen.

Het was alsof je op een gebouw van vier verdiepingen stond, en ik vind het vreselijk om bij zo'n afgrond recht overeind te staan. Om de diepte te peilen moest ik op mijn buik naar de rand van het klif kruipen, uit angst dat het evenwichtsgevoel waarmee ik op een stoel kan staan me in de steek zou laten en ik als een dronkenman mijn dood tegemoet zou vallen.

De bergwand liep aan weerskanten door, stak uiteindelijk met een bocht de zee in en liep ononderbroken door tot hij in de verte weer aansloot op het land. Het was alsof er een reusachtige cirkel uit het eiland was gesneden om de lagune met een rotswand te omsluiten – precies zoals Zeph had beschreven. Vanwaar wij zaten, konden we zien dat de door zee omsloten kliffen nog geen twintig meter breed waren, maar een passerend schip zou nooit kunnen vermoeden wat erachter lag. Je zou alleen een ononderbroken met oerwoud begroeide kustlijn zien. De lagune werd vermoedelijk gevoed door onderwatergrotten en -stromen.

De watervallen kwamen uit in een poel van waaruit een snelstromende beek tussen de bomen verdween. De hoogste bomen waren zeker zo hoog als waar wij stonden. Als ze iets dichter bij de afgrond hadden gestaan, hadden we ze kunnen gebruiken om naar beneden te komen – en naar beneden komen was het grote probleem. De afgrond was te steil en te hoog om klimmen in overweging te nemen.

'Wat vinden jullie ervan?' vroeg ik, terwijl ik van de rand van het klif terugkroop naar Etienne en Françoise.

'Wat vind jíj ervan?' antwoordde Etienne, die er blijkbaar nog niet aan toe was mij van de leiding te ontheffen.

Ik zuchtte. 'Ik denk dat we vast en zeker de juiste plek hebben gevonden. Het strand ligt waar het staat aangegeven op de kaart van meneer Duck, en het klopt als een bus met de beschrijving van Zeph.'

'Zo dichtbij en zo ver.'

'Zo dichtbij en toch zo ver,' verbeterde ik hem afwezig. 'Dat vat het aardig samen.'

Françoise stond op en keek over de lagune naar de rotswand aan de zeekant. 'Misschien moeten we daarnaar toe lopen,' stelde ze voor. 'Misschien is die makkelijker af te dalen.'

'Het is daar hoger dan hier. Je kunt zien waar het land begint te stijgen.'

'We zouden in zee kunnen springen. Daar is het niet te hoog voor.'

'We zouden die rotsen nooit kunnen ontwijken.'

Ze keek moe en geïrriteerd. 'Oké, Richard, maar er moet immers een weg naar beneden zijn? Als mensen naar dat strand gaan, moet er een manier zijn om er te komen.'

'Als mensen naar dat strand gaan,' herhaalde ik. Er was niets wat erop wees dat er beneden mensen waren. Ik had me voorgesteld dat we groepjes vriendelijke toeristen met zonverbrande gezichten zouden zien als we bij het strand kwamen, die luierden, naar koraal doken of met een frisbee speelden. Dat soort dingen. In werkelijkheid was het strand, voor zover we konden zien, prachtig, maar helemaal uitgestorven.

'Misschien kunnen we vanaf deze waterval naar beneden springen,' zei Etienne. 'Het is minder hoog dan het klif in zee.'

Ik dacht even na. 'Mogelijk,' antwoordde ik, in mijn ogen wrijvend. De adrenaline die me gaande had gehouden tot over de bergpas was verdwenen, en nu voelde ik me doodmoe; zo moe dat ik me niet eens opgelucht voelde dat we het strand hadden gevonden. Bovendien snakte ik naar een sigaret. Ik had een paar keer overwogen er een op te steken, maar ik was nog te bang dat iemand de rook zou kunnen ruiken.

Françoise scheen mijn gedachten te lezen. 'Als je een sigaret wilt, moet je er een opsteken,' zei ze glimlachend. Ik geloof dat het de eerste keer was dat een van ons glimlachte sinds we het plateau hadden verlaten. 'Aan deze kant van de bergpas hebben we geen plantage meer gezien.'

'Ja,' voegde Etienne eraan toe. 'En misschien helpt het... De nicotine... Dat helpt.'

'Daar zit wat in.'

Ik stak een sigaret op en kroop terug naar de rand van het klif.

Als de waterval, redeneerde ik, al duizend jaar in de poel stortte, dan was het waarschijnlijk dat er door erosie een bassin in de rots was uitgesleten. Een bassin dat diep genoeg zou zijn om in te kunnen springen. Als het eiland echter vrij recent was ontstaan, misschien als gevolg van vulkanische activiteit tweehonderd jaar geleden, dan was er wellicht niet voldoende tijd geweest voor het ontstaan van een diepe poel.

'Weet ik veel?' zei ik, langzaam rook uitblazend, en Françoise keek op om te zien of ik het tegen haar had.

De kiezels in het water waren rond afgesleten. De bomen beneden waren hoog en oud.

'Goed,' fluisterde ik.

Ik kwam voorzichtig overeind, één voet een paar centimeter van de rand af, de ander meer naar achteren voor het evenwicht. Ik herinnerde me dat ik modelvliegtuigen maakte, ze vulde met watten, overgoot met aanstekerbenzine, aanstak en uit het hoogste raam van het huis gooide.

'Ga je springen?' riep Etienne zenuwachtig.

'Ik wil het alleen beter bekijken.'

Tijdens het vallen beschreven de vliegtuigjes een bocht naar buiten en leken dan weer af te buigen naar de muur. Het punt waar ze landden en explodeerden tot plakkerige, brandende brokstukken, leek altijd wel dichter bij de grens van het huis te zijn dan ik had verwacht. De afstand was moeilijk te schatten; de modelvliegtuigjes moesten altijd veel harder worden gelanceerd dan je zou verwachten, wilden ze niet op de drempel van de voordeur belanden of op het hoofd van iemand die kwam kijken wat die brandende plekken in de tuin waren.

Ik ging op in die herinnering toen er iets gebeurde. Ik werd overvallen door een overweldigend gevoel, bijna verveling, een merkwaardige lusteloosheid. Ik was er ineens kotsmisselijk van hoe moeilijk deze reis bleek te zijn. Het kostte zoveel inspanning, en er waren te veel schokkende dingen en dilemma's om te ontleden. En dat misselijk zijn had een gevolg. Voor een paar heel belangrijke seconden bevrijdde het me van de angst voor consequenties. Ik had er genoeg van. Ik wilde het gewoon achter de rug hebben. Zo dichtbij en toch zo ver weg.

'Spring dan,' hoorde ik mijn stem zeggen.

Ik wachtte even, me afvragend of ik mezelf goed had verstaan, en toen deed ik het. Ik sprong.

Alles ging zoals het hoort te gaan als je valt. Ik had tijd om te denken. Er schoten stomme dingen door mijn hoofd, zoals de keer dat mijn kat van de keukentafel was gegleden en op zijn kop terechtkwam, en dat ik een keer een sprong van de duikplank verkeerd had ingeschat en dat het water aanvoelde als hout – niet als beton of metaal, maar als hout.

Toen schoot ik de poel in, mijn T-shirt vloog omhoog over mijn borst en bleef om mijn nek steken, en seconden later kwam ik aan de oppervlakte. Het bassin was zo diep dat ik de bodem niet eens had geraakt.

'Ha!' riep ik, met mijn armen door het water zwaaiend en zonder me er iets van aan te trekken of iemand me kon horen. 'Ik leef!'

Ik keek omhoog en zag de hoofden van Etienne en Françoise over het klif steken.

'Alles in orde?' vroeg Etienne.

'Prima! Uitstekend!' Toen voelde ik iets in mijn hand. Ik hield mijn sigaret nog steeds vast – het tabaksgedeelte was eraf, maar ik had het bruine filter in mijn handpalm, doorweekt en met nicotinevlekken. Ik begon te lachen. 'Fantastisch! Gooi de zakken maar naar beneden!'

Ik zat op de met gras begroeide oever met mijn voeten in het water te bengelen en wachtte tot Etienne en Françoise zouden springen. Etienne had er wat moeite mee zich ertoe te zetten, en Françoise wilde niet als eerste springen en hem daar achterlaten.

De man verscheen net op het moment dat ik een sigaret wilde opsteken als compensatie voor de sigaret die ik had verpest. Hij kwam op een paar meter afstand van me tussen de bomen vandaan. Afgezien van zijn gelaatstrekken en zijn volle baard had ik nauwelijks kunnen zien dat hij een blanke was. Zijn huid was zo donker als van een Aziaat, hoewel iets in zijn gebronsde kleur erop wees dat hij vroeger blank was geweest. Hij droeg alleen een rafelige blauwe korte broek en een halsketting van schelpen. Door zijn baard viel zijn leeftijd moeilijk te schatten, maar ik dacht niet dat hij veel ouder was dan ik.

'Zo,' zei hij met zijn hoofd schuin. 'Behoorlijk snel, voor een groentje. Je sprong na drieëntwintig minuten.' Hij sprak accentloos Engels. 'Ik heb er een uur over gedaan, maar ik was alleen, dat maakte het moeilijker.'

Groentje

Ik sloeg een arm over mijn ogen en ging achteroverliggen. Boven het geluid van de waterval uit riep de lichaamloze stem van Etienne naar me dat hij ging springen. Vanwaar hij stond kon hij de man tussen de bomen niet gezien hebben. Ik nam niet de moeite iets terug te roepen.

'Gaat het een beetje?' hoorde ik de man vragen, en het gras ritselde toen hij een paar stappen naar me toe kwam. 'Het spijt me, ik had... Je moet je rot geschrokken zijn.'

Rot geschrokken? dacht ik. 'Niet echt. Ik voel me heel ontspannen.'

Ongelooflijk ontspannen. Gelukzalig. Tussen mijn vingers voelde ik de sigaret mijn huid warmen, dichter bij mijn hand branden.

'Wie noem je een groentje?' mompelde ik.

Er schoof een schaduw over mijn gezicht toen de man zich vooroverboog om te kijken of ik niet was flauwgevallen. 'Zei je iets?'

'Ja.'

Etienne gilde toen hij omlaagkwam, en de plons waarmee hij neerkwam, ging op in het kletteren van het water, en het kletteren van het water klonk als de rotorbladen van een helikopter.

'Ik zei: wie noem jij een groentje?'

De man zweeg even. 'Ben je hier al eerder geweest? Ik herken je niet.'

Ik glimlachte. 'Natuurlijk ben ik hier eerder geweest,' antwoordde ik. 'In mijn dromen.'

Afmaken. Lijkenzakken. Geklik. Gekreun. Spleetogen. Vietcong. Vermist. Gesneuveld. Gedemilitariseerde zone. Groentje.

Groentje. Iemand die aan zijn eerste term in Vietnam begint.

Waar ik die dingen geleerd heb?

In 1989 heb ik *84 Charlie Mopic* gezien. In 1986 zag ik *Platoon*. Mijn vriend Tom zei: 'Rich, heb je zin om naar *Platoon* te gaan?' 'Goed,' zei ik, en hij lachte. 'Dan moet je iemand zien te vinden die met je meegaat.' Hij maakte altijd dat soort grapjes – dat was voor hem even natuurlijk als ademhalen. We zijn hem die avond gaan zien in de Swiss Cottage Odeon, zaal 1, 1986.

In 1991 stonden we in de vertrekhal van de luchthaven op zoek naar iets om de uren te doden tijdens een lange vlucht naar Jakarta. 'Eric van Lustbader?' stelde Sean voor, maar ik schudde mijn hoofd. Ik had Michael Herr mensen naar de andere wereld zien helpen. De uren vlogen voorbij.

Groentje? Ja, hoewel ik door de vallei des doods loop, vrees ik het kwaad niet, want ik ben de ergste klootzak in de hele vallei.

Een groentje? Hoezo?

We liepen tussen de bomen door achter de man aan. Af en toe staken we de beek over die uit de poel kwam en zich door het oerwoud slingerde, en soms kwamen we op een open plek – een met een smeulend kampvuur en zwartgeblakerde vissenkoppen eromheen.

We praatten niet veel tijdens het lopen. Het enige wat de man ons wilde vertellen, was zijn naam, Jed. De rest van onze vragen wimpelde hij af. 'In het kamp kunnen we makkelijker praten,' legde hij uit, 'wij hebben jullie net zoveel te vragen als jullie ons.'

Op het eerste gezicht leek het kamp veel op hoe ik het me had voorgesteld. Er was een grote, zanderige open plek, omgeven door raketachtige bomen, waar her en der eenvoudige bamboehutten stonden. Een paar zeildoeken tenten vielen een beetje uit de toon, maar verder leek het veel op het type dorp dat je in Zuidoost-Azië aantreft en ik al vele malen had gezien. Aan het eind was er een groot gebouw, een longhouse, en daarnaast kwam de beek van de waterval weer te voorschijn, maakte een bocht en liep langs de rand van de open plek. Te oordelen naar de steilte van de oevers was hij duidelijk opzettelijk omgeleid.

Pas nadat ik dit allemaal in me had opgenomen, merkte ik iets vreemds op aan het licht. Het bos was afwisselend donker en licht geweest, maar hier werd alles verlicht door een onveranderlijk, gedempt schijnsel, alsof het eerder schemering was dan midden op de dag. Ik keek omhoog langs de stam van een van de reusachtige bomen. De hoogte van de boom alleen al was adembenemend, geaccentueerd door het feit dat de lagere takken waren gekapt, waardoor hun hoogte nog beter uitkwam. Hoger aan de boom groeiden er weer takken die boven de open plek omhoogkrulden als gevels, tot ze samenkwamen met takken van de andere kant. De wijze van samenkomen leek te dicht en dik, en toen ik beter keek, zag ik dat ze om elkaar heen waren gedraaid en vervlochten om een gewelfd dak van hout en bladeren te vormen, behangen met stalactietachtige slingerplanten die er spookjesachtig goed bij pasten.

'Camouflage,' zei Jed achter me. 'We willen niet gezien worden vanuit de lucht. Soms komen er vliegtuigen over. Niet vaak, maar soms.' Hij wees omhoog. 'Oorspronkelijk werden de takken met touw samengebonden, maar nu groeien ze uit zichzelf zo. Af en toe moeten we ze een beetje terugsnoeien, anders wordt het te donker. Indrukwekkend, hè?'

'Verbijsterend,' antwoordde ik, en ik werd zo in beslag genomen door deze aanblik dat ik niet in de gaten had dat er mensen uit het longhouse kwamen en over de open plek naar ons toe liepen. Drie mensen om precies te zijn. Twee vrouwen en een man.

'Sal, Cassie en Bugs,' zei een van de vrouwen toen ze bij ons waren. 'Ik ben Sal, maar doe geen moeite onze namen te onthouden.' Ze glimlachte hartelijk. 'Je raakt toch alleen maar in de war als je de anderen ontmoet, en uiteindelijk leer je alle namen wel kennen.'

De naam Bugs zal ik niet gauw vergeten, dacht ik bij mezelf en ik slaagde er ternauwernood in mijn lachen in te houden. Ik fronste mijn voorhoofd en bracht mijn hand naar mijn slapen. Sinds ik van de waterval was gesprongen, was mijn hoofd steeds lichter gaan voelen. Nu kreeg ik het gevoel of het zo van mijn schouders kon wegzweven.

Françoise stapte op de vrouw af en zei: 'Françoise, Etienne en Richard.'

'Zijn jullie Fransen? Wat leuk! We hebben hier nog nooit Fransen gehad.'

'Richard komt uit Engeland.' Françoise wees op mij, en ik probeerde beleefd te knikken, maar ik overdreef de voorwaartse beweging, waardoor het knikje een kleine buiging werd.

'Leuk!' riep de vrouw weer uit en ze nam me vanuit

haar ooghoeken nieuwsgierig op. 'Nou, laten we iets te eten gaan maken voor jullie, want ik denk dat jullie wel trek zullen hebben.' Ze richtte zich tot de man. 'Bugs, wil jij een stoofschotel klaarmaken? Dan kunnen we met z'n allen lekker lang zitten praten om elkaar te leren kennen. Hoe klinkt dat?'

'Het klinkt fantastisch, Sal,' zei ik luid. 'Weet je dat je gelijk hebt? Ik heb echt trek.' De lach die ik eerst had onderdrukt, schoot er ineens uit. 'We hebben alleen van die koude instantpasta gegeten en chocola. We konden het campinggasje niet meenemen... Etiennes kookpit... En...'

Jed dook naar voren om me op te vangen toen ik flauwviel, maar te laat. Zijn geschrokken gezicht draaide buiten mijn gezichtsveld toen ik achteroverviel. Het laatste wat ik zag was een glimp blauwe lucht door het bladerdak, voor de duisternis inviel en het opslokte.

Batman

Ik wachtte geduldig tot meneer Duck zou verschijnen. Ik wist dat hij in de buurt was omdat ik in het kaarslicht bloed zag liggen in het zand om mijn bed, en er zat een rode handafdruk op de lakens. Ik vermoedde dat hij zich in de schaduw ophield aan de andere kant van het longhouse, wachtend tot hij kon opdoemen en me verrassen. Maar hij was degene die verbaasd zou zijn. Dit keer verwachtte ik hem.

De minuten verstreken. Ik zweette en zuchtte. Er stroomde was langs de kaars, die vastklonterde in het zand. Van een balk boven mijn hoofd viel een hagedis, die tussen mijn benen belandde.

De hagedis van de regenbui, teruggekomen om me te bezoeken.

'Ah,' zei ik. 'Hallo daar.' Ik stak mijn hand uit om hem te pakken, maar hij wrong zich los, een centimeter roze staart achterlatend.

Een van de spelletjes van meneer Duck.

Ik vloekte en hield de staart omhoog, die heen en weer rolde op mijn handpalm. 'Heel slim, Duck! Ik weet niet wat het moet betekenen, maar erg slim.' Ik viel terug op mijn kussen. 'Hé, Duck! Goed zo, jongen? Goed zo, jochie!'

'Tegen wie heb je het?' zei een slaperige stem van ver weg uit de schaduw.

Ik ging weer overeind zitten. 'Ben jij dat, Duck? Je klinkt anders.'

'... Ik ben het, Bugs.'

'Bugs. Die herinner ik me. Laat me raden. Bugs Bunny, zeker?'

Er viel een lange stilte. 'Ja,' zei de stem. 'Dat klopt.'

Ik krabde op mijn hoofd. Er zaten kleverige klontjes in mijn haar vastgekoekt. 'Ja, dat dacht ik al. Jij hebt het zeker overgenomen van Duck? Wie volgt?' grinnikte ik. 'Road Runner?'

In het donker waren twee mensen aan het fluisteren.

'Porky Pig? Yosemite Sam? Nee, wacht, ik weet het al... Wile E. Coyote. Je bent vast Wile E. Coyote?'

In het oranje kaarslicht zag ik iets bewegen in het longhouse; er kwam iemand naar me toe lopen. Toen de figuur dichterbij kwam herkende ik de slanke gestalte.

'Françoise! Zeg, Françoise, dit is een betere droom dan de vorige. Al dat schieten, Jezus.'

'Ssst,' fluisterde ze, terwijl ze naast me neerknielde en haar lange witte T-shirt omhoogschoof over haar dijen. 'Dit is geen droom.'

Ik schudde mijn hoofd. 'Jawel, hoor, Françoise. Kijk maar naar het bloed op de vloer. Dat is van meneer Duck, uit zijn polsen. Die houden nooit op met bloeden. Je had moeten zien wat er in Bangkok is gebeurd.'

Ze keek om zich heen en toen weer naar mij. 'Dat bloed komt van je hoofd, Richard.'

'Maar...'

'Je hebt je bezeerd toen je viel.'

'... Meneer Duck.'

'Ssst. Er slapen hier mensen. Alsjeblieft.'

Ik ging verbaasd liggen en ze legde haar hand op mijn voorhoofd.

'Je hebt een beetje verhoging. Denk je dat je weer in slaap kunt komen?'

'... Ik weet het niet.'

'Zul je het proberen?'

'Goed.'

Ze trok de lakens over mijn schouders en glimlachte een beetje. 'Zo. Doe je ogen dicht.'

Ik sloot mijn ogen.

Het kussen verschoof toen ze zich vooroverboog. Ze kuste me voorzichtig op de wang.

'Ik droom,' fluisterde ik, toen ik haar hoorde weglopen door het longhouse. 'Ik wist het wel.'

Meneer Duck hing boven me als een vleugelloze vleermuis, zijn benen omklemden de balk, de terugwijkende lijn onder zijn ribbenkast strekte zich tot een groteske holte, zijn bengelende armen dropen gestadig.

'Ik wist het,' zei ik. 'Ik wist dat je in de buurt was.' Er spetterde een scheut bloed op mijn borst. 'Zo koud als een godvergeten reptiel.'

Meneer Duck keek kwaad. 'Net zo warm als het jouwe. Het voelt alleen koud door de koorts. En je moet het dek over je heen trekken. Zo vat je nog kou.'

'Te warm.'

'Mmm. Te warm, te koud.'

Ik veegde mijn mond af met een natte hand. 'Is het malaria?'

'Malaria? Eerder een zenuwinzinking.'

'Waarom heeft Françoise die dan niet?'

'Zij was niet zo zenuwachtig als jij.' Zijn overmaatse kaak stak naar voren en spleet zijn gezicht tot een ondeugende lach. 'Ze is heel attent geweest, weet je. Echt heel attent. Ze heeft twee keer bij je gekeken terwijl je sliep.'

'Ik slaap.'

'Natuurlijk, je slaapt diep.'

De vlam van de kaars flakkerde toen de smeltende was de pit overstroomde. Buiten tsjirpten cicaden. Bloed droop als ijswater omlaag, waardoor ik ging huiveren en de lakens om me heen trok.

'Wat was dat voor iets met die hagedis, Duck?'

'Hagedis?'

'Hij ging ervandoor. Tijdens het noodweer kon ik hem in mijn hand houden. Maar hier ging hij ervandoor.'

'Ik lijk me te herinneren dat hij er tijdens het noodweer vandoor ging, Rich.'

'Ik hield hem in mijn hand.'

'Is dat wat jij je herinnert, Rich?'

De poel was werd zo groot dat de kaars hem niet meer kon bevatten. Plotseling liep de was weg en de vlam schoot helder op en wierp een scherpe schaduw tegen het plafond van het longhouse. Een silhouet. Een vleugelloze vleermuis met hangende klauwen en magere armen.

'Bliksem,' fluisterde ik.

De kaak stak naar voren. 'Goed zo, jongen.'

'Rot toch...'
'... Goed zo, jochie.'
'... op.'
Er verstreken minuten.

Praten

Laat in de ochtend, schatte ik. Alleen door de warmte. Door de duisternis van het longhouse en het stille schijnsel van de kaars was er niets anders waaraan je de tijd kon aflezen.

Met gekruiste benen zat er een Boeddha op mijn bed, met de handpalmen plat op okerkleurige knieën. Een ongewone Boeddha, een vrouwelijke, met een Amerikaans accent, zware borsten duidelijk afgetekend in het saffraankleurige T-shirt, en lang haar dat ze in een paardenstaart droeg en dat haar volmaakt ronde gezicht vrijliet. Om haar hals hing een ketting van schelpen. Naast haar brandden wierookstaafjes waaruit ijle spiralen van geparfumeerde rook opstegen.

'Opeten, Richard,' zei de Boeddha, en ze keek doordringend naar de kom die ik in mijn handen hield – een halve, pas opengehakte kokosnoot – waar nu bijna geen zoetige vissoep meer in zat. 'Helemaal opeten.'

Ik bracht de kom naar mijn mond, en de geur van wierook vermengde zich met de vis en de zoetigheid.

Ik zette hem weer neer. 'Dat kan ik niet, Sal.'

'Je moet, Richard.'

'Dan ga ik overgeven.'

'Richard, toe nou.'

Ze had de Amerikaanse gewoonte om je naam vaak te gebruiken. Dat had het vreemde effect dat het zowel ontwapenend vertrouwelijk was als onnatuurlijk geforceerd.

'Ik krijg het eerlijk niet voor elkaar.'

'Het is goed voor je.'

'Ik heb het meeste op. Kijk maar.'

Ik hield haar de kom voor en we keken elkaar aan over de met bloed bevlekte lakens.

'Oké,' verzuchtte ze. 'Dan laten we het erbij.' Toen sloeg ze haar armen over elkaar, kneep haar ogen samen en zei: 'Richard, we moeten eens praten.'

We waren alleen. Af en toe kwamen er mensen binnen en gingen weer weg, maar gezien heb ik ze niet. Ik hoorde de deur aan de andere kant van het longhouse openslaan en dan viel er een kleine rechthoek van licht binnen tot de deur dichtsloeg.

Toen ik bij de episode kwam waarin ik het lichaam van meneer Duck vond, keek Sal verdrietig. Het was geen heftige reactie; ze trok haar wenkbrauwen omlaag en haar onderlip verstrakte. Ik vermoedde dat Etienne en Françoise haar al over de dood van meneer Duck hadden verteld, zodat het nieuws niet zo schokkend was als het geweest had kunnen zijn. Haar reactie was vrij moeilijk te interpreteren. Hij leek meer op mij gericht dan op iets anders, alsof ze het vervelend vond dat ik getuige moest zijn van zoiets afschuwelijks.

Afgezien van dat ene moment reageerde Sal verder niet. Ze onderbrak me niet, fronste, glimlachte of knikte niet. Ze zat alleen roerloos in haar lotushouding en luisterde. In het begin was die uitdrukkingsloosheid storend en zweeg ik even na belangrijke gebeurtenissen om haar de kans te geven commentaar te leveren, maar ze wachtte alleen tot ik verder ging. Al gauw merkte ik dat ik in een stroom van bewustzijn glipte en tegen haar praatte of ze een bandrecorder was of een priester.

Ze leek veel op een priester. Ik kreeg het gevoel of ik aan het biechten was, op een schuldbewuste manier mijn paniek op het plateau beschreef en probeerde te rechtvaardigen waarom ik tegen de Thaise politie gelogen had; en de stille manier waarop ze deze dingen in zich opnam was als absolutie. Op een verhulde manier gaf ik zelfs aan dat ik me aangetrokken voelde tot Françoise, gewoon om het kwijt te raken. Voor haar waarschijnlijk te onduidelijk om op te pikken, maar de intentie was er.

Het enige wat ik achterhield was het feit dat ik twee andere mensen had geïnstrueerd hoe ze het eiland konden bereiken. Ik wist dat ik haar over Zeph en Sammy zou moeten vertellen, maar ik dacht ook dat ze kwaad zou kunnen worden als ze wist dat ik hun geheim had rondverteld. Daar kon ik beter mee wachten tot ik meer van de situatie op de hoogte was zonder meteen mijn lot in de waagschaal te stellen.

Ik vertelde haar evenmin over mijn dromen over meneer Duck, maar dat lag anders. Er was geen reden waarom ik dat wel zou doen.

Ik werkte naar het eind van het verhaal toe door het af te sluiten met het moment waarop ik het kamp was binnengelopen en was flauwgevallen, daarna leunde ik over de rand van het bed en haalde een slof sigaretten uit mijn vuilniszak. Sal glimlachte; de biechtsfeer werd verbroken en sloeg meteen om in de semi-vertrouwelijkheid van daarvoor.

'Zo,' zei ze en rekte het woord uit met haar Noord-Amerikaanse accent. 'Je bent goed voorbereid.'

'Mmm,' antwoordde ik, het enige wat ik kon zeggen

terwijl ik de kaarsvlam tegen het uiteinde van de sigaret hield. 'Ik ben een vreselijke junk.'

Ze lachte. 'Dat zie ik.'

'Wil je er een?'

'Nee, dank je. Dat kan ik beter niet doen.'

'Probeer je ermee te stoppen?'

'Ik ben er al mee gestopt. Dat moet je ook proberen, Richard. Dat is hier makkelijk.'

Ik nam een paar snelle trekjes zonder te inhaleren om de wasachtige smaak van de sigaret te verdrijven. 'Ik stop er wel mee als ik een jaar of dertig ben. Als ik kinderen heb.'

Sal haalde haar schouders op. 'Zie maar,' zei ze glimlachend en ze streek met een vinger over haar wenkbrauwen om het zweet weg te vegen. 'Nou, Richard, zo te horen heb je een heel avontuurlijke tocht gehad. Onder normale omstandigheden komen nieuwe gasten hier onder toezicht naar toe. Jouw omstandigheden waren erg ongebruikelijk.'

Ik wachtte of ze erop zou doorgaan, maar dat deed ze niet. In plaats daarvan strekte ze haar benen alsof ze wilde weggaan.

'Eh, mag ik nu een paar vragen stellen, Sal?' zei ik vlug.

Ze wierp een snelle blik op haar pols. Ze had geen horloge om; het was eerder een puur instinctieve beweging.

'Ik heb nog het een en ander te doen, Richard.'

'Toe, Sal. Ik heb je zoveel te vragen.'

'Vast wel, maar dat hoor je allemaal wel op z'n tijd. Dat heeft niet bepaald haast.'

'Een paar vragen maar.'

Ze kruiste haar benen weer. 'Vijf minuten.'

'Oké, eh... ik wil eerst wel iets weten over waar we eigenlijk terecht zijn gekomen. Ik bedoel: wat is dit voor een plek?'

'Het is een badplaats.'

Ik keek verbaasd. 'Een badplaats?'

'Een plek waar je met vakantie naar toe kunt gaan.'

Ik keek nog verbaasder. Te oordelen naar de blik in Sals ogen vond ze mijn gezicht amusant.

'Voor vakanties?' probeerde ik te zeggen, maar de woorden bleven in mijn keel steken. Dat klonk zo denigrerend. Ik had tweeslachtige gevoelens over het verschil tussen toeristen en reizigers – het probleem was dat de verschillen steeds kleiner werden naarmate ik meer reisde. Maar het enige verschil waar ik nog de vinger op kon leggen was dat toeristen met vakantie gingen, terwijl reizigers iets anders deden. Ze reisden.

'Wat dacht je dan dat het was?' vroeg Sal.

'Ik weet het niet. Ik heb er eigenlijk helemaal niet over nagedacht.' Ik blies langzaam rook uit. 'Maar ik had zeker niet gedacht dat het een badplaats zou zijn.'

Ze maakte een wuivend gebaar met haar mollige hand. 'Oké. Ik plaag je maar wat, Richard. Natuurlijk is het meer dan een badplaats. Maar tegelijkertijd is het ook een badplaats. We komen ons hier ontspannen op een prachtig strand, maar het is geen badplaats, omdat we badplaatsen nu juist proberen te vermijden. Of we proberen er iets van te maken wat geen badplaats zal worden. Snap je?'

'Nee.'

Sal haalde haar schouders op. 'Je zult het wel zien, Richard. Het is niet zo ingewikkeld.'

Ik begreep eigenlijk wel wat ze bedoelde, maar ik wilde het niet toegeven. Ik wilde dat ze een beschrijving zou geven van Zelphs eilandcommune van vrije geesten. Een badplaats leek wel een heel povere beloning na alle moeilijkheden die we hadden doorstaan, en er trok een gevoel van verbittering door me heen toen ik terugdacht aan de zwemtocht en de angst toen we ons op het plateau moesten verstoppen.

‘Kijk niet zo teleurgesteld, Richard.’

‘Nee, ik ben niet... Ik ben...’

Sal boog zich voorover en kneep in mijn hand. ‘Na een poosje zul je zien dat dit een heerlijke plek is, zolang je hem waardeert om wat hij is.’

Ik knikte. ‘Het spijt me, Sal. Het was niet de bedoeling om teleurgesteld te kijken. Ik ben niet teleurgesteld. Ik bedoel: het longhouse en de bomen buiten... Het is indrukwekkend.’ Ik lachte. ‘Het is stom. Ik denk dat ik iets als een ideologie of zoiets had verwacht. Een doel.’

Ik zweeg terwijl ik mijn sigaret oprookte. Sal maakte geen aanstalten om te gaan. ‘En die gewapende mannen op de weedplantage?’ vroeg ik, de gedoofde peuk bewust in het pakje terugstoppend. ‘Hebben ze iets met jullie te maken?’

Sal schudde haar hoofd.

‘Zijn het drugsbaronnen?’

‘Ik vind “drugsbaronnen” wat overdreven. Ik heb het idee dat de plantages eigendom zijn van voormalige visserlui uit Ko Samui, maar ik kan het verkeerd hebben. Ze verschenen een paar jaar geleden en hebben min of meer die helft van het eiland in beslag genomen. Wij kunnen er niet meer komen.’

‘Maar ze weten dat jullie er zijn?’

‘Natuurlijk, maar ze kunnen er niet veel tegen doen. Ze kunnen ons niet aangeven. Als wij een inval krijgen, krijgen zij die ook.’

‘Dus er zijn geen moeilijkheden tussen jullie?’

Sals hand schoot naar de schelpenketting om haar hals. ‘Ze blijven op hun helft. Wij op de onze,’ zei ze kortaf.

Toen stond ze abrupt op en sloeg met nodeloze aandacht het zand van haar rok. 'Genoeg gepraat, Richard. Ik moet er nu echt vandoor, en jij hebt nog steeds koorts. Je moet rusten.'

Ik protesteerde hier niet tegen, en Sal maakte aanstalten weg te lopen en ik zag dat haar T-shirt het kaarslicht iets langer vasthield dan haar huid en rok.

'Nog één vraag,' riep ik haar achterna, en ze keek om. 'Die man in Bangkok. Kende je hem?'

'Ja,' zei ze zacht en ze liep weer door.

'Wie was dat?'

'Hij was een vriend.'

'Heeft hij hier gewoond?'

'Hij was een vriend,' zei ze nog eens.

'Maar... Goed, nog één vraag.'

Sal bleef niet staan, en nu was alleen haar saffraankleurige T-shirt nog zichtbaar, op en neer deinend in de duisternis.

'Eentje nog!'

'Wat?' zweefde haar stem terug.

'Waar is de wc?'

'Buiten, de tweede hut aan de rand van het kamp.'

De heldere lichtstreep die door de deur van het longhouse viel, zonk terug in duisternis.

Op onderzoek

De wc, een kleine bamboehut aan de rand van de open plek, was een mooi voorbeeld van hoe goed het kamp georganiseerd was. In de hut was een laag bankje met een gat erin ter grootte van een voetbal, waardoor je stromend water kon zien – een zijtak van de omgeleide beek met de waterval. Er zat een tweede gat in het dak om iets van het spaarzame licht door te laten dat door het bladerdak filterde.

Al met al was het er veel aangenamer dan in tal van toiletten die je buiten de verwesterde wereld aantreft. Er was echter geen wc-papier. Op zich niet zo verrassend, maar ik had verwacht dat er dan misschien bladeren zouden liggen of iets dergelijks. In plaats daarvan stond er een plastic kan bij de waterloop.

In de landelijke streken van Azië tref je overal plastic kannen aan, en ik had me al jaren afgevraagd met welk doel. Ik weigerde te geloven dat Aziaten zich met hun hand afvegen – dat is een belachelijk idee – maar afgezien van handen wassen begrijp ik niet welk ander nut zo'n kan heeft. Ik weet zeker dat ze het water niet gebruiken om zich af te spoelen. Afgezien van het feit dat het niet erg effectief zou zijn, zou het een enorme kliederboel geven, en ze komen kurkdroog te voorschijn als ze aan de roep van de natuur hebben voldaan.

Van alle mysteries in het Oosten zou dit het makkelijkst te ontrafelen moeten zijn, maar het onderwerp lijkt in een samenzweerderig stilzwijgen gehuld. Een vriend uit Manila heeft me eens vergezeld tijdens een uitstapje naar een klein eiland voor de kust van Luzon. Op een dag trof ik hem aan op een aarden wal waar hij met kennelijke bezorgdheid in het water van een mangrovemoeras stond te staren. Toen ik hem vroeg wat er aan de hand was, bloosde hij hevig, waardoor zijn bruine huid bijna paars werd, en wees op een paar stukjes wc-papier die in het water ronddreven. Het tij voerde het wc-papier in de richting van een paar huizen, en door dat vooruitzicht was hij in paniek geraakt. Niet om redenen van hygiënische aard, maar omdat het zijn westerse toiletgewoonten zou verraden – gewoonten die de plaatselijke bevolking onaanvaardbaar smerig zou vinden. Uit schaamte overwoog hij het moeras in te lopen, het wc-papier eruit te vissen en ergens te begraven.

We slaagden erin het probleem op te lossen door het water met stenen te bekogelen tot het papier stukging en zonk. Toen we wegslopen van de plaats van de misdaad vroeg ik hem me een beschrijving te geven van het acceptabele alternatief van de plaatselijke bevolking, maar dat weigerde hij te doen. Hij suggereerde op geheimzinnige toon dat ik hun methode even walgelijk zou vinden als zij de onze. Dichter ben ik niet bij de waarheid gekomen.

Gelukkig hoefde ik alleen maar te plassen, dus werd me een experiment bespaard. Tegen de tijd dat ik moest poepen, zou ik stiekem het oerwoud wel in gaan.

Ik verliet de wc en liep over de open plek. Ik voelde me nog steeds een beetje koortsig, maar ik wilde niet nog meer uren benauwde lucht inademen en naar flakkerende kaarsvlammen kijken. In plaats daarvan liep ik langs het longhouse met de gedachte op verkenning te gaan. Ik hoopte ook dat ik Etienne en Françoise zou vinden, die al verdwenen waren sinds ik wakker was. Ik nam aan dat zij ook op verkenning waren.

Op de open plek telde ik negen tenten en vijf hutten, het longhouse niet meegeteld. De tenten werden alleen gebruikt om in te slapen – door de openingen zag ik rugzakken en kleding, en in een ervan zag ik zelfs een Nintendo-gameboy, maar alle hutten schenen een functie te hebben. Afgezien van de wc was er een keuken en een wasgedeelte, die ook van water werden voorzien door aftakkingen. De andere hutten werden als opslagruimte gebruikt. In een ervan werd timmergereedschap bewaard en in een andere dozen met conserven. Ik vroeg me af hoe lang het kamp al bestond. Sal had gezegd dat de weedplantages een paar jaar geleden waren aangelegd, wat inhield dat de reizigers al een hele tijd daarvoor hier waren gekomen.

Tenten, gereedschap, conserven, Nintendo. Hoe meer ik zag, hoe meer ik me verbaasde. En niet zozeer door de mate waarin het kamp was georganiseerd, maar meer door de manier waarop. Geen van de hutten maakte een nieuwere indruk dan de andere. De scheerlijnen van de tenten werden met stenen op hun plaats gehouden, en de stenen waren aangeaard. Niets leek willekeurig, alles leek doordacht; aangelegd in plaats van zomaar ontstaan.

Terwijl ik over de open plek liep, door tentopeningen naar binnen keek en het bladerdak bestudeerde tot mijn nek er pijn van deed, werd mijn gevoel van ontzag alleen geëvenaard door een gevoel van frustratie. Er doken steeds vragen in mijn hoofd op, en elke vraag riep weer een nieuwe vraag op. Het was duidelijk dat de mensen die het kamp hadden opgezet ooit een boot nodig hadden gehad. Dat suggereerde de hulp van Thais, wat weer een bepaald soort Thais suggereerde. Een zwendelaar uit Ko Samui wilde dan wel de hand lichten met de voorschriften om rugzaktoeristen een paar nachten op een eiland in een natuurgebied te laten doorbrengen, maar het was moeilijker om je voor te stellen dat zo iemand kratten voedsel en timmergereedschap zou overvaren.

Ik vond het ook raar dat het kamp zo verlaten was. Het voorzag kennelijk in de behoefte van een groot aantal mensen, en een paar keer meende ik vlakbij stemmen te horen, maar ik zag niemand.

Na een poos begonnen de stilte en de stemmen die ik af en toe in de verte hoorde op mijn zenuwen te werken.

Aanvankelijk voelde ik me alleen een beetje eenzaam en had ik medelijden met mezelf. Ik vond dat Sal me niet aan mijn lot had moeten overlaten, en al helemaal niet nu ik ziek was en nieuw in het kamp. En Etienne en Françoise waren zogenaamd mijn vrienden. Hadden ze als vrienden niet in de buurt moeten blijven om er zeker van te zijn dat het me goed ging?

Maar de eenzaamheid sloeg al snel om in grote achterdocht. Ik merkte dat ik schrok als ik oerwoudgeluiden hoorde, dat mijn schuifelende voetstappen in het zand merkwaardig hard klonken, en ik betrapte me erop dat ik bestudeerd nonchalant deed ten behoeve van ogen die me, naar ik vermoedde, tussen de bomen gadesloegen. Zelfs de afwezigheid van Etienne en Françoise werd een reden tot bezorgdheid.

Misschien kwam het deels door mijn koorts, of misschien was het een normale reactie onder abnormale omstandigheden. Ik kreeg hoe dan ook de zenuwen van die griezelige stilte. Ik besloot dat ik de open plek moest verlaten. Ik ging terug naar het longhouse om mijn sigaretten en schoenen te halen, maar toen ik de lange schaduwbaan zag die tussen de deur en mijn door een kaars verlichte bed lag, veranderde ik van gedachte.

Er voerden een paar paden weg van de open plek. Ik koos het dichtstbijzijnde.

Bij toeval koos ik het pad dat rechtstreeks naar het strand voerde. Het zand was te heet aan mijn blote voeten, dus liep ik op een draf naar de vloedlijn, en nadat ik een mentale tekening had gemaakt van de plek waar ik uit het oerwoud was gekomen, wierp ik in gedachten een munt op en sloeg linksaf.

Toen ik uit de claustrofobische spelonk van bomen te

voorschijn kwam, kalmeerde ik. Er was voldoende afleiding terwijl ik door het ondiepe water liep.

Toen ik bij de waterval had gestaan, had ik de enorme kring van granietrotsen als een barrière beschouwd om naar beneden te komen, maar nu vormden ze een barrière om weer naar boven te gaan. Een gevangenis had nauwelijks imposantere muren kunnen hebben, hoewel het moeilijk was om zo'n plek als gevangenisachtig te beschouwen. Afgezien van de schoonheid van de lagune kreeg je het gevoel dat de rotsen bescherming boden: de muren van een omgekeerd kasteel, verzonken in plaats van opgericht. Sal had me niet de indruk gegeven dat ze zich erg bedreigd voelde door de hennepkwekers, maar toch was de wetenschap dat de kliffen tussen mij en hen lagen geruststellend.

De lagune zelf was bijna volmaakt verdeeld tussen land en zee. Ik schatte dat hij anderhalve kilometer breed was, hoewel ik de betrouwbaarheid van deze schatting niet erg serieus nam. Nu ik dichter bij de kliffen was dan toen ik bij de waterval stond, zag ik karakteristieken in de rotswand die ik eerst niet had gezien. Langs de waterlijn zaten zwarte holten en grotten. Ze maakten de indruk dat ze tot ver in de rots doorliepen – misschien ver genoeg om een doorgang te vormen voor een kleine boot. In de zee zelf lagen nogal wat uitstekende rotsen, die glibberig waren waar de golven ertegenaan spoelden en die door eeuwen tropische regenval afgeplat waren tot vlakke steen.

Ik had een paar honderd meter langs het strand gelopen toen ik gestalten zag rondplassen om een van de grotere rotsen. Vreemd genoeg was mijn eerste gedachte dat het zeehonden waren, tot ik besefte dat er in Thailand onmogelijk zeehonden konden zijn. Toen ik beter keek, zag ik dat het mensen waren. Eindelijk had ik iemand gevonden.

Ik beheerste de impuls om naar ze te roepen, om geen andere reden dan een vage ingeving voorzichtig te zijn. In plaats daarvan liep ik op een sukkeldrafje terug naar de rand van het oerwoud, waar ik in de schaduw kon zitten wachten tot de zwemmers terugkwamen. Daar zag ik voetstappen, T-shirts, en tot mijn blije verrassing een aangebroken pakje Marlboro's. Na een milliseconde van tweestrijd jatte ik er een.

Voor het moment tevreden blies ik rookkringetjes de lucht in en ontdekte dat die snel opstegen als ze over het strand zweefden en zonder te vervliegen wegzweefden naar de overhangende palmbladeren. Het duurde een paar verbaasde haaltjes voor ik erachter kwam dat dat veroorzaakt werd door de warmte die opsteeg van het zongeblakerde zand.

De zwemmers waren minder verwarrend. Ze waren vis aan het spietsen. Om de zoveel tijd kwamen ze allemaal het water uit en staarden ingespannen naar het hen omringende water, met opgeheven speren. Dan wierpen ze hun speer allemaal tegelijk, doken het water in, plasten wat rond en dan begon het proces opnieuw. Ze schenen heel wat vis te vangen.

Exocet

Geneutraliseerd door nat haar en donkere huid leken de zes zwemmers wel een kopie van elkaar. Ik herkende Etienne en Françoise pas toen ze het hete strand waren overgestoken en hun vangst neerlegden.

Iets deed me aarzelen voor ik van achter de bomen te voorschijn kwam. Het gaf een raar gevoel mijn twee vrienden zo vriendschappelijk te zien omgaan met de andere zwemmers. Ze lachten allemaal en noemden elkaar bij de naam. Het deed me beseffen hoezeer ik was buitengesloten doordat ik de eerste dag en nacht in het kamp slapend had doorgebracht. En toen ik te voorschijn kwam, was er niemand in de groep die me opmerkte. Ik moest er een poosje staan wachten, met een gebeitelde glimlach op mijn gezicht, tot een van hen opkeek.

Niet wetend wat ik anders moest doen, kuchte ik uiteindelijk. Zes hoofden draaiden zich gelijktijdig om.

'Hallo,' zei ik onzeker. Er viel een stilte. Françoise keek me met een lichte frons aan alsof ze me even niet kon thuisbrengen. Toen verscheen er een brede glimlach op Etiennes gezicht.

'Richard! Je bent beter!' Hij sprong op me af en omarmde me. 'Hoor eens, allemaal,' zei hij, terwijl hij me met een natte arm stevig vasthield en met zijn andere arm een weids gebaar maakte. 'Dit is onze vriend die ziek was.'

'Hallo, Richard,' zeiden de zwemmers in koor.

'Hallo...'

Etienne omarmde me nog eens. 'Ik ben zo blij dat je beter bent!'

'Ik ook.'

Over Etiennes schouder keek ik naar Françoise. Ze stond nog steeds bij de groep en ik glimlachte naar haar. Ze wierp me een wat scheve glimlach toe. Of op een wetende manier. Ik vroeg me ineens af wat voor dingen ik er allemaal zou hebben uitgeflapt in mijn ijlende staat.

Als om me nog meer in paniek te brengen kwam ze naar me toe en streek zacht met een hand over mijn arm. 'Fijn om te zien dat je je beter voelt, Richard,' zei ze mat, maar toen ik mijn mond opendeed om iets terug te zeggen, draaide ze zich om.

'Ik heb een vis gevangen!' zei Etienne. 'Het was de eerste keer dat ik viste en ik heb meteen een grote gevangen!' Hij wees op zijn vangst. 'Zie je die grote blauwe vis?'

Ik mompelde iets bevestigends en luisterde maar half naar hem, omdat mijn hoofd werd overstroomd met kille gedachten.

'Die is van mij!'

Ik werd aan de andere zwemmers voorgesteld.

Moshe was een Israëlier met een brede grijns. Hij maakte er op dezelfde manier gebruik van als een krankzinnige van een geweer; hij keek stralend om zich heen met verbijsterende willekeur. Toen ik zijn lach hoorde, knipperde ik instinctief met mijn ogen, alsof ik een hamer op steen of metaal hoorde slaan. Ons gesprek werd gehinderd doordat ik hem moest bekijken door het stroboscoopeffect van mijn knipperende ogen.

Verder waren er twee hautaine Joegoslavische meisjes, van wie ik de namen nooit heb leren uitspreken en al helemaal niet heb leren spellen, die met veel ophef vertelden dat ze uit Sarajevo kwamen. Ze zeiden: 'Wij komen uit Sarajevo,' en lieten toen een betekenisvolle stilte vallen, alsof ze verwachtten dat ik zou flauwvallen of hen zou feliciteren.

En dan was Gregorio er nog. Gregorio mocht ik meteen. Hij had een vriendelijk gezicht en lispelde een beetje op een Spaanse manier. Toen we aan elkaar werden voorgesteld zei hij: 'Prettig met je kennif te maken.' Voor hij me een hand gaf, droogde hij zijn handen af aan zijn T-shirt en liet erop volgen: 'We zijn allemaal blij met je kennif te maken.'

Ik kan me niets meer herinneren van wat Etienne me vertelde toen we door het ondiepe water terugliepen. Ik weet nog dat hij het erover had wat ik gemist had toen ik sliep, en er staat me nog een beeld bij van hoe hij de vis in zijn armen hield en zijn bruine borst met zilverkleurige schubben besmeurde, maar verder weet ik niets meer. Zo zat ik erover in wat ik tegen Françoise gezegd zou kunnen hebben.

Ik besefte dat ik achter de waarheid moest zien te komen, omdat ik anders gek zou worden. Françoise liep een paar passen achter de groep, dus zorgde ik dat ik achter Etienne kwam te lopen door te doen of ik een interesssante schelp had gevonden, maar zodra ik dat deed, versnelde ze haar pas. En toen ik haar inhaalde, leek ze opzettelijk achter te blijven.

Leek. Ik kon het onmogelijk met zekerheid zeggen. Toen ze langzamer ging lopen, werd ze schijnbaar afgeleid door iets tussen de bomen, maar dat zou even onecht kunnen zijn geweest als mijn interessante schelp.

Voor mij was het voldoende. Inmiddels was ik ervan overtuigd dat mijn verdenkingen klopten en ik besloot dat ik zonder uitstel de lucht moest zuiveren, of het nu rationeel was of niet.

Toen ik weer wat was achtergebleven, pakte ik haar bij de arm.

'Françoise,' zei ik, in een poging het juiste evenwicht te vinden tussen nonchalant en vastberaden. 'Is er iets vreemds aan de hand?'

'Vreemds?' antwoordde ze met grote ogen. 'Nou ja, alles hier is zo vreemd. Ik ben er natuurlijk nog niet aan gewend.'

'Nee, ik bedoelde niet hier... Hoor eens, misschien ligt het aan mij, maar ik heb het gevoel dat er iets raars aan de hand is tussen ons.'

'Tussen ons?'

'Tussen mij en jou,' zei ik meteen blozend. Ik kuchte en boog mijn hoofd. 'Ik dacht dat ik toen ik ziek was misschien iets had gezegd wat...'

'O?' Ze keek me aan. 'Wat denk je dan wel niet dat je gezegd hebt?'

'Ik weet niet wat ik heb gezegd. Ik vraag het jou.'

'Ja, en ik vraag wat jij denkt dat je gezegd hebt.'

Verdomme, dacht ik. Terugspoelen.

'Niets. Ik ben helemaal niet bang dat ik iets gezegd heb.'

'Dus...?'

'Ik weet het niet. Ik vond alleen dat je raar deed. Het zal wel aan mij liggen. Laat maar zitten.'

Françoise bleef staan. 'Goed,' zei ze. De rest van de groep liep voor ons uit. 'Ik zal het je zeggen, Richard. Je bent bang dat je gezegd hebt dat je van me houdt, waar of niet?'

'Wat?' riep ik uit, even van mijn stuk gebracht door haar Exocet-achtige directheid. Toen kwam ik tot mezelf en zei zacht: 'Jezus Christus, Françoise! Natuurlijk niet!'

'Richard...'

'Ik bedoel dat dat een belachelijk idee is.'

'Richard, alsjeblieft. Het is niet belachelijk. Daar was je bang voor.'

'Welnee, helemaal niet. Ik was...'

'Richard!'

Ik zweeg. Ze keek me recht in de ogen. 'Ja,' zei ik langzaam. 'Daar was ik bang voor.'

Ze zuchtte.

'Françoise,' begon ik, maar ze viel me in de rede.

'Het geeft niet, Richard. Je had koorts, en mensen zeggen rare dingen als ze koorts hebben. Dingen die ze niet menen. Dus je bent bang dat je iets raars hebt gezegd. Dat stelt niets voor. Ik begrijp het wel.'

'Ben je niet boos?'

'Natuurlijk niet.'

'En… Heb ik verder nog iets gezegd? Iets in die trant?'

'Nee.'

'Echt niet?'

Ze keek weg. 'Nee, echt niet. Het is heel lief dat je je daar zorgen over maakt, maar dat hoeft niet. Vergeet het verder maar.' Toen wees ze op de anderen, die nu twintig meter verder op het strand liepen. 'Kom. We moeten gaan.'

'Goed,' zei ik zacht.

'Goed.'

Zonder verder iets te zeggen haalden we de groep in. Françoise liep naar Etienne en begon met hem in het Frans te praten, en ik liep een beetje afzijdig van de anderen. Toen we bij de afslag van het strand naar het kamp kwamen, kwam Gregorio schuchter naar me toe.

'Voel je je als de nieuwe jongen op school?'

'O, eh… Ja, een beetje wel.'

'De eerste dagen zijn natuurlijk moeilijk, maar maak je geen zorgen. Jij zult wel snel vrienden maken, Richard.'

Ik glimlachte. De manier waarop hij 'jij' benadrukte maakte dat het persoonlijk klonk, alsof hij dacht dat ik een bijzondere eigenschap had waardoor ik makkelijk vrienden zou maken. Ik wist dat het alleen kwam door de manier waarop hij Engels sprak, maar ik kikkerde er toch van op.

Game over, jongen

Terwijl wij op het strand waren, was het kamp volgestroomd met mensen. Ik zag Bugs en Sal bij de ingang van het longhouse, in gesprek met een groep mensen die allemaal touwen bij zich hadden. Voor de keukenhut was een dikke knaap bezig vis schoon te maken, waarna hij de schoongemaakte vis op brede bladeren legde en de ingewanden wegdeed in een met bloed besmeurde plastic emmer. Naast hem stond een meisje in een houtvuur te blazen en de vlammen te voeden met aanmaakhoutjes.

Het midden van de open plek leek het centrale ontmoetingspunt te zijn. De meeste mensen liepen er wat rond en kletsten. Aan de overkant hing een meisje met zorg natte kleren over de scheerlijnen.

Gregorio had gelijk. Ik voelde me inderdaad als de nieuwe jongen op school. Ik keek de open plek rond alsof het de speelplaats was tijdens mijn eerste speelkwartiertje op school en vroeg me af welke scheidslijnen en rangorden ik zou moeten leren, en welke van de stuk of dertig gezichten mijn vrienden zouden worden.

Eén gezicht viel op. Het was van een zwarte man die alleen zat, met zijn rug tegen een hut die als opslagruimte werd gebruikt. Hij zag eruit als een jaar of twintig, had een kaalgeschoren hoofd en zijn ogen waren ingespannen gericht op een klein grijs apparaatje dat hij in zijn handen had – de Nintendo-gameboy die ik eerder had gezien.

Etienne en Françoise liepen achter Moshe aan om hun vangst af te leveren bij de man die de vis schoonmaakte. Ik was bijna achter ze aan gelopen. Door de schoolpleinsfeer was ik geneigd bij de mensen te blijven die ik kende, maar toen keek ik nog eens om naar de Nintendo-jongen. Ineens vertrok zijn gezicht en dwars door het geroezemoes heen hoorde ik hem sissen: 'Game over.'

Ik heb eens gelezen dat het meest begrepen woord ter wereld 'oké' is, gevolgd door 'coke', in de zin van cola. Ik vind dat ze het onderzoek moeten herhalen en dit keer 'game over' moeten testen.

'Game over' is mijn favoriete aspect van het spelen van videospelletjes. Dat moet ik nader preciseren. Mijn favoriete aspect is de fractie van een seconde vóór 'game over'.

Streetfighter Two – een gouwe ouwe – waarin Leo over Ryu heerst. Ryu is zijn favoriete personage omdat hij een goede allrounder is – uitstekende verdediging, behoorlijk snel en als hij in een aanval gaat, is hij niet meer te stuiten. Theo heerst over Blanka. Blanka is sneller dan Ryu, maar hij is eigenlijk alleen goed in de aanval. Als je met Blanka wilt winnen, moet je de andere speler op zijn huid zitten en geen moment verzwakken. Trappen, zwaaischoppen, wervelende aanvallen, kop afbijten. Overdonderen tot ze het opgeven.

Beide spelers zijn op het eind van hun energiestaaf. Nog één klap en ze zijn er geweest, dus zijn ze allebei voorzichtig. Ze trekken zich ieder aan een kant van het scherm terug en wachten tot de andere vent het initiatief neemt. Leo gaat tot de aanval over. Hij schiet een vuurbal af om Theo tot afweer te dwingen en springt er dan met een zwaaischop in om Blanka's groene hoofd eraf te slaan. Maar als hij door de lucht gaat, hoort hij zacht tikken. Theo geeft een commando waardoor een elektrische verdediging wordt opgeladen, zodat Ryu 10.000 volt door zijn lijf krijgt gejaagd als zijn voet Blanka's hoofd raakt.

Dat is de fractie van een seconde voor 'game over'.

Leo heeft het geluid gehoord. Hij weet dat hij er geweest is. Hij heeft net tijd om te zeggen: 'Ik ben er geweest', voor Ryu ontbrandt en achterwaarts over het scherm wordt geworpen, oplichtend als een kerstboom, een verkoold skelet. Toast.

In die fractie van een seconde besef je dat je op het punt staat te sterven. Verschillende mensen reageren daar verschillend op. Sommigen vloeken en tieren. Sommigen zuchten of snakken naar adem. Sommigen gillen. Ik heb heel wat horen gillen in de twaalf jaar dat ik verslaafd was aan videospelletjes.

Ik ben ervan overtuigd dat dit moment een zeldzaam inzicht biedt in de manier waarop mensen zullen reageren vlak voordat ze echt doodgaan. Het spelletje raakt iets zuivers dat aanstellerij te boven gaat. Als Leo het tikken hoort, roept hij uit: 'Ik ben er geweest!' Hij zegt het snel, met berusting en begrip. Ik denk dat hij hetzelfde zou reageren als hij over de M1 zou rijden en een auto op zijn rijbaan in de slip zou raken.

Persoonlijk ben ik een driftkikker. Ik smijt mijn joystick tegen de grond, ogen stijf dichtgeknepen, hoofd achterovergegooid, terwijl er een stroom van verwensingen uit mijn mond rolt.

Een paar jaar geleden had ik een spelletje dat Alien 3 heette. Dat had iets leuks. Als je je levens had opgebruikt, verscheen er een fotorealistisch beeld van de Alien, bij wie het kwijl uit zijn mond liep, en dan blèrde een computerstem: 'Game over, man!'

Dat vond ik ontzettend leuk.

'Hallo,' zei ik.

De jongen keek op. 'Hallo.'

'Hoe ver ben je gekomen?'

'Honderdvierenveertig.'

'Zo, niet slecht.'

'Ik heb weleens honderdzevenenzeventig gehaald.'

'Honderdzevenenzeventig?'

Hij knikte. 'En jij?'

'O, mijn record is honderdvijftig.'
Hij knikte weer. 'Je bent een van de drie groentjes, hè?'
'Klopt.'
'Waar kom je vandaan?'
'Uit Londen.'
'Ik ook. Zin in een spelletje?'
'Natuurlijk.'
'Oké.' Hij wees op het zand. 'Trek er een stoel bij.'

Ineke Noordhoff

Theo Nobel, schipper van de reddingsboot

'Ik woon thuis en vaar toch'

'Wanneer het stormt, zet ik de scanner wat harder. En als ik weg moet, hou ik er rekening mee dat de auto in de buurt is. Onrust is te veel gezegd, maar ik ben wel steeds alert.'

Theo Nobel, schipper van de reddingsboot van Ameland, is het liefste thuis. Hij is trots op de monumentale boerderij in Hollum waar hij woont en die hij zelf restaureerde. Hij geniet in de zomer van de groentetuin en in de winter van het houtvuur in de kachel. Maar als de wind over de schoorsteen raast, staat hij op scherp.

'Ik realiseer me continu wat voor tij het is, volg hoe de wind zich ontwikkelt. Met zakkend water en noordwesterstorm worden de golven steiler. Zeker als de wind tegen de ebstroom in gaat, kan het hier om de hoek bij de vuurtoren goed dicht zitten. En het is daar niet diep. Als het water tegen de ruit slaat – 's nachts sowieso natuurlijk – zie je niet veel. Dan moet je samenwerken met de vuurtoren. Samen zoek je een gaatje. Een plaats waar genoeg water is, waar je doorheen kunt.

Aan het reddingswerk zit altijd een bepaalde spanning. Soms ook angst, al is dat sterk gezegd. Het is vergelijkbaar met een examen doen. Die spanning is ook nodig, het is een vorm van zelfbescherming die voorkomt dat je doldriest wordt. Bij slecht weer is het bepaald niet zo als de telefoon gaat, dat ik denk: Ha lekker, we gaan het weer eens doen.'

Het reddingshuisje van de Koninklijke Nederlandse Reddingsmaatschappij – de KNRM – op de pier in de Ballumerbocht is tegenwoordig zijn werkplek. Sinds twee jaar is Theo in vaste dienst als schipper van de Johannes Frederik, de reddingsboot die voor de deur in het water van de Waddenzee ligt. Hij draait een Van Nelle terwijl hij achter de grote tafel zit waar de complete bemanning van de reddingsboot omheen past. Hij is tenger gebouwd maar onder zijn opgestroopte mouwen zijn gespierde onderarmen zichtbaar. Op tafel onder een glasplaat liggen zeekaarten van Ameland en omstreken. 'Als er een schip in nood is, krijg ik dat direct door via de marifoon. Ik alarmeer de vrijwilligers.'

Zo ging het vroeger in zijn ouderlijk huis ook – zij het met andere hulpmiddelen. 'Wij woonden naast de zuivelfabriek in Hollum. Daar werkte mijn vader als machinist. Als de reddingsboot uit moest varen, wisten wij het als eerste. Mijn vader snelde naar de fabriek, en blies de stoomfluit. Kort daarop hoorde je de paarden en de mannen lopen in de straat. Dan voelde je de opwinding. De reddingsboot werd van onder de vuurtoren door de paarden het duin over getrokken de zee in.

Die oude stoomfluit heb ik nog. Hij geeft zo'n hoog schril geluid, tweetonig. Zeker als het midden in de nacht klonk, en dan drie keer, SOS, was het wel een angstaanjagend geluid. Ook de paarden kenden de fluit.'

Op 14 augustus 1979 werden de paarden door het onderstel een onverwachte diepte in getrokken. Ze verdronken alle acht. 'Ik weet nog exact waar ik was toen ik het bericht hoorde. Elke Amelander zal je precies kunnen vertellen wat hij toen deed. Ik fietste een rondje om het IJsselmeer. Op de fiets van opa. Ik was net in Apeldoorn in een jeugdherberg.'

Een paar jaar later kwam de reddingsboot aan de luwere kant van het eiland te liggen, aan de wadkant, waar hij aan de steiger in de Ballumerbocht in het water kan blijven. Er is dus geen paardentractie meer nodig. Wanneer Theo nu de krachtige motoren (1400 pk) van de Johannes Frederik start, wordt dat alleen waargenomen door de vrijwilligers die door een discrete pieper uit hun werk of woonhuis zijn geroepen. De schapen die grazen op de egaal groene dijk kijken niet eens op als de reddingsmaatschappij uitrukt.

'Vroeger voer de boot misschien tien keer per jaar uit. Nu is dat veel vaker. Vorig jaar hadden we honderdvijftig uitrukken. Vaak gaat het om patiëntenvervoer. Daar zit een stuk routine in, al vergen die tochten wel een hoge concentratie. Niet alleen omdat er een patiënt aan boord is, ook omdat je met een snelheid van eenendertig mijl door een geul van soms twintig meter breed vaart. Maar de echte opwinding heb je vooral bij reddingsacties op zee, door het gevaar.

Toen ik jong was, wilde ik al varen. Ik heb het nog geprobeerd op de meao, maar dat vond ik niks. Vroeger had je grofweg twee categorieën mensen: boeren en zeelui. Een heleboel lieden, ook hier op Ameland, prakkiseren er niet over de zee op te gaan. Bij ons thuis hing een schilderij van mijn overgrootvader aan de muur. Die was kapitein op een fregat. We hadden zo'n grote koperen kijker die nog van hem was geweest, en een kwikbarometer. De zee en die verre reizen, dat fascineerde me van jongs af aan. Ik monsterde aan en ben ook tot Kaapstad geweest.

Maar ik kreeg verkering. Door die relatie ben ik niet op zee gebleven. We kozen voor een leven op Ameland en na diverse baantjes ben ik het sociaal-cultureel werk in gegaan. Mensen op Ameland zijn enorm bij elkaar betrokken. Op de wal doet één procent van de bevolking mee aan een cursus of activiteit van het sociaal-cultureel werk, hier een derde van de mensen. Naast dat werk ben ik als vrijwilliger op de reddingsboot gekomen. Eerst als opstapper, toen als stuurman, daarna als reserveschipper en de laatste twee jaar als schipper. Tegenwoordig heb ik het helemaal mooi: ik ben terug op het eiland, woon thuis en vaar toch.

Doordat ik een tijd op zee ben geweest, zie je de noodzaak van het reddingswerk. Ik zie mezelf niet als heldhaftig. Ik kan een mooi verhaal houden dat ik zo graag medemensen wil redden – en natuurlijk speelt dat ook een rol. Maar in dit werk zit natuurlijk ook een zekere spanning. Dat trekt.' In zijn rechteroor hangt een gouden ring. 'Dat zie je veel bij zeelui. Vooral vissers. Als ze verdrinken en ze spoelen ergens aan, is er altijd iets van waarde om het lijk te kunnen begraven of naar huis te sturen.' Grijnzend: 'Niet dat het zo gaat, hoor.' Zelf heeft hij nog niet zo lang een oorring. 'Het was eigenlijk een weddenschap met een van mijn dochters.

Het idee dat je gevaar loopt met het reddingswerk, heeft wel invloed op je leven, denk ik. Misschien kan ik daardoor zo genieten van mijn directe omgeving. Als je op het wad met je eigen bootje voor anker ligt met mooi weer, het eiland op de horizon, de meeuwen om je heen en af en toe een nieuwsgierige zeehond die voorbijkomt, maar ook de combinatie van rust en je thuis voelen in je eigen huis en tuin. Dat geeft mij het gevoel in deze biotoop te passen.'

In zijn huis, waar de muurankers het jaartal '1619' aangeven, vertelt hij: 'De ouders van Multatuli woonden vroeger in dit huis. Zijn moeder was een Amelandse. De vader van Eduard, Jan Douwes Dekker, was kapitein op een zusterschip van mijn overgrootvader.' Hij wijst naar een schilderij op de schoorsteenmantel van een enorm zeilschip: 'Heeft mijn broer Klaas geschilderd. Onze overgrootvader moet Jan Douwes Dekker gekend hebben. Ze voeren voor dezelfde rederij op gelijke schepen. Die mannen hebben elkaar vast gesproken. Mooi hè, hoe zulke lijnen bij elkaar komen in zo'n woninkje.' Afgelopen jaren is hij druk bezig geweest om het huis in oude staat terug te brengen. Vol respect voor de voorvaderen en de historie.

'Om me heen zag ik eilanders die ervoor kozen om op de wal te gaan wonen, maar zelf heb ik die behoefte nooit zo gevoeld. Je hebt standvogels en trekkers, beide zijn even mooi en ondergaan de seizoenen op hun eigen manier. Je hebt Amelanders en Amelanders, en ook die ervaren het leven op een eiland op hun eigen manier.' Hij peinst en formuleert dan zijn verwantschap met de standvogels: 'Hier is de omgeving een deel van jezelf. Dat kan ik me aan de wal niet voorstellen. Het is begrensd. Als ik op het strand loop, heb ik het idee dat het mijn strand is. Niet in de zin dat het mijn bezit is, maar het is een deel van jezelf.'

De zesenveertigjarige Theo en zijn vrouw ('die van de verkering') hebben drie kinderen. Twee dochters zitten sinds kort op een flatje in Leeuwarden. Alleen zoon Anne van twaalf woont nog thuis. Hij steekt ter begroeting een hand uit de oude bedstee. De voormalige slaapplaats is omgebouwd tot een multimediale werkplaats. We hebben even geduld nodig voor Annes eigen site (www.bastanet.tk) op het scherm verschijnt.

'Via tv en computer is de wereld heel dichtbij, ook al woon je op een eiland. Met vakantie blijven we zelfs meestal thuis. Er is hier genoeg te doen. Er is geen bioscoop, maar bijna niemand die dat mist. We zijn hier heus geen cultuurbarbaren, maar lezen kun je nog altijd het beste thuis doen.

Vroeger was de kerk een bindende factor. Alleen in Hollum al hadden we drie kerken. Mijn ouders waren gereformeerd. Ik heb me destijds wel uit laten schrijven als lid. Dat lag erg moeilijk bij de familie, want mijn opa was een van de oprichters. Nu kom ik alleen nog in de kerk bij begrafenissen. Je had natuurlijk allerlei groepjes, verenigingen. Dat vervaagt. De jeugd bindt zich niet meer zoals vroeger.

Je merkt dat we hier vergrijzen. Mensen die zijn uitgewerkt en samen lekker oud willen worden, komen naar het eiland. Ik zou niet meer weten wie er wonen in de nieuwbouw van Hollum. Trouwens huizen in het dorp worden soms gekocht door mensen van de wal die er maar een paar weekends per jaar zijn. Ook daardoor valt het wat uit elkaar.

Omdat we op een eiland zitten, is er meer sociale controle. Ik ervaar dat wel als positief. Misschien was dat anders toen ik zelf in de puberteit was, maar nu zie ik voordelen. Als mijn dochters op stap zijn in Nes, maak ik me geen moment zorgen al komen ze om vijf uur 's ochtends thuis. Voor jongeren is het eiland magnifiek: ze kunnen geld verdienen en gaan en staan waar ze willen. Met de criminaliteit valt het hier wel mee, afgezien van wat vandalisme bij de cafés. Mensen gedragen zich meestal redelijk; ze zijn zich er toch van bewust dat ze met de boot terug moeten.

De laatste dertig jaar is er een hoop veranderd. In Nes heb je die stroom dagtoeristen; van de boot naar het strand. Ik ben blij dat we daar in Hollum niet zoveel van merken. Projectontwikkelaars zetten een hoop gebouwen neer. Het eiland heeft nu veertigduizend bedden. Daarmee zitten we echt aan het maximum. Twintig jaar geleden hadden we het tij nog kunnen keren. Nu draai je de ontwikkeling niet meer terug. We kunnen het hoogstens wat temperen. Dit eiland moet erg zijn best doen om een beetje zijn eigen karakter te houden, anders wordt het hier te veel Ibiza. Ik vind dat we het toerisme meer moeten richten naar de natuur. De meerwaarde van het eiland zit niet in een zwembad bij het appartement.

Ik ken alle Nederlandse waddeneilanden, en ook een aantal Duitse en Deense. Vlieland en Schier komen redelijk met elkaar overeen vanwege de beperkingen in het autogebruik. Dat had ik hier ook graag gewild. De auto heeft dit eiland wel beïnvloed. Dat proces is langzaam gegaan. De bermen in de dorpen zijn steeds kleiner geworden. De bomen zijn soms verdwenen omdat de hoge wagens ertegenaan reden.' Die auto's storen hem meer dan de mensen. 'Zeker hier in Hollum valt het met het aantal toeristen wel mee, op Texel en Terschelling is het drukker.

En toerisme heeft ook leuke kanten. Wij hadden vroeger een schot in huis, want in de zomer verhuurden mijn ouders de helft van de woning. Dan had je een week of zes anderen om je heen. Vaak waren er leeftijdgenoten bij, dan mocht je mee naar het strand. Met onze eigen ouders deden we dat niet. We hadden ook wel Duitsers in huis, vandaar dat ik nu redelijk Duits spreek.'

Theo is geboren en getogen Amelander. Toch houdt hij wat afstand. 'Ik voel me natuurlijk eilander. Maar sommigen willen zich erop laten voorstaan. Dat heb ik niet zo; ik heb soms ook andere ideeën dan de meeste eilanders.'

Wel draagt hij iets uit van de trots over het verleden. Ameland was een onafhankelijk eiland dat zich in diverse oorlogen neutraal opstelde. 'Cromwell bijvoorbeeld heeft Terschelling platgebrand, Ameland niet omdat dat neutraal was. Je ziet die onafhankelijkheid ook terug in het dialect. Het is geen Fries en geen Hollands. Vroeger waren er meer banden met de Zaanstreek, vanwege de scheepvaart, dan met de Friese kust.'

Wanneer hij vertelt over het Amelandse Sunterklaas, kiest hij weer zijn eigen richting. 'Sunterklaas was een ritueel om te markeren dat jongens man werden. In het spel draait het erom of ze de jaren hebben, of ze achttien jaar zijn. Is dat niet zo, dan worden ze van straat weer het huis in gejaagd. Maar die rituele waarde heeft het nu wat verloren.

Vroeger gingen de mensen een dag van tevoren een verkleedpak maken. En de avond duurde tot middernacht; want de volgende dag moesten de koeien weer vroeg gemolken. Nu zijn ze al twee maanden van tevoren bezig. Het is een mooi feest, maar ik relativeer het wat.

Ik heb afgelopen jaar niet meegedaan. Sinds ik in dienst ben bij de KNRM moet ik vierentwintig uur per dag beschikbaar zijn. Dat is lastig met hobby's. Je moet altijd paraat zijn. Alleen als we met de band optreden – ik speel basgitaar – of als ik aan de wal ben, geef ik de dienst over aan de reserveschipper.

We zijn nu met elf mensen. Voor een uitruk heb je vier of vijf mensen nodig. Als het stormt neem je het liefst de meest ervaren mensen mee. Je overlegt zo veel mogelijk met de ploeg, maar als schipper bepaal je wat er gebeurt. Je weet dat het eropaan komt. En het is enorm belangrijk dat de bemanning goed weet wat je bedoeling is.

Soms maak je hele nare dingen mee. Toen we de bemanning van een schip in nood moesten halen... Met vier mensen ging het goed, we kregen ze veilig aan boord. De reddingsboot ging op een golf omlaag, het schip kwam van boven, met een scherpe hoek. Het ging in een halve seconde. Ik stond er vlakbij en kon net wegspringen. Ik kon de vijfde niet meer grijpen.' Hij valt even stil. Dat is zijn manier om te vertellen hoe vreselijk het was.

'Na afloop praten we daarover. De een kan het beter een plekje geven dan de ander. Voor mezelf is het belangrijk te weten dat ik niet in de fout ben gegaan. Zolang je daarvan overtuigd bent, lukt het ermee om te gaan. Sommige mensen zeggen: Tegenwoordig heb je geweldige hulpmiddelen, er kan niets meer misgaan. Maar het gevaar blijft toch.

Een paar jaar geleden met oudjaar zijn twee Duitse collega's omgekomen. Beroepslui van de Alfred Krupp, een Duitse reddingsboot. Boven Ameland lag een coaster met motorpech. De avond doorvoor waren we nog wezen kijken, maar ze wilden geen hulp. 's Ochtends lag hij bijna op het strand. Toen is van overheidswege verordonneerd om hem vast te leggen. Maar het weer werd slechter. De wissers sloegen voor de ruiten weg. De zee liep ontzettend hoog op: regen, hagel, donker, water van vier graden. Wij zijn toen van 's morgens zes tot 's nachts twee uur in touw geweest om het schip naar de Eemsmond te slepen. Net voor Borkum gaven we de coaster over aan de Duitse collega's.

Toen sloeg een collega van de reddingsboot van Lauwersoog overboord. Na anderhalf uur zag de helikopter zijn lichtje en kon hij worden gered. Wij voeren in een soort hoerastemming hier de Ballumerbocht in omdat onze collega als door een wonder was gevonden.

Daarna kwam er een mayday van Alfred Krupp. Twee man overboord geslagen bij een onverhoedse beweging van het schip. Drie en zeven maanden later spoelden ze aan.

Je ziet soms een hoop narigheid. Dat kan dan te lang blijven hangen. Pas na de Dakotaramp is daar aandacht voor gekomen. Hoe je het herkent: minder goed slapen, prikkelbaar, dat soort signalen. Je moet jezelf, maar ook elkaar in de gaten houden.'

Albert Beintema

Oefeneilanden

Nederland is een moerasvogelland, maar geen zeevogelland. We hebben wat meeuwen en sterns, maar dat zijn eigenlijk meer kustvogels dan echte zeevogels. De Britse Eilanden hebben daarentegen op dit gebied veel te bieden: alken, zeekoeten, papegaaiduikers, stormvogeltjes, noordse stormvogels, noordse pijlstormvogels, jan-van-genten, noem maar op. Vaak op moeilijk bereikbare onbewoonde eilandjes in een stormachtige zee, dus als je ergens kunt oefenen voor Tristan da Cunha is het wel daar.

Mijn eerste zeevogelreis ging naar de zuidkust van Engeland, in 1964. Ik zat een week tussen de alken en de zeekoeten op de kliffen van Dorset en bracht een week door op de Portland Bill Bird Observatory, waar je fantastisch naar vissende jan-van-genten kon kijken. Op Portland Bill waren meer mensen aan het oefenen. Er zat een groepje studenten uit Cardiff, onder aanvoering van Malcolm Penny, om zich voor te bereiden op een expeditie naar de Seychellen in de Indische Oceaan, waar ze onder andere hoopten een al dan niet uitgestorven uiltje op te sporen.

Mijn tweede zeevogelreis ging naar Ierland, waar ik in 1966 in drie maanden alle kusten afstruinde. Ierland heeft fantastische oefeneilanden. In het uiterste zuidwesten liggen de Blasket Islands, die veel met Tristan gemeen hebben. Er is een hoofdeiland, Great Blasket, dat bewoond is geweest en nu dus zonder zeevogels zit, en er liggen een paar kleinere eilanden omheen, waar stormvogeltjes en pijlstormvogels massaal broeden. Net als op Tristan bouwden de Blasketbewoners hun eigen vederlichte bootjes om er de Atlantische golven mee te trotseren. Op Tristan bespande men de spanten met koeienhuiden, op Great Blasket gebruikte men canvas. Een belangrijk verschil blijft natuurlijk dat je vanaf de Blaskets bij goed weer in één dag op en neer kon naar de vaste wal om boodschappen te doen. Hoewel men dat maar zelden deed. En de Blaskets zijn ontruimd. Dat is de Britse regering met Tristan nooit definitief gelukt.

Inishvickillane is van de Blaskets het rijkst aan stormvogels. Ik ben er een paar weken te gast geweest bij een expeditie uit Cambridge, onder aanvoering van Tony Diamond. Zij waren met de Moss Rose, een kleine houten trawler, uit Milford Haven komen varen om diverse Ierse stormvogeleilanden te onderzoeken. Ook voor Tony was dit een oefening. Hij bereidde zich voor op expedities naar de Seychellen (kennelijk een geliefd reisdoel voor Britse ornithologen) en het eveneens in de Indische Oceaan gelegen Aldabra.

De Moss Rose had mij eerst voor een paar dagen op Great Blasket gedeponeerd en bracht me vervolgens naar Inishvickillane, waar de expeditie haar hoofdkwartier had gevestigd. Voor de landingsoperaties met de rubberboot had men de Ierse schipper John Weeving ingehuurd. Tussen Great Blasket en Inishvickillane stond een sterke deining en de branding sloeg met donderend geweld tegen de kliffen op. Met de zon schuin tegen zag Inishvickillane er onverbiddelijk uit, inktzwart en diepgegroefd oprijzend uit het schuimende geweld van de zee. Schipper Derek stelde voor terug te gaan naar Ventry Harbour om een rustiger dag af te wachten, maar John wilde een poging wagen. Wachten op een kalmere dag zou zo een week kunnen duren.

Het was fantastisch om te zien, dat spel met de branding. Zeven grote rollers laten passeren en dan, ‘nu!’, een paar krachtige slagen aan de riempjes en dan werd het bootje door een golfkam naar het keienstrand gedragen, tussen twee ver in zee uitstekende rotsen. De kunst was daartussendoor te komen op een golf die nog niet brak. Eenmaal op de keien beland moest je razendsnel overboord springen om de boot hogerop te trekken, voordat de volgende golf, gegarandeerd hoger dan de vorige, zich op het strand zou storten. Zo moest het landen op Tristan da Cunha, op het zwarte vulkanische strand van Falmouth Bay, ook gaan.

Inishvickillane herbergde een van de grootste kolonies stormvogeltjes ter wereld, ergens tussen de vijfentwintig- en dertigduizend broedparen. Stormvogeltjes zijn heel klein en ze zien er heel teer uit. Het zijn net zwaluwtjes, zwart met een witte stuit. Zoals bij alle stormvogelsoorten zitten de pootjes zo ver naar achteren dat ze niet kunnen staan of lopen. Vanaf de grond kunnen ze moeilijk opstijgen, behalve als het hard waait. Omdat ze op de grond zo onbeholpen zijn, zijn ze in de kolonies ontzettend kwetsbaar. De altijd aanwezige meeuwen liggen voortdurend op de loer en achteloos rondslingerende losse pootjes en vleugeltjes zijn de stille getuigen van menig familiedrama.

Om de meeuwen te ontlopen kwamen de stormvogeltjes alleen ’s nachts aan land. De hele nacht was het een gekraai en gekir van jewelste. Iedereen liet zijn of haar stemgeluid horen, om zo de partner de weg te wijzen in de duisternis. In de lucht was het een doorlopend mysterieus gefladder, alsof er duizenden vleermuisjes op pad waren.

Overdag was het eiland stil. Je zag alleen konijnen. Maar over het hele eiland hing een vage, zoetige oliegeur. Veel stormvogeltjes woonden tussen de losse stenen van wat er over was van het huis bij de landingsplaats, maar de meeste zaten onder de grond, in de eindeloze doolhof van de konijnenholen. Van de konijnen maakten we stew.

Een groot deel van de konijnenholen werd tevens bewoond door pijlstormvogels, die overdag al even stiekem ondergronds bleven en 's nachts krijsend rondvlogen. Pijlstormvogels zijn een stuk groter, glanzend zwart van boven, wit van onderen. Zij scheerden met een noodgang door de duisternis, laag over het eiland, en maakten daarbij spookachtige keelgeluiden, waarvan de haren in je nek recht overeind gingen staan. Zo moesten de nachten op Nightingale ook ongeveer zijn.

Overdag brachten wij konijnendoolhoven in kaart door steeds een arm zo ver mogelijk in een gat te steken, dan tegen het plafond te tikken en daar een nieuw gat te maken, eenvoudig door een pol turf weg te nemen. Zo kwamen we om de haverklap een broedend stormvogeltje en wat minder vaak een pijlstormvogelkuiken tegen, en soms een handvol babykonijntjes. De vangst werd geringd, gewogen en gemeten en dan teruggezet en weer netjes afgedekt.

De pijlstormvogels op Inishvickillane hadden al grote kuikens, enorme, vette, vormeloze donsballen. Pijlstormvogels mesten hun kuikens vet tot ze zwaarder zijn dan zijzelf en laten ze dan in de steek voordat ze kunnen vliegen. Zelf steken ze over naar Brazilië om daar te overwinteren. De achtergelaten jongen worden hongerig en ongeduldig en gebruiken hun laatste vetreserves om hun verenkleed te voltooien. 's Nachts komen ze naar buiten om gevoerd te worden, maar als hun ouders niet komen opdagen moeten ze tegen de ochtend teleurgesteld weer onder de grond. Tot ze op een winderige maanloze nacht het ruime sop kiezen. Zonder begeleiding vinden ook zij de kust van Brazilië.

’s Nachts hielden wij ons bezig met het vangen en ringen van stormvogels. De kleine stormvogeltjes bleven bij bosjes in fijnmazige nylon mistnetten hangen, de pijlstormvogels raapten we gewoon op, als we met een zaklantaarn rond gingen lopen. Zo onhandig zijn ze als ze eenmaal aan de grond zijn. Soms kwam er een pijlstormvogel in het mistnet terecht dat voor de stormvogeltjes bedoeld was. Die veerde dan met een enorme vaart wel twee meter door alvorens protesterend tot stilstand te komen. Dat protesteren bestond uit het opbraken van een onaangenaam stinkende oliemassa. Na verloop van tijd roken al onze bezittingen naar stormvogelolie.

Dertig kilometer ten zuiden van Inishvickillane ligt Puffin Island, genoemd naar de papegaaiduikers, waarvan er daar enige tienduizenden voorkomen. Daarnaast wonen er ondergronds nog eens enkele tienduizenden paren noordse pijlstormvogels. Puffin Island was onze volgende werkplek.

De Moss Rose had een sloep achtergelaten die we veilig boven de hoogwaterlijn op het keienstrandje hadden geparkeerd. Op een mooie rozerode avond zonder wind zijn we daarmee de oceaan op gegaan, tot we terechtkwamen in de zwarte vlek van de pijlstormvogels die we elke avond al vanaf de kant hadden zien liggen. Hier verzamelden de vogels zich bij duizenden om de duisternis af te wachten, alvorens met zijn allen in het donker in een krijsende wirwar het eiland te bestormen. Er stond nog een vrij zware deining, maar de golven waren rimpelloos. Eén voor één rolden ze geruisloos onder het tapijt van vogels door, waarna ze ons optilden en weer lieten zakken, zodat we niet over de golven heen konden kijken. Overal hoorde je kletsende voetjes over het water trappelen als groepen vogels zich even verhieven om zich te verplaatsen. Van grote massa's vogels verwacht je dat ze herrie maken, maar deze wolken van pijlstormvogels waren stil. Er was slechts het geluid van pootjes en vleugels. De nacht op het eiland was daarentegen oorverdovend.

De Moss Rose zette mij af aan de zuidkust van Ierland, niet ver van Cape Clear. Een speciale attractie van Cape Clear is dat het de beste plek van heel Europa is om naar de trek van pijlstormvogels te kijken. Gewone noordse pijlstormvogels scheren hier in augustus bij duizenden voorbij en met een beetje geluk kun je hier hele scharen grauwe pijlstormvogels uit Zuid-Chili zien, of de fameuze grote pijlstormvogels van Tristan da Cunha, soms wel honderden binnen een uur. Uren heb ik over zee zitten turen, maar het is me niet gelukt. De vogels van Tristan da Cunha lieten het afweten.

Great Saltee is een klein zeevogeleiland aan de zuidoostpunt van Ierland. Er komen niet zulke gigantische aantallen zeevogels voor als op de eilanden aan de westkust, maar de variatie is veel groter. Op Puffin Island kom je bijvoorbeeld behalve die enorme massa's pijlstormvogels haast niets anders tegen en op Inishvickillane vind je weinig anders dan stormvogeltjes. En zo is er Little Skellig, dat eigenlijk niet meer dan één gigantische kolonie van jan-van-genten is. Saltee heeft van alles wat: alken, zeekoeten, papegaaiduikers, drieteenmeeuwen en kuifaalscholvers, maar bovendien een bescheiden kolonie jan-van-genten en een kolonietje noordse pijlstormvogels. En dat alles nog gemakkelijk bereikbaar ook. Naast Great

Saltee ligt Little Saltee, dat op het gebied van zeevogels juist heel weinig te bieden heeft. Wel zit er een grote kolonie aalscholvers, die op Great Saltee in het assortiment ontbreken.

Op Saltee bracht ik een week door met mijn zus en zwager en hun driejarige dochtertje, die toen in Ierland woonden. Vervoer naar het eiland werd door een lokale visser verzorgd, via de kruidenier in Kilmore Quay.

Ook op Saltee vond de landing plaats in Tristanstijl. We moesten over de reling in een sloepje springen en werden door de branding naar een miniem strandje geroeid. Niet ver boven de landingsplaats bevonden zich een vervallen boerderij en een bron met goed drinkwater. Daarnaast lag een grasveld waar we onze tenten konden opzetten. Binnen was een kale ruimte met een grote open haard, waar we vuurtjes stookten en ons potje kookten.

Whiskey dronken we uit lege schelpen. Er is een dier waarvan de schelp hiervoor bedoeld lijkt te zijn: de patella, een bewoner van de getijdezone. Hij heeft slechts één schelphelft, die kegelvormig is. Daaronder zit het beest, dat zich vastzuigt aan de rotsen en dan met de schelprand zo precies past, dat hij zich waterdicht kan afsluiten en boven water de laagwaterperiode kan overleven. Bij hoogwater kruipt hij rond om algen te grazen, maar als het water zakt moet hij op tijd op zijn vaste stek terug zijn, want er is maar één plekje waar hij zo precies past. De grootste patella's zijn ongeveer zeven centimeter in doorsnede en vier centimeter diep. Ideaal als borrelglaasje dus. Alleen het voetje ontbreekt, maar dat probleem is op te lossen door het glas met de punt in een hoopje zand te parkeren.

De noordkust van Great Saltee is laag met een strand van dikke ronde keien. Naar het zuiden toe loopt het eiland op. De zuidkust valt in grillige kliffen af naar zee. Hier zaten duizenden alken en zeekoeten. In de steile grashellingen boven de kliffen huisden de papegaaiduikers. Helemaal boven op het eiland bevonden zich enkele kolonies zilvermeeuwen en grote mantelmeeuwen, die zich hier in de broedtijd voornamelijk in leven hielden met producten die de andere zeevogels leverden: eieren en jongen. Op het zuidwestpuntje bevond zich de jan-van-gentenkolonie. Op een aantal plaatsen keek je die grote witte vogels van een paar meter afstand recht in hun clowneske gezichten.

De Saltee Islands zijn onbewoond. Dat is niet altijd zo geweest. De eilanden zijn vermoedelijk al door prehistorische mensen bezocht. In de Middeleeuwen hebben er monniken gewoond en later boeren. Great Saltee is vrij vlak van boven, met goede vruchtbare grond, verdeeld in akkertjes met stenen muurtjes ertussen. Maar al in het begin van deze eeuw werd het eiland verlaten. Er graasden nog wel wat schapen, waar zo nu en dan iemand naar kwam kijken, maar toen ook daar een eind aan kwam veranderden de veldjes in oerwouden van adelaarsvaren, waarin zelfs geen muurtje meer terug te vinden was. Het eiland werd het domein van de zeevogels.

Ieder eiland heeft zijn zonderling. Michael Neale was tien jaar oud toen hij zichzelf zwoer dat hij ooit over een eigen rijk zou regeren. In 1943 kocht hij de Saltee Islands en benoemde zichzelf tot Prins van de Saltees. Hij beweerde dat zijn prinselijke titel officieel in Engeland geregistreerd was, maar dat de Ierse regering hem weigerde te erkennen. Hij bleef volhouden, zodat uiteindelijk de ene na de andere instantie door de knieën ging en ten slotte al zijn officiële post geadresseerd werd aan Zijne Prinselijke Hoogheid. De officiële kroning vond plaats in 1956, nadat Michael op Great Saltee boven op de rotsen een obelisk en een marmeren troon voor zichzelf had laten oprichten. Op de obelisk is zijn profiel uitgebeiteld. Op de troon is het wapen van de prins afgebeeld, bestaande uit een schild, gedragen door twee zeemeerminnen. Daaronder staat gebeiteld:

> 'Deze troon is opgericht ter nagedachtenis van mijn moeder, aan wie ik heb gezworen dat ik ooit de Saltee Islands zou bezitten en de eerste Prins van de Saltees zou worden. Zodoende kunnen mijn erfgenamen en opvolgers slechts de titel van Prins dezer Eilanden opeisen, indien zij gezeten op deze troon, het gewaad en de kroon der Eilanden dragende, de eed van de opvolging afleggen. Michael de Eerste.'

Michael was niet eens de eerste die zichzelf op Saltee kroonde. In 1919 was er John Pierce, die zichzelf tot Koning der Saltees uitriep. Dat moest ter plekke gevierd worden met champagne en fijne hapjes, geserveerd op zilveren schotels. Maar het feestmaal viel in het water toen de boot met de feestgangers, hun champagne en hun zilveren schotels, bij de landing op het eiland omsloeg. Het Koninkrijk Pierce is nooit wat geworden.

In Groningen, waar ik biologie studeerde, leerde ik Dineke kennen. Wij waren het er al spoedig over eens dat wij samen naar Tristan da Cunha zouden gaan. Nightingale moest onze verblijfplaats worden. Zij zou er de vegetatie bestuderen, ik de zeevogels. Samen zouden we de interactie tussen vegetatie en zeevogelbevolking analyseren. We begonnen meer over het eiland en zijn bewoners te lezen en planden een langdurig verblijf op Nightingale.

Onze eerste gezamenlijke vakantie ging, hoe kon het ook anders, naar Great Saltee. Oefenen voor Tristan da Cunha. Wij kampeerden op het grasveldje naast de bouwval van de boerderij, kookten ons potje in de open haard en dronken Ierse whiskey uit patellaschelpen. We troffen de droogste en heetste zomer sinds vijftig jaar. De zee was zo kalm dat je langs de kliffen omlaag kon klimmen en zo van de rotsen af in het water kon stappen. Op twee kilometer afstand zag je lijntjes aalscholvers langskomen op weg naar Little Saltee, vlak boven het water, met een rij perfecte spiegelbeeldjes eronder. Alsof het het IJsselmeer was op een stille zomeravond.

Misschien kwam het wel door die ongewone zomer, maar wij kregen geregeld bezoek van reuzenhaaien. Soms zag je er wel drie of vier tegelijk onder de kliffen rondzwemmen. Vlak onder de oppervlakte stuwden ze zich traag voort met slome staartslagen, terwijl de enorme rugvin en de bovenste helft van de staart boven het water uitstaken. Omdat er geen golven waren keek je door het glasheldere water recht in hun wijd opengesperde muilen, die van binnen wit waren en als wagenwielen zo wijd waren opgerekt, tot wel tweemaal de diameter van hun lijf. In die enorme bek zag je een rij donkere bogen, de kieuwspleten, voorzien van baleinachtige structuren om het plankton waar deze reuzen van leven uit het zeewater te zeven. Zichtbare tanden hebben ze niet. Roeipootkreeftjes hoef je niet te verscheuren, die slik je zo wel door, met emmers tegelijk.

Ten slotte kregen we ook bezoek van vissers die op weg naar huis graag even wat drinkwater kwamen tappen uit de bron. Zij gaven ons een enorme, diepblauwe kreeft, die ons boos aankeek met zijn nietige staafjesogen en tevergeefs probeerde zijn met elastiekjes dichtgebonden scharen te openen. Wij hebben hem in zeewater gekookt in een groot oud verfblik, boven een laaiend houtvuur. Een kreeftdiner op het strand, de scharen krakend tussen twee keien. De doppen gooiden we in zee, waar grote vissen er de laatste restjes vlees af kwamen knabbelen. De zee was nog altijd als een spiegel. In de verte stak een stille reuzenhaaienvin boven het water uit, die langzaam heen en weer zwabberde.

De pijlstormvogels waren zeer actief. We troffen het dat er 's nachts geen maan was. Als je op de westpunt van het eiland, vlak achter de jan-van-gentenkolonie, boven aan de grashelling bleef zitten, scheerden in het duister de pijlstormvogels rakelings over je voeten alvorens in het gras neer te ploffen. De jongen moesten al behoorlijk groot zijn.

Als oefening voor Nightingale karteerden we de vegetatie op het hele eiland en brachten we alle zeevogelkolonies in kaart.

Peter France

Een plaats vervuld van macht

Het eiland Patmos is een plaats vervuld van macht. Het verandert mensen. Ze komen er voor een korte zomervakantie en blijken steeds terug te keren, jaar na jaar, voor de rest van hun leven. Als je ze vraagt waarom, geven ze allemaal hetzelfde antwoord: ze geven gehoor aan een kracht die ze herkennen maar niet kunnen verklaren. En ze vinden die nergens anders.

De Griekse mythologie biedt een verklaring: Patmos lag in het begin der tijden onontdekt onder de zeespiegel. De godin Selene, de maan, hield van Artemis, de dochter van Zeus. Selene scheen op een nacht haar stralen door het water zodat Artemis het eiland kon zien en er verliefd op kon worden. Dit gebeurde en ze vroeg haar vader Zeus het eiland naar de oppervlakte te brengen. Helios, de zon, zorgde dat het droog werd en maakte het gereed voor de eerste bewoners. Deze vereerden Artemis en bouwden voor haar een tempel op de top van de heuvel met uitzicht op de haven. Het eiland bloeide onder de zorg van Artemis, en er werd een tweede tempel gebouwd voor haar tweelingbroer, Apollo, vlak bij de haven. Er waren spelen, een sportschool, en een gilde van fakkeldragers om het licht van de maan te vieren. Verder is er een mythe die verhaalt over hoe Orestes, zoon van Agamemnon en Clytaemnestra, naar Patmos vluchtte nadat hij zijn moeder had vermoord. Hij werd achtervolgd door de wraakgodinnen en werd tegen hen beschermd door de macht van Artemis. In het tijdperk van de mythen was Patmos een plek waar de sluier die het daagse leven van het eeuwige scheidt, dun was. Sommigen hebben het gevoel dat dit nog steeds zo is.

Maar het eiland was te afgelegen om een rol te spelen in de vroegst te boek gestelde Griekse geschiedenis. Hoewel de vloten die Troje aanvielen, zich verzameld moeten hebben in nabijgelegen wateren, noemt Homerus Patmos niet; en toen de Atheners en Spartanen met elkaar streden of samen vochten tegen de Perzen, bevond Patmos zich buiten het strijdgewoel. In feite benadrukt de enige vermelding van Patmos bij Thucydides hoe afgelegen het eiland ligt. Tijdens de Peloponnesische Oorlog van 431–404 v.C., hoorde de Atheense admiraal Paches dat de Peloponnesische vloot onder Alcidas, bij Efeze de zeilen had gehesen om naar huis te vluchten. 'Daarop zette Paches ogenblikkelijk de achtervolging in en ging hen helemaal tot aan het eiland Patmos achterna. Daar keerde hij weer terug, aangezien bleek dat Alcidas buiten bereik was gekomen.'

Patmos werd achteloos in de eerste eeuw op de wereldkaart gezet door een Romeins keizer. Het keizerrijk had een lange periode van relatieve rust doorgemaakt. De laatste negen jaar van de keizer, die in 79 n.C. stierf, werd de vrede van Vespasianus genoemd, en hoewel het mogelijk is dat zijn zoon, Titus Flavius Domitianus, zijn oudere broer vroeg het graf in heeft geholpen, had hij alles van een leider met een hoge moraal inzake het algemeen belang. Hij bouwde vele tempels en openbare gebouwen en onderzocht de rechtschapenheid van mensen in publieke functies, onder wie ook de Vestaalse maagden, van wie hij er drie levend begroef omdat ze niet voldeden. Hij voerde weeldewetten in die voorschreven hoeveel geld de rijken voor zichzelf mochten uitgeven, en kondigde besluiten af die de overcultivatie van wijnstokken en het nalaten van het verbouwen van graan verboden. Maar de mogelijkheid om vermoord te worden behoorde altijd tot het beroepsrisico van de Romeinse keizers. Dit risico nam in het latere leven van Domitianus enorm toe, getuige de regelmatige opstanden in het leger, en zijn houding ten opzichte van de wereld veranderde van tevredenheid in argwaan en zelfs in paranoia. Hij schijnt zwaar krankzinnig te zijn geweest gedurende zijn laatste drie regeringsjaren, 93-96 n.C. Hij had zichzelf tot god verklaard en bond de strijd aan met iedere christen in zijn rijk die hem weigerde te aanbidden. In 95 n.C. verbande hij een christen, genaamd Johannes, naar Patmos, die daar in een grot een visioen kreeg. Het visioen werd door een discipel van Johannes vastgelegd en werd het beroemdste openbaringsgeschrift in de wereldliteratuur. Het is het laatste boek in de bijbel: de Openbaring van Johannes, ofwel de Apocalyps.

Het verhaal van de heilige Johannes op Patmos is onderdeel van de mythologie van het eiland. Dit betekent niet dat het als onwaar moet worden afgedaan. Vanuit het westerse perspectief zijn mythen sprookjes: ze mogen amusementswaarde hebben en zelfs een morele boodschap, maar ze zijn verzonnen, het is fictie. Als iemand beweert dat er een historisch feit aan de mythen ten grondslag ligt, verlangen we een bewijs daarvan voordat we ze als waar kunnen aanvaarden. Op Patmos, en wellicht in de bredere context van Griekenland, is men geneigd dit standpunt om te draaien: mythen worden meestal geaccepteerd zolang bewijs van het tegendeel ontbreekt.

De verbanning van Johannes naar Patmos in het jaar 95 n.C. is historisch niet onwaarschijnlijk. Aan de andere kant is het verslag van zijn reis, vastgelegd door zijn discipel Prochoros, gelardeerd met fantasie. Het wordt vandaag de dag nog steeds verteld. De boot waarop de gevangenen voeren, werd door een storm overvallen, en een van de passagiers sloeg overboord. Zijn gekwelde vader stond op het punt zich in zee te werpen toen Johannes zijn geboeide handen ophief en het teken van het kruis maakte. Een grote golf spoelde de man terug aan dek, en de storm ging liggen. De passagiers en de bemanning, inclusief de kapitein van het schip, bekeerden zich ogenblikkelijk tot het christendom en droegen Johannes over aan Laurentius, de Romeinse gouverneur van Patmos, met het verhaal van het wonder dat hij had verricht. Laurentius liet Johannes vrij en regelde dat hij in het huis van Myron, zijn schoonvader, kon verblijven. Johannes verdreef een duivel die bezit had genomen van Myrons zoon, en de hele familie was bekeerd. Toen werd Myrons huis de kerk van waaruit Johannes het evangelie verkondigde.

Doch er waren priesters van Apollo op het eiland wier gezag betwist werd door het nieuwe geloof. Dus klommen zij naar een duivelse grot aan de top van de berg Genoupas om de hulp in te roepen van de kwade tovenaar Kynops om Johannes te gronde te richten. De volgende dag verscheen Kynops in de haven en dook in zee om boven te komen met de beeltenis van een Patmiaan die verdronken was. 'Kent iemand deze man?' riep hij naar de menigte. 'Ja,' luidde het antwoord van een jonge visser. 'Het is mijn verdwenen vader.' Er was algeheel ontzag en bewonderend gemompel. Kynops daagde Johannes uit om hetzelfde wonder te doen. De apostel weigerde, hij stelde dat zijn boodschap bestemd was voor de levenden, niet voor de doden. De menigte zag dit als een uitvlucht, sloeg op hem in en liet hem voor dood achter.

Maar Johannes herstelde en vroeg zijn kleine groep christelijke volgelingen met hem te bidden voor een overwinning op Kynops. Toen de kwade geest hoorde dat Johannes nog in leven was, kwam hij met een razende vaart uit zijn berggrot naar beneden naar de haven en riep een enorme mensenmenigte bijeen om getuige te zijn van de definitieve vernedering van de apostel. Kynops sprong weer de zee in en dook naar de bodem, waarop Johannes een kruis sloeg en de hulp van Christus inriep. Er ontstond een draaikolk op de plaats waar Kynops zijn duik had genomen, en de tovenaar was veranderd in een rots op de zeebodem. Een boei, die de schepen op gevaar wijst, markeert vandaag de dag deze rots.

Johannes bekeerde het hele eiland, en ging vervolgens in een grot halverwege de berg wonen om te mediteren en te bidden. Op een zondag in 95 n.C. kreeg hij een visioen waarin 'een, den Zoon des mensen gelijk zijnde' aan hem verscheen, omringd door zeven gouden kandelaren, met ogen als vlammen van vuur, een aangezicht als de zon en een stem als het geluid van vele wateren. De stem vertelde hem hetgeen hij zag op te schrijven en aan de zeven gemeenten in Azië te zenden. De visioenen waren ontzagwekkend: zeven engelen met zeven plagen; vier ruiters op een wit, rood, zwart en vaal paard; een vrouw bekleed met de zon; bloed dat stroomt uit de wijnpers van de laatste dagen en de glorie van de gouden stad, verfraaid met kostbare stenen die klaarliggen voor degenen die gered zijn. Dat boek is de Openbaring van Johannes de godvruchtige. Het is geschreven, volgens vers negen van het eerste hoofdstuk, op het eiland Patmos:

Ik, Johannes, uw broeder en deelgenoot in de verdrukking, en in het Koninkrijk, en in de volharding in Jezus, was op het eiland, genaamd Patmos, om het woord Gods en het getuigenis van Jezus.

Er zullen weinig reizigers op Patmos zijn aangekomen die minder ontvankelijk zijn voor de esoterische aantrekkingskracht van de Openbaring dan ik, toen ik in april 1987 voor het eerst van de veerboot afstapte. Twaalf jaar lang had ik als verslaggever voor de BBC-televisieserie *Everyman* gewerkt, waarin religieuze stromingen over de hele wereld werden verkend. Zoals dat gaat bij de televisie, werden we aangetrokken tot de opvallende, extreme en afwijkende aspecten van onze interessesfeer, en ik bemerkte al vrij snel dat vrijwel elke fanatieke sekte die we filmden, zichzelf rechtvaardigt door uit het Boek van de Openbaring te citeren. Het geschrift is zo krachtig en toch zo obscuur dat het aangehaald kan worden tot steun van praktisch elke hoog oplaaiende emotie. Samen met Nostradamus' kwatrijnen op rijm, is het een onuitputtelijk bronnenboek van apocalyptische gekte geworden. Ik was het eens met de geleerde Dionysius, bisschop van Alexandrië, die al in 250 n.C. voortdurend lastig werd gevallen door vurige leden van zijn gemeente die de wederkomst van de Heer in het Boek van de Openbaring wisten te lezen. Hij reageerde hierop door erop te wijzen dat noch hij, noch zij het konden begrijpen.

De uitnodiging om Patmos te bezoeken, was afkomstig uit een hoek die me hoop gaf op een intrigerende ervaring. Timothy Ware, een jeugdvriend van mijn vrouw Felicia, had daar in het klooster gestudeerd nadat hij zich tot de orthodoxe Kerk had bekeerd en was opgenomen als monnik. Hij was bevorderd tot bisschop, had de naam Kallistos aangenomen, en doceerde Byzantijnse taal en cultuur in Oxford. Ik had met hem over religie gediscussieerd en vond hem sympathiek, openhartig en zeer intelligent (hij was tijdens zijn eindexamen in slaap gevallen en behaalde evengoed de hoogste graad in twee vakken). Hij bracht een paar weken in het klooster door en dacht dat wij wel graag zouden willen kennismaken met het eiland.

Felicia, die vier jaar eerder orthodox gedoopt was, was verrukt over dit idee. Later bekende ze dat een deel van haar enthousiasme voortkwam uit de hoop dat als ik persoonlijk contact zou hebben met de orthodoxie op een lokatie die er zo van doordrongen was, ik wellicht meer begrip zou krijgen voor het geloof dat voor haar zo belangrijk was en dat ik nooit met haar had kunnen delen.

Mijn houding ten opzichte van religie was die van de grote meerderheid in de beschaafde westerse wereld: een sympathieke nieuwsgierigheid doortrokken van scepticisme. Ik had altijd de esthetische aantrekkingskracht van het christendom ervaren wanneer ik luisterde naar een koraal van Bach of de jaarlijkse uitvoering van de *Messiah*. Ik had echter vaak het idee dat de invloed van deze werken zoveel groter zou zijn wanneer de gebeurtenissen die ze vierden daadwerkelijk hadden plaatsgevonden – als het geloof dat hen inspireerde waar zou zijn in plaats van een illusie. (Ik had mijn zondagsschoolgeloof afgeleerd tijdens de middelbare school en werd gesterkt in mijn ongeloof door de heersende stemming op de universiteit.)

Maatschappijwetenschappers hadden ontdekt dat de behoefte van gemeenschappen om goden te creëren en te aanbidden die de aspecten van het leven beïnvloeden die buiten de menselijke macht liggen, universeel is; de dieptepsychologie had de onbewuste mechanismen blootgelegd die gevoelens van afhankelijkheid en een behoefte aan ontzag stimuleren; grondige kritiek op de bijbelteksten had de aanspraak van de bijbel op onfeilbaarheid voorgoed vernietigd. Mensen die intelligent waren, of daarvoor aangezien wensten te worden, hielden zich verre van religie.

Dit waren allemaal intellectuele redenen om het christendom te verwerpen. Op een dieper en tegelijkertijd directer niveau, trok het me niet aan omdat het in de bloei van mijn jeugd altijd had geleken of religieuze mensen een kleurloos en beperkt bestaan hadden in afwachting van gunsten na de dood. Onder de methodisten van mijn door kerkbezoeken geplaagde jeugd, had ik bewijs gezien van een wereld die grijs werd door de adem van de bleke Galileeër, en ik had de belofte van eeuwig geluk verworpen ten gunste van meer vreugde in het heden. Ik kwam tot het besluit, met de alwetendheid van een achttienjarige, dat religie een steun was voor de emotioneel onzekeren en dat het onaanvaardbaar was voor de goed opgeleide en intelligente mens.

Maar naarmate ik mij ontwikkelde als vrijdenker, kwam ik tot de ontdekking dat er een eeuwig mysterie rond religie bestond: zoveel mensen die intelligenter en hoger opgeleid waren dan ik, leken haar te aanvaarden. Ik was voortdurend geïntrigeerd door de mensen die ik ontmoette die, zelfs in het geheim en zonder er iets mee te winnen, bekenden dat zij iets wat in mijn ogen absurd was, hadden aanvaard. Ook moet ik toegeven nu ik op mijn zesenvijftigste terugkijk op mijn leven, dat ik meer aangetrokken leek te worden door mensen met een spirituele kant dan tot sceptici als mijzelf. Ze hadden meer gewicht, meer inhoud. Ze waren emotioneel grootmoedig en leken geen kwaadaardigheid te bezitten.

Dus, hoewel ik de stellingen van de religie niet kon aanvaarden, respecteerde en waardeerde ik religieuze mensen. Ik had in Fiji onder hindoes en moslims geleefd en hun geloof bestudeerd. Tijdens mijn verblijf daar was ik voor boeken en conversatie afhankelijk van katholieke priesters in afgelegen standplaatsen. Gedurende de jaren die ik wijdde aan mijn werk voor de religieuze televisie van de BBC, het onderzoeken en verslaggeven van verschillende religies, paste de houding die ik beroepsmatig moest aannemen – die van onpartijdige en neutrale onderzoeker – goed bij mijn eigen standpunt. Dus arriveerde ik op Patmos met de bewuste intentie het eiland een kans te geven, maar zonder enige hoop dat het een verandering zou bewerkstelligen in het regelmatig betwiste maar stevige agnosticisme van veertig jaar oud.

De kleineringen en ongemakken die men gedwongen ondergaat als men ervoor kiest zich door de lucht van de ene naar de andere plek op de wereld te verplaatsen, hebben de aard van het reizen veranderd. Vandaag de dag is de reis niet langer deel van de vakantie. Onze eerste reis naar Patmos was niet ontspannend. 'Pakketreizen' zijn voor het transport van pakketten, niet voor mensen. Ons vliegtuig was aangepast zodat het geld dat men verloor met het aanbieden van goedkope tarieven, goedgemaakt werd door meer passagiers te vervoeren. De stoelen waren zo opeengepakt dat de bloedsomloop in mijn knieën stokte en iedere keer wanneer het meisje voor mij het knopje indrukte dat haar rugleuning liet vieren, zat mijn dienblad in mijn maag. De enige manier om de druk te verminderen was mijn eigen leuning naar achteren te doen, waardoor de persoon achter mij weer geraakt werd, enzovoort. Toen we allen schuin gezeten de Griekse eilanden naderden, bedacht ik dat dit de minst comfortabele reis naar de minst belovende lokatie was die ik ooit had gemaakt.

Ik had altijd gedacht dat Griekenland nogal overdreven werd aangeprezen. De wortels van de Europese beschaving lagen daar, zo werd ons altijd verteld. Maar de aspecten van de oude Griekse beschaving die het duidelijkst werden nageaapt, vond ik het minst aantrekkelijk: neoclassicisme, evenwicht, proportie, gematigdheid. Het ontstellende Griekse motto 'alles met mate', zeer geliefd bij droge docenten van de klassieken, leek mij een leven te prediken dat twee graden onder de normale temperatuur ligt. Gematigdheid zou vroeg genoeg zijn intrede doen, wanneer leeftijd en gebreken ons niet langer in staat stellen ten volle van het leven te genieten. Dit moedwillig te omarmen terwijl men nog geheel over zijn verstandelijke vermogens beschikt, leek mij een verkeerde opvatting.

Ik had nog een directere reden om te twijfelen aan Griekenland als vakantiebestemming: de andere Engelsen die ik daar kon verwachten, vervulden mij met zorg. De uitbundigheid van mijn medepakketreizigers – allemaal helemaal klaar voor een paar weken zon en drank – hinderde mij niet zo, zij deelden duidelijk mijn zienswijze over het Griekse motto. Het was het vooruitzicht tegen medewerkers van het BBC Arts Department aan te lopen waar ik de koude rillingen van kreeg. Ik had me een paar jaar beziggehouden met een radioprogramma, *Kaleidoscope* genaamd, dat ging over muziek, boeken, theater, schilderkunst, et cetera; tijdens deze periode kwam ik in contact met een subcultuur van nerveuze estheten die, naar het scheen, stuk voor stuk hun vrije tijd doorbrachten met het lezen van Proust op afgelegen Griekse eilanden. Mij was verteld dat Patmos afgelegen en ontoegankelijk was omdat het geen luchthaven heeft. Het leek mij zeer waarschijnlijk dat we na het lange gevecht om het eiland te bereiken, begroet zouden worden door een elegante verschijning met een paisleysjaaltje en een panamahoed zwaaiend met een pocket van Gallimard.

We vlogen van Gatwick naar het eiland Kos, bakermat van Hippocrates, reuzensla en pakketreizen. Hiervandaan moesten we de veerboot naar het noorden nemen langs de archipel van de Dodekanesos naar Patmos, waar we vroeg in de avond arriveerden; vroeg genoeg om de kamers te vinden en te betrekken die door een plaatselijk kamerverhuurder genaamd Maria Leosi, verhuurd werden. Het arrangement was geregeld door Greek Sun, een reisorganisatie met lange ervaring op Patmos; ik had hun tickets en reisbeschrijving in mijn handen, samen met een stukje luchtpostpapier waarop geschreven stond:

> Ik vroeg een van de NONNEN om de kamer die jullie door MARIA LEOSI is aangeboden in Chora, Patmos, te checken. Ik moet jullie vertellen dat ER NIEMAND MET DIE NAAM BESTAAT!!!!! Jullie moeten dit arrangement IN GEEN GEVAL VERTROUWEN!!!

We kregen bijna elke ochtend brieven van een pas verworven gids, Paula-Beryl, vanaf het moment dat we haar verteld hadden van ons plan om Patmos te bezoeken. Altijd op dun, doorzichtig papier en de tekst, geschreven met zwarte ballpoint, bevatte veel uitroeptekens, hoofdletters voor de nadruk en zwaar aangedikte doorhalingen. Over sommige plakte ze wit plakband waarop ze verbeteringen schreef. De meeste verbeteringen waren in de versterkende richting. Paula-Beryl leefde intens.

Ze had enkele jaren geleden een televisieprogramma gezien dat ik geschreven en gepresenteerd had, en me hierover geschreven. Toen ik haar vertelde dat mijn vrouw orthodox was en ik niet, zag ze in mij een persoonlijke uitdaging en stuurde me regelmatig lijsten met boeken en zo nu en dan boeken waarvan ze dacht dat die weleens overtuigend konden zijn. Ze was zelf van huis uit joods en had een periode van intellectueel rationalisme doorgemaakt voordat ze zich als volwassene bekeerde tot de anglicaanse Kerk en toen, na verdere studie – ze was een geweldige student en had verscheidene graden behaald – tot de orthodoxie. Ze was op Patmos gedoopt en was heel enthousiast over de spirituele kwaliteiten van het eiland.

Toen we waren uitgenodigd om daar een paar weken door te brengen, hadden we Greek Sun om een kamer in Chora gevraagd, we hadden gehoord dat dit een rustig dorpje was zonder hotels, rondom het klooster. De agent boekte voor ons een kamer 'met balkon, keuken en badkamer' in eerder genoemd huis. Wij vertelden dit aan Paula-Beryl en zij, bezorgd of de kamer wel goed genoeg zou zijn, had een non op Patmos gebeld met het verzoek om over de plek te rapporteren. Het alarmerende antwoord stond met hoofdletters in haar brief.

De veerboot arriveerde drie uur te laat in Kos. Niemand vond dit vreemd. In feite ontdekte ik later dat Grieken onze verwachtingen op het gebied van punctualiteit in het openbaar vervoer als een obsessieve neurose zien. Ik liet een Griekse vriend eens ons spoorboekje zien en die lag dubbel van het lachen toen hij zag dat er volgens schema dagelijks om 7.23 uur een trein naar Londen gepland was.

Terwijl het schip door de duisternis in de richting van Patmos ploegde, stonden wij aan dek te rillen. We hadden niet de moed om de lounge binnen te gaan want alle Grieken, of ze nou man, vrouw, jong of oud zijn, schijnen kettingrokers te zijn en de televisie in de hoek, die beelden vertoonde van regelmatig terugkerende sneeuwbuien doordat we tussen zendmasten op de eilanden door voeren, tetterde op maximaal volume. Ook waren er om het kabaal compleet te maken, een reeks draagbare radio's ter wille van de Griekse voorliefde voor lawaai, wat de kunstenaar en schrijver Osbert Lancaster tot de uitspraak bracht dat hij wist dat hij in Athene was aangekomen toen hij zag dat de uitlaten van de motoren voorzien waren van versterkers in plaats van dempers.

Even na middernacht voeren we de haven in en kregen onze eerste ervaring met van boord gaan in Griekenland. Dit is, zoals alle Griekse gemeenschappelijke activiteiten, zeer competitief. Het is ook een ritueel geworden. Passagiers op de veerboot die zich voorbereiden om van boord te gaan vormen een falanx – een Grieks woord dat een eenheid van Macedonische voetsoldaten beschrijft die dicht aaneengesloten, een tiental rijen dik, vochten. Achter hen staan zware vrachtauto's die hun motoren starten en het toerental opvoeren om van boord te gaan. Uitlaatgassen vermengen zich met sigarettenrook en vullen het ruim. Als wordt begonnen met het aanzwengelen van de lier en de laadklep naar beneden gaat, verschijnen de lichtjes van de haven aan beide zijden. Dan neemt de falanx de bagage op de schouders en dringt naar voren in dicht aaneengesloten opstelling. De leden hiervan moeten bij elkaar blijven want zodra de loopplank op het beton van de pier klettert, komt er een krachtige aanval van een inschepende falanx de helling op in een wanhopige poging aan boord te komen. Tenzij de ontschepers elkaar stevig vasthouden, kunnen achterblijvers teruggeduwd worden het ruim in, en ze hebben dan pas weer kans om het schip te verlaten bij de volgende halte, Piraeus.

Wij waren in de derde rij gepropt en werden vooruit gedragen, voorbij gefrustreerde havenpolitie, pindaverkopers en vastberaden vrouwen met bordjes met de tekst RUMS TO LET, om verbijsterd en dankbaar op Patmos te belanden. Ogenblikkelijk kwam er een opgewekte, stevige man op ons af die ons een plastic boodschappentas overhandigde. 'Uw ontbijt,' zei hij. 'Ik ben Jannis Stratas en ik heb jullie kamer gereserveerd. We nemen een taxi en Marouso zal jullie opwachten in Chora.' 'Marouso? Ik dacht dat we bij Maria Leosi zouden zitten.' 'Dat klopt. Marouso Kouva. U noemde haar meisjesnaam. Ik denk dat ze nog steeds zo staat ingeschreven bij Greek Sun. Ze werkt al jaren voor ons.'

Dus de onfeilbare Paula-Beryl had een foutje gemaakt. Of de goede non die ze gestuurd had om onze kamer te checken, kwam van een ander eiland, anders zou ze de meisjesnamen van de gehuwde vrouwen van Chora geweten hebben. Nu zouden we tenminste, zo redeneerde ik, buiten bereik van haar trouwe geheugensteuntjes blijven in de kamers van de onontdekte Marouso Kouva, waar we ten volle konden genieten van de aangeprezen genoegens van ons eigen 'balkon, keuken en badkamer'.

De taxi nam de steile weg vol bochten in de duistere nacht alsof hij een testrit voor Monte Carlo maakte. Op dat moment dacht ik dat wij toevallig een chauffeur hadden getroffen die een snelheidsduivel was, maar toen een andere taxi ons met zo'n honderd kilometer per uur op een blinde hoek passeerde, realiseerde ik me dat de veerboot een zeker aantal mensen in de haven had gelost, met een zekere hoeveelheid geld om uit te geven, die allemaal de rit omhoog naar Chora wilden maken. Dus hoe meer ritjes de taxi op en neer kon maken, hoe meer vrachtjes hij kon ophalen. Roekeloze snelheid was in financieel opzicht verstandig.

We konden niets zien van Patmos behalve de lichtjes van de haven beneden en de vertrekkende veerboot – het was verbazingwekkend dat het lossen, laden en vertrekken waarbij passagiers, auto's en vrachtwagens eraf en erop moesten, minder dan tien minuten had gekost. We arriveerden bij een pleintje dat aan drie zijden werd begrensd door grote gebouwen en aan de vierde kant door een lage muur met een prachtig uitzicht op de haven. Een kleine, keurige, stralende vrouw met een gulle lach opende het portier. 'Marouso,' zei ze. 'Welkom op Patmos.' We kwamen er snel achter dat ze met deze woorden al bijna haar gehele Engelse woordenschat had gebruikt. Maar ze leidde ons mompelend en grinnikend zo'n vijfhonderd meter door de donkere nauwe straatjes naar haar huis.

De eerste teleurstelling was dat het huis geen pittoreske, traditioneel stenen cottage was, maar een modern huis in een betonnen huizenblok; de tweede was dat we inderdaad een 'balkon, keuken en badkamer' hadden, maar dat we die moesten delen met de bewoners van twee andere kamers. Er was nog een onaangename verrassing: tegen een vaas bloemen op de tafel naast ons bed stond een briefje van Paula-Beryl:

> WELKOM OP PATMOS. Er is morgen een HELEMAAL FANTASTISCHE liturgische dienst in het vrouwenklooster van Evangelismos waarvan IK WEET dat jullie die NIET WILLEN MISSEN!!! Het begint om ZEVEN uur 's morgens. Hier is de routebeschrijving...

We versliepen ons; de dienst en het vrouwenklooster moesten maar even wachten. We werden rond halfnegen wakker, we stapten het balkon op en stonden voor een van de prachtige uitzichten van Patmos. Voorbij een brede vallei, precies op het zuiden verrees een berg in een vorm zoals een kind tekent wanneer hem gevraagd wordt een berg te tekenen: een driehoek met uitsteeksels, de omtrek onderbroken door uitstekende rotsen en muren met enkele donkere stenen die tussen de hellingen met struikgewas door kronkelen en, aan de top, een kleine witte kubus van muren – de kluizenaarshut en kerk van de profeet Elia. Een kudde van ongeveer vijftig geiten graasde op de helling, de bellen om hun nek rinkelend bij elke beweging. Het geluid ging door de hele vallei, een onregelmatig ritme van zacht geklingel dat klonk als in de verte luidende kerkklokken onder water. Op een rots boven de geiten stond een gedrongen figuur in een licht gewaad met een grote ronde strohoed.

Het landschap was overgoten met wat kunstenaars 'Grieks licht' noemen. Ik had niet zozeer de indruk dat de kwaliteit van het licht anders was, maar dat mijn gezichtsvermogen plotseling ingrijpend was verbeterd. Ik kon de kleuren van de geiten zien: voornamelijk zwartwit of staalgrijs, maar sommige hadden een diep kastanjebruine vacht met stukjes asblond haar van een intensiteit zoals ik nooit eerder ervaren had. De schaduwen tussen de rotsen waren van een zacht soort zwart en hun contouren tegen het bleke blauw van de lucht waren adembenemend scherp en duidelijk.

We zaten aan een tafeltje op het balkon met brood, boter en honing om de komende dagen te bespreken. Ik was blij daar te zijn, tenminste in de zin dat we gestopt waren met reizen, maar terughoudend in mijn enthousiasme voor de lokatie. Reizen vernauwt de geest als de tijd kort is omdat we ertoe neigen datgene te zien wat de ideeën versterkt waarmee we arriveren.

De charmes van Patmos, zowel Grieks als orthodox, zouden het nog zwaar krijgen.

Tom Neale
Eindelijk alleen

Nu ik alleen op mijn eiland was, begon ik de balans op te maken. Omdat Anchorage zo ongeveer de vorm van een tong heeft, en op het breedste punt maar driehonderd meter breed is, kon ik het eiland vrijwel in zijn geheel overzien toen ik op het strand stond en de Mahurangi zag verdwijnen.

Vanaf de vervallen pier, waar ik had staan wuiven, zag ik boven het strand een massa kokospalmen, pandanusbomen, slingerplanten en een massa *tauhunu* – een struik die de gewoonte heeft tot een hoogte van zes meter of meer omhoog te schieten, en dan ondoordringbaar wordt. Boven dat alles uit rezen vijf enorme *tamanu*-bomen, met zware takken die uit massieve stammen staken, zo'n zes meter boven mijn hoofd. De stammen waren vertakt en gekromd als oude Engelse eiken, en het moest een van die bomen zijn geweest waaraan Frisbie zijn kinderen tijdens die orkaan had vastgebonden. Ze leken inderdaad sterk genoeg om elke storm te doorstaan.

In een plotselinge opwelling besloot ik om, voordat ik aan iets anders begon, het hele eiland rond te wandelen, over het strand of door het ondiepe water van het binnenrif. Het was niet bedoeld als plezierwandeling. Ik wilde wat van het eiland zien, uitzoeken waar de beste kokosnoten groeiden, ontdekken waar ik de beste aarde voor mijn moestuin kon vinden, het ondiepe water inspecteren op de beste poelen om te vissen.

Het was een prachtige ochtend, dus liet ik de oude pier achter me en vertrok ik langs de westkust – aan de lagunekant – naar het noordelijk uiteinde van mijn nieuwe woonplaats, eerst over een strand dat zo verblindend wit was dat het bijna pijn deed aan mijn ogen.

Ik was nog niet ver toen ik bij een bosje kokospalmen kwam dat het strand overschaduwde als een parasol – hun slanke stammen stonden scheef door de heersende wind, zodat ze onder een hoek van zo'n vijfenveertig graden groeiden. Ik werd echter niet getroffen door hun schoonheid, maar door het wat nuchterder feit dat deze bomen niet zo moeilijk te beklimmen leken. Ik kon zien dat er een overvloed aan noten was, vaak zo laag dat ik ze zou kunnen veroveren met een korte stok waaraan ik in mijn gedachten al een ijzeren haak had bevestigd.

Achter die palmen werd het land hoger, wel vier en een halve meter, het hoogste punt van het eiland. Ook leken een massa tauhunu-struiken, die uitstekend gedijen op de zandige bodem van atollen (en net als de kokospalmen bestand zijn tegen het zout dat van zee gewaaid komt), zo ondoordringbaar dat ik wist dat veel noten slechts met moeite bereikbaar zouden zijn. Er waren ook veel pandanusbomen; en er was een palm met smal blad, heel anders dan een kokospalm, die door Frisbie eens was beschreven als 'slungelig gebouwd'.

Dit was de enige heuvel op mijn eiland, en erg groot was hij niet, en terwijl ik langzaam naar het noordelijk uiteinde liep, begon de bodem te dalen tot nauwelijks een meter boven zeeniveau.

Soms kon ik over een stuk strand lopen, maar op andere plaatsen week het koraal voor gesteente, en dan waadde ik door het ondiepe water rond een miniatuur-'kaap'. Het was een heel heldere dag, en langs het rif ten noorden van Anchorage zag ik een aantal van de eilandjes in de lagune – Whale, Brushwood en One Tree Island, met die ene palm als een speelgoedboompje op een stuk karton midden op een glazen plaat neergezet.

Het had me maar een paar minuten gekost om van de pier, halverwege de westkust, naar het noordelijk uiteinde van het eiland te lopen, want de afstand bedroeg nauwelijks meer dan vierhonderd meter. Nu liep ik terug om mijn weg te zoeken langs het witte zandstrand van de oostkust, die zich in een aantal lichte welvingen over zevenhonderdvijftig meter uitstrekte naar het zuidelijkste punt. Ik zag geen bijen of insecten, en geen reptielen; niets wat gevaarlijker was dan de kokoskrabben en af en toe een rat.

Praktisch uit de kale rotsen vlak aan het water groeiden een paar vijf meter hoge miki-mikibomen, en die knoopte ik in mijn oor; hun harde takken zouden van onschatbare waarde blijken, want daarvan maak je de beste stokken ter wereld voor het doppen van kokosnoten. Een paar meter verderop kreeg ik vijftig meter landinwaarts een paar jonge papaja's in het oog, en ik besloot die van nabij te gaan bekijken. Toen ik er vlak bij was, schrok ik me een ongeluk van een hevig gedruis in het struikgewas. Bijna voordat tot me doordrong wat het was, ving ik een glimp op van een wild varken, dat met verbazingwekkende snelheid wegdenderde. Mijn angst, die maar even had geduurd, week echter al gauw voor woede toen ik begreep dat ik het beest had gestoord terwijl het bezig was met het opvreten van de jonge, groene uitlopers van een paar papajabomen – een van de vruchten waarvan ik zou moeten leven. Die varkens leken echt een groot probleem.

De overige papaja's schenen het goed te doen, maar een paar oude bananenbomen vlak in de buurt leken er slecht aan toe, en ik begreep dat ik, als ik bananen wilde hebben, weleens afhankelijk zou kunnen blijken van de twee stekjes die ik had meegebracht – en dat ik een soort afrastering zou moeten maken om de varkens weg te houden.

Ik liep van de woekerende bush terug naar het halvemaanvormige strand, dat ik volgde tot een punt halverwege de oostkust. Daar herontdekte ik een kleine baai, op de zeekaarten aangegeven als Pyladesbaai, waar ik tijdens mijn eerste bezoek had gezwommen.

Dit natuurlijke zwembad was diep, en het water was blauw, helder en aanlokkelijk. De Pyladesbaai zou vanzelfsprekend mijn particuliere zwembad worden. De grond erachter was overdekt met hibiscusbomen en dicht woekerende tauhunu, en vanaf het strand kon ik verscheidene ontwortelde kokospalmen zien – hun lange, slanke, kaarsrechte stammen lagen nog op de plaats waar ze waren neergevallen. Ik herinnerde me dat Frisbie had verteld: 'Het indrukwekkendste van die orkaan was dat je zag, met je eigen ogen zag, hoe de wind een oude, vijfentwintig meter hoge kokospalm greep en uit de grond rukte.'

Dit moesten de palmen zijn waarover hij had gesproken in zijn beschrijving van de orkaan van 1942. Ik klauterde erheen, om de ondoordringbare tauhunu heen, over hier en daar wat grind – soms overdekt door gevallen hibiscusbloemen, soms kaal, maar overdekt met vogelmest, en dat vond ik heerlijk om te zien, want ik wist wat dat betekende. Dit moest een nestplaats van sterns zijn, vogels die hun eieren het liefst op naakte rotsen leggen, in november en december. Ik zag me bij de thee al roerei van sterneieren eten, wanneer ze over een maand of twee, drie begonnen te leggen.

De omgewaaide kokospalmen waren flinke knapen, en de manier waarop ze dwars door elkaar lagen, wekte bij mij het ongerijmde beeld van een reus die een doosje lucifers leegschudt. Ze waren overwoekerd door klimplanten, en in sommige gevallen waren de wortels compleet uit de grond gerukt.

Toen ik zomaar wat om me heen keek, zag ik een vagelijk bekend voorwerp dat in een enorme, vertakte, losgerukte wortel vastzat, en met enige moeite slaagde ik erin het los te wrikken. Het was een baksteen, kennelijk van gebrande klei, en in perfecte staat. Zo te zien was hij nooit gebruikt en moest hij vijftig jaar of langer onder de kokospalm begraven zijn geweest. Ongetwijfeld was hij daar achtergelaten in de tijd dat Lever Brothers kopra verbouwden op het eiland. Ik stopte de baksteen onder mijn arm, want op een onbewoond eiland kan alles van pas komen.

Het zuidelijk deel van het eiland had kennelijk het meest geleden van de orkaan, en ik hoefde maar om me heen te kijken om te zien waarom, want het noordelijk deel was beschermd geweest door het buitenrif, terwijl de gigantische golven die door de doorvaart beukten, het zuidelijk deel met volle kracht hadden geraakt, zodat in de buurt van de zuidpunt een geul was uitgesleten waar zware zeeën dwars over Anchorage waren geslagen. Deze woeste aanval had echter ook enig nut gehad, want dit was de plaats waar ik nu een flinke hoeveelheid aarde vond. Toen ik een handvol greep, voelde ik het korrelige, fijne zand en wist ik dat dit precies was wat ik nodig had – hoewel ik nu nog niet eens nadacht over de manier waarop ik die grond zou overbrengen naar de moestuin, vierhonderd meter ervandaan.

Het was zo'n heldere dag dat ik, toen ik uitkeek over de lagune, zelfs Motu Tuo kon zien, waar Andy en ik gepicknickt hadden, en ik herinner me dat op die eerste warme ochtend nauwelijks een briesje de kleurige lappendeken van de lagune verstoorde. En ik herinner me ook dat ik, tot mijn enkels staande in het ondiepe water, naar mijn eigen palmenhorizon van Suwarrow keek en bij mezelf zei: 'Zo, Neale, je bent er, na al die jaren – *en het is allemaal voor jou.*'

De volgende paar dagen had ik het zo druk met uitpakken en opruimen dat ik nooit tijd leek te hebben om te koken of zelfs maar aan maaltijden te denken. Maar dat baarde me geen zorgen, want ik wist dat rustiger tijden zouden aanbreken zodra ik een vaste routine had. En in die tussentijd leek ik gewoon vanzelf thuis te raken in dit nieuwe eilandbestaan. Per slot van rekening had ik me er meer dan de helft van mijn leven op voorbereid. Mijn baantjes in de machinekamers van wel tien verschillende boten die tussen de eilanden voeren, hadden me geleerd met gereedschap om te gaan. Ik was gewend elk praktisch probleem dat zich voordeed, op te lossen, terwijl mijn werk aan de wal – oerwoud kappen, bananen planten, en zelfs het beheren van de winkels – me de moeilijke kanten van het zelfstandige leven had geleerd. Ik was de vleesgeworden klusjesman. Ik kende vier verschillende manieren om een dak van stro of palmtakken te maken; ik kon vis vangen met een speer; ik was in staat een vuurtje aan te steken met een vergrootglas – niet dat ik dat kunstje ooit nodig heb gehad, want intussen wist ik precies welke houtsoort wel smeulde maar nooit brandde, zodat ik het vuur 's nachts aan kon laten.

Ik was mateloos gelukkig, die eerste paar dagen. Voordat ik alles begon uit te pakken, maakte ik de hut grondig schoon – ik schrobde de vloeren en nam de wanden af. Toen had ik drie of vier dagen zwaar werk aan het wegrukken van de klim- en slingerplanten van het dak van de hut; bij het schuurtje moest ik ze weghakken met mijn machete. Ik voltooide het vlechtwerk voor het dak van de veranda en moest twee van de luiken, die los waren geraakt, weer vastspijkeren. Er leek geen eind aan het werk te komen, maar het duurde niet lang of ik had een plank bevestigd in het badhok en een waslijn gespannen tussen twee hibiscusbomen achter op het erf, hoog genoeg om mijn beddengoed uit te hangen.

Dat kostte allemaal veel tijd, want ik moest ook nog vissen voor de katten (en voor mezelf!), en hoewel ik eerst heel weinig aan koken deed, moest ik wel vuur maken, en dat betekende dat ik moest sprokkelen, over het hele eiland. Maar ik was vastbesloten alles op te ruimen voordat ik aan iets anders begon, en pas toen het klaar was, begon ik mijn voorraden uit te pakken.

Een van de eerste dingen die ik moest doen was het uitpakken van mijn baal suiker, en de inhoud, voordat alles te vochtig werd, opbergen in de lege potten met schroefdeksels die ik had meegebracht. Die potten zette ik met de rest van mijn voorraden in de oude koelkast, afgezien van de paar dingen die ik elke dag nodig zou hebben.

Die oude koelkast was werkelijk een geluk, want ik had besloten dat mijn kairuimte de enige plaats was die zowel vlekkeloos schoon als netjes moest zijn. Ik denk dat ik aan mijn tijd bij de marine heb overgehouden dat ik graag alles keurig op zijn juiste plek opberg. Een van de eerste dingen die ik deed, alleen om mezelf te herinneren aan het feit dat vuile borden niets te zoeken hadden op een idyllisch eiland, was een eindje ijzerdraad en twee spijkers pakken, en een lijn spannen boven de werkbank in de kairuimte, voor mijn vaat- en theedoeken. En ik kan u vertellen dat ik sindsdien altijd heb afgewassen met heet water, en steeds een schone theedoek in reserve had. En als ik ging eten, dan plaatste ik mijn borden en bestek – of soms een paar grote groene bladeren in plaats van borden – op het tafellinoleum dat ik daartoe had meegebracht.

Vanaf de dag dat ik had uitgepakt, gebruikte ik de bovenste plank van de vliegenkast voor het voedsel dat ik elke dag nodig zou hebben – een potje suiker, een blikje jam, wat thee en koffie enzovoort – terwijl ik op de middelste plank mijn borden en bestek bewaarde. De onderste plank was gereserveerd voor kleine blikjes met keukenhulpjes als zout en kerriepoeder en mijn koffiemolen.

Ook met mijn gereedschappen ging ik heel zorgvuldig om. De kleinere – zagen, beitels, hamer enzovoort – deed ik in een handige kist die ik op de veranda bewaarde, waar ik er altijd bij kon. De grotere en mijn pikhouweel en schop borg ik op in het schuurtje op het erf, waar ik ook een plank had voor mijn pakjes spijkers, schroeven en eindjes ijzerdraad.

Het kookhok leverde niet veel problemen op, en hoewel ik mijn vulkanische stenen in een hoek had gedeponeerd, had ik nog geen tijd voor het moeizame karwei van het bouwen van een inheemse oven, en voorlopig stelde ik me tevreden met het zoeken van twee stenen van de juiste vorm waarop mijn ijzeren staven konden liggen, en toen kon ik eenvoudige gerechten boven open vuur maken. In een andere hoek bewaarde ik een doos met houtkrullen en wat aanmaakhout.

Het enige wat ik miste was een degelijk houtfornuis, zo een als waarop ik had gekookt toen ik op Moorea woonde. Die dingen zijn gemakkelijk in het gebruik, ze zijn zuinig, en het is dan veel eenvoudiger het kookhok netjes te houden. Ik was amper gewend of ik wist dat dit een aankoop was die ik in Rarotonga had moeten doen, zelfs al had ik daarvoor een luxeartikel moeten opofferen. Als er behoorlijke vulkanische stenen op het eiland waren geweest, dan had ik misschien een stenen haard gebouwd, maar dergelijke stenen waren er niet.

Toen ik eenmaal alles had uitgepakt, was brandhout een van mijn eerste prioriteiten, want ik wilde de schuur vullen met een voorraad voor een halfjaar. Binnen een paar weken zou het stormseizoen beginnen, en dat kon een tijdlang slecht en regenachtig weer betekenen. Ik wilde niet zonder droog brandhout komen te zitten.

Dat was zwaar werk. Er waren wat struiken en bomen met dode takken, die met een paar bijlslagen afgehakt konden worden. Voor het overige was het echter een kwestie van aanhoudend slopen en zagen, en ik stelde alle andere belangrijke karweien uit tot ik een indrukwekkende houtstapel had. Het kostte me bijna twee weken voordat ik mijn schuur vol hout had, maar later, toen de regentijd kwam, zou dat een weldaad blijken.

Aanmaakhout hield ik apart – daarvoor gebruikte ik voornamelijk tauhunu, want als dat min of meer verrot was, lag het vrolijk te smeulen op mijn vuurtje. Ik had altijd wel een paar stukken die stilletjes lagen te smoken in het kookhok, en ik vond ze bijzonder betrouwbaar, want als ik flink wat vuur wilde hebben, hoefde je alleen maar twee smeulende uiteinden bij elkaar te leggen, er wat houtkrullen bij doen uit de kist die ik altijd bij de hand had, en dan had ik in een mum van tijd een laaiend vuur. Dit systeem werkte zelfs zo goed dat ik maar heel zelden een lucifer hoefde te gebruiken, en na verloop van tijd werd het zelfs bijna een erezaak nooit naar zo'n doosje te hoeven grijpen.

Bijna ongemerkt kwam ik terecht in de routine die mijn leven zou worden. De vroege ochtend had een vertrouwd geluid, want ik werd regelmatig vlak voor zonsopgang gewekt door een haan. Dan bleef ik nog even ontspannen liggen, en dan bedacht ik hoe ik bofte dat ik kon uitzien naar een dag die me niets dan tevredenheid zou opleveren. En dan, als het licht werd, stond ik op; ik vulde de gietijzeren ketel en stak het vuur aan. Meestal was de as nog warm. Als de ketel op stond en het vuur goed brandde, ging ik zonder mankeren op weg naar de 'Meditatieruimte', want ik ben altijd een man van vaste gewoonten geweest.

Vlak bij de hand stond een oud blik waar de bovenkant van afgezaagd was. Dat vulde ik met as, zodat het diende als praktisch alternatief voor moderne waterspoeling.

En dan vertrok ik voor een snelle wasbeurt vóór het ontbijt; het was maar een kattenwasje, want mijn 'douche' reserveerde ik voor het eind van de dag, na zwaar werk in de hete zon.

Als ik terugkwam in de kairuimte kookte de ketel dan al, en zeurden de katten ongeduldig om hun vis (die ik van de vorige avond had bewaard). En terwijl ze aten, pakte ik een pondspot koffie die ik had gemalen van mijn voorraadje koffiebonen, en zette ik een paar koppen koffie, voor bij wat scheepsbeschuiten met boter en jam – hoewel ik later, toen ik meer ingeburgerd raakte, scones bakte en nog weer later vaak eieren bij het ontbijt at.

Ik lunchte zelden uitvoerig. Die eerste paar maanden was er zoveel te doen dat ik vóór de avond geen zin had om mijn tijd aan koken te verspillen. Ik kon gemakkelijk kokosnoten vinden om te drinken, en als ik rond het middaguur wat honger voelde knagen, kauwde ik op uto – het inwendige van een jonge, uitlopende kokosnoot, dat gekookt of rauw kan worden gegeten. (Later zal ik meer vertellen over die uto.)

Mijn afkeer van koken (alleen omdat het zoveel tijd kostte) was in het begin bijna een fobie, omdat ik me nog niet echt had aangepast aan het tempo van dit nieuwe leven, aan het feit dat ik me heus niet hoefde te haasten. Instinctief wilde ik al het werk zo snel mogelijk doen, en soms voelde ik me opgejaagd door de melancholieke gedachte dat ik nooit aan mijn moestuin zou kunnen beginnen of een ren zou kunnen bouwen om de kippenpopulatie te vergroten.

Na het werk ving ik vroeg in de avond wat vis, die maakte ik klaar en daarna nam ik, als het mooi weer was, een kop thee mee naar het strand om daar te zitten op een stoel die ik van een kist had gemaakt, zodat ik de zon kon zien ondergaan – een van mijn dierbaarste 'hobby's'.

Vervolgens ging ik iets heel anders doen dan overdag – ik verdiepte me in de boeken die de kustwachters hadden achtergelaten. Dat was nogal een gemengd zootje, moet ik toegeven, en als ik mijn eigen literaire smaak algemeen noem, dan weet ik niet hoe ik de hunne moet beschrijven!

Ik kwam tot de slotsom dat de helft de moeite van het lezen niet waard was – een beslissing die ik na een jaar weer terugdraaide, want toen was ik maar al te blij áls ik iets te lezen had. Er zaten echter een paar juweeltjes tussen de rommel, en daar waren boeken bij waar ik nooit van had gehoord.

Op een avond begon ik aan *Brave New World* van Aldous Huxley. Ik weet nog dat ik die avond erg moe was, en ik was van plan maar een paar bladzijden te lezen om in slaap te vallen. Maar ik bleef de halve nacht wakker, meegesleept door de beschrijving van een wereld die zo gruwelijk was dat ik telkens even ophield, nadacht over wat ik had gelezen, en tegen mezelf zei: 'Neale – als de wereld er zó gaat uitzien, blijf dan maar waar je bent!' Zelfs het kraaien van de haan kon me die ochtend niet wekken!

De eerste paar weken namen de problemen van het dagelijks leven het grootste deel van mijn tijd in beslag, maar ik maakte ook een eerste begin met een paar van mijn plannen op langere termijn.

Hoewel het vooruitzicht van eieren voor het ontbijt nog niet erg waarschijnlijk leek, probeerde ik de kippen te lokken door aan het eind van het erf geraspte kokos te strooien. Ik was van plan ze te temmen en ze allemaal in een ren op te sluiten, en na de eerste paar weken merkte ik dat ze veel minder schuw waren in de buurt van de hut.

Helaas trok mijn gratis kokosstrooisel ook de wilde varkens aan; vijf grote, destructieve beesten, met zo'n koortsachtige hartstocht voor het ontwortelen van alles wat ze zagen, dat ik me er schrijnend van bewust werd dat mijn plannen voor een moestuin nooit zouden slagen zolang die monsters vrij rondliepen.

Niettemin was die moestuin nodig. Het stuk grond was ongeveer twaalf meter lang, en uiteindelijk drong het tot me door dat ik het zou moeten omheinen. Maar aangezien ik dat op dat moment volstrekt niet aankon, stelde ik me tevreden met een poging de broodboom bij het kookhok te redden. Dat lukte me doordat ik vier gelijke stukken palmstam zaagde van een paar omgewaaide bomen, en daarmee bouwde ik een soort stut rondom de wortels. Daarna gooide ik daar elke dag een mengsel van oud blad en voedselresten in, vis die de katten niet hadden opgegeten, en zelfs visgraten, degelijk door elkaar geroerd om een compost te verkrijgen die voedzaam voor de wortels zou zijn, zodat ik zeker was van een regelmatige en bijzonder waardevolle voorraad broodvruchten.

Aan het ene uiteinde van wat nog restte van de moestuin plantte ik de twee bananenstekjes die ik had meegebracht. Hoewel ik die op precies dezelfde manier verzorgde, moest ik een jaar wachten voordat ik mijn eerste tros bananen kon eten. Maar toen de bomen eenmaal wortel hadden geschoten, ging alles van een leien dakje.

Ik slaagde erin die karweitjes tussen mijn dagelijkse routine door te doen, en ik had geluk omdat het weer bijna volmaakt bleef in die eerste paar weken. De eerste maand verstreek zo snel dat ik mijn ogen nauwelijks kon geloven toen ik in mijn dagboek de datum 6 november tegenkwam, mijn verjaardag. Ik zie in mijn dagboek dat ik op die vrijdag noteerde: 'Een prachtige warme dag, de broodboom doet het prima. Thee meegenomen naar het strand nadat ik vis voor de katten had gevangen. Vis op het strand geroosterd, vlak voor de schemering, en gekeken hoe het nacht werd boven de lagune.' En toen, omdat die datum me had herinnerd aan een bestaan dat ik al half was vergeten, schreef ik opeens: 'Vandaag eenenvijftig jaar geleden had mijn moeder het niet makkelijk.'

Het kostte me moeite te geloven dat ik echt al een volle maand op het eiland was. Klinkt dat onwaarschijnlijk? U mag me geloven, voor mij was het de volle waarheid. Elke dag was zo druk geweest, met mijn eenvoudige inspanningen om wortel te schieten en me te vestigen op het eiland, dat de tijd leek te zijn omgevlogen; soms had ik het zo druk dat ik zelfs vergat dat ik van plan was geweest me elke woensdag en zondag te scheren, of eens per week mijn beddengoed uit te koken.

En nu zat ik hier in november, met het stormseizoen vlak voor de deur, zodat ik plotseling gerichte maatregelen moest treffen om mijn overleving te garanderen.

Aangezien de hut mijn thuis was, besloot ik alles in het werk te stellen om dat te behouden. Ik wist dat ik een plan moest smeden om hem bestand te maken tegen alles wat de wind kon aanrichten, dus besloot ik hem vast te zetten met scheerlijnen, gemaakt van het ijzerdraad dat de kustwachters hadden achtergelaten.

Ik begon met het graven van drie kuilen aan weerszijden van de hut, bestemd voor de verankering van het ijzerdraad dat ik dwars over het dak wilde spannen. Het volgende dat me te doen stond was het maken van echt sterke 'ankers' voor de scheerlijnen, want elke normale manier van vastzetten zou niet bestand blijken tegen zware windstoten.

Voor elk van de zes kuilen haalde ik een vijftig pond zwaar, rechthoekig brok koraal, dat ik aan de rand neerlegde en eindeloos omwond met ijzerdraad, met aan het uiteinde een grote lus.

Vervolgens liet ik de stenen zakken in de kuilen, die ik weer volschepte zodat alleen de lussen boven de grond uitstaken. Vervolgens sneed ik drie lange stukken ijzerdraad van de tros, en die gooide ik over het dak van de hut. Toen hoefde ik alleen nog de beide uiteinden van elk stuk aan de lussen aan weerszijden van de hut te bevestigen en de draden strak te trekken door ze met mijn tang aan te draaien.

Dat zware karwei kostte me een flink aantal dagen, maar toen het klaar was, voelde ik me veel veiliger – hoewel ik me niet vleide met de hoop dat mijn inspanningen het konden opnemen tegen een orkaan van het kaliber van 1942. Maar gewone stormen meende ik wel te kunnen trotseren.

Eén laatste voorzorg: in de schuur groef ik een kuil van

ongeveer anderhalve meter lang en een meter breed, voor mijn nooduitrusting die bestond uit mijn gereedschapskist, waaraan ik drie doosjes lucifers toevoegde, in een blikje dat ik met kleefpleister verzegelde, en een reservepaar gymschoenen. En voortaan volgde ik een vaste 'discipline'. Telkens als mijn barometer zware storm meldde, verdween mijn kist rechtstreeks in die kuil. Ik wist: als ik die spullen niet had, maakte ik weinig kans in leven te blijven.

Verantwoording

Adam Nicolson, 'Soms gebeurt het' afkomstig uit *Zeezicht. Leven op een onbewoond eiland* (2005). Vertaling: Theo Hendriks

Colin Thubron, 'De godin uit de zee' afkomstig uit *Reis door Cyprus* (2005). Vertaling: Paul Syrier

Cees Nooteboom, *Waar de herinnering woont* (2004)

Edward J. Larson, 'Verdoemd door God en de natuur' afkomstig uit *De proeftuin van de evolutie* (2003). Vertaling: Ruud Rook

Jan Brokken, 'De grote verzoener' afkomstig uit *De droevige kampioen* (1997)

Simon Winchester, 'Toen de bergen bewogen' afkomstig uit *Krakatau* (2005). Vertaling: Janet van der Lee

Johnny Frisbie, 'Cowboys in de jungle' afkomstig uit *Puka-Puka* (1993). Vertaling: Tinke Davids

Paul Theroux, 'De veerboot Ichnusa naar Sardinië' afkomstig uit *De Zuilen van Hercules* (1996). Vertaling: Tinke Davids

Alex Garland, 'De heenreis' afkomstig uit *Het strand* (1996). Vertaling: Anneke Goddijn

Ineke Noordhoff, 'Theo Nobel, schipper van de reddingsboot' afkomstig uit *Zee rondom. Leven op de Waddeneilanden* (2004)

Albert Beintema, 'Oefeneilanden' afkomstig uit *Het waterhoentje van Tristan da Cunha* (1997)

Peter France, 'Een plaats vervuld van macht' afkomstig uit *Patmos. Een heilig eiland* (2005). Vertaling: Marjolein Comman-Babb

Tom Neale, 'Eindelijk alleen' afkomstig uit *Een eiland voor jezelf* (1994). Vertaling: Tinke Davids